哲學與人生

蕭宏恩◎主編
楊劍豐等◎著

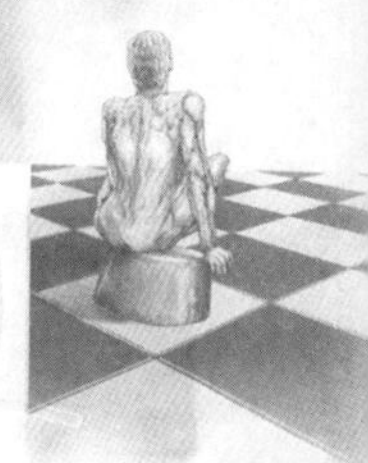

主編序

在一個學術研討會的偶然機會裡，筆者與兩、三位熟識的老師談起各自的教學經驗。幾位老師都在不同的大學校院講授「人生哲學」或「哲學與人生」課程，大家一致感受到上這門課的不易，主要癥結即在於教材的選取以及教學內容的準備上。坊間相關「人生哲學」或「哲學與人生」之專書不在少數，但是多爲出自一位作者之手的專著，雖然各有其特色及其相當深度及廣度，可是終感不夠全面以及僅出自某個角度的論述。當然，這並不意味著此等著作是「狹隘的」，或只在於某個人之「主觀的」。所謂「不夠全面」意思是無法涵蓋人生課題的所有層面，而所言「出自某個角度的論述」更是理所當然，因爲一位作者必是在於其學術立場上去觀視問題、解決問題，即使我們說其爲「某個人之『主觀的』」亦並不就是說其言而無據，卻是立於某種立場或某個角度之論據的闡釋。

我們考慮到的問題是：人生的課題到底有哪些層面？如何的教材方得兼顧全面性與多重角度？關於第二個問題不難解決，就是聯合多位作者一同撰寫，而針對第一個問題，由輔仁大學「人生哲學教學研究小組」主導，輔仁大學宗教學系莊慶信教授（本書作者之一）主持的〈人生哲學教學之研究——以輔仁大學爲例〉

之研究計畫，經過一年又五個月（一九九五年三月至一九九六年七月）的精心研究，其中得出的一個結果，即是將人生哲學的課題歸結出「生理（身體）、心理、社會、政經、生態、理智、藝術、道德、宗教」等九大層面。此九大層面幾乎囊括了所有人生課題，當然，如果要細分每一層面的各種子課題，更是不勝枚舉！

前述兩個問題似乎有了初步的答案，筆者與幾位老師興起了合作撰寫一本「人生哲學」或「哲學與人生」教材的念頭。可是，問題又來了：該當找多少位老師來共同合作？又該當以如何的形式呈現？第一個問題不會太困難，原則上就是找九位老師分別撰寫不同的層面，而且是分別在不同學校教授相關課程而志同道合的老師。至於呈現形式，就是等找到九位老師到齊後再取得一致的共識。一開始，很順利地找到了九位有志一同的老師，而且很快地取得了呈現形式的共識。

首先，此等相關課程必有其時空性，而且各層面所關乎的子課題豈可能數語道盡！因此，九篇文章走的是一種導引式的論述，能取材於任何時空之下的具體事例摻入其中的發揮。

其次，由於修習這門課的學生幾乎皆是無哲學背景的非哲學系學生，也有不少講授這門課的老師亦並非哲學出身，因此，每篇文章的撰寫在顧及學術性與適宜一般人閱讀的兩相權衡之下，論述與詮釋的過程朝向白話、口語的斟酌，儘量不出現專業語詞而將之化爲一般的用語。當然，最理想是希望能達致「深入淺出」！如此，無論有無哲學背景的老師或同學讀來，都能依其自身的視域而有其自身的一番詮釋。

其三，在每篇文章的後面，是否要提供一些除了文中所提之外的文章、書籍以及影音資訊等等相關的資料？經過一番的討論

後，我們認為，能夠蒐集與提供一些相關資訊或資料固然是好，但是，人生課題有其時空性，且有許多資訊或資料亦有其時效性，況且，一般而言，老師們的一些輔助教學資訊或資料都是「交流」產生，就算我們在文末附錄提供再多的東西，亦不盡然適用、好用，反而徒占篇幅罷了！因此，我們決定以最陽春的方式，僅於文末列出為文的一些參考文獻或資料、資訊，讓讀者們因著羅列的參考資料以瞭解作者之觀點的根源。

九位老師由自己的專注或興趣去協調、選取撰寫之層面，且公推筆者為主編。本來最有資格任主編一職的是輔仁大學宗教學系的莊慶信教授，一方面莊教授是我們之中講授此課程最資深的老師，另一方面，前已提及，莊教授是目前國內唯一做過相關研究並訴諸成果的教師。只可惜莊教授本身事務繁忙，工作繁重，無法分心與此，但仍願意幫忙撰寫其專研的「生態」層面之文章。除了莊教授，筆者即是第二資深的教師，也就義不容辭地接下了主編的工作。這期間有老師因某些因素而中途退出，筆者得迅速地找其他老師遞補；又主編得瞭解及掌控各位老師的進度，提醒進度較慢的老師，還得處理一些突發的狀況等等。而九位撰寫的老師分散於北、中、南不同的大學校院中，手機、電話、E-mail 的聯絡，的確也令筆者費了一番心思！還好各位老師充滿共同努力的熱忱，於有限的時間內完成了各自的文章。

末了，還有一個問題是：這本書的書名到底該當如何才恰當？有鑑於坊間以「人生哲學」為名的專書已有相當份量，另一方面，「人生哲學」已然成為一相當通泛的用語，即使不是哲學背景的作者寫作相關的課題，也可稱之為「人生哲學」，就像有許多非哲學背景的「人生哲學」教師一般。而這本書或教材是結合了九位哲學背景出身之教師的合力撰寫，因此，將此書命名為

《哲學與人生》是再恰當不過的了！而且，此等課程無論名稱爲「人生哲學」、「哲學與人生」或其他，就是爲探究人生的根本要理，以幫助學習者，甚或是教師自身，塑造一健全、穩固的人生觀，以活出一健康、完善的人生。眞正成熟的「人生哲學」是活出來而非說出來的，而且是蓋棺論定方得以畫下的完美句點。

蕭宏恩

二○○五年七月六日于元培光恩樓通識教育中心

目　錄

哲學與人生

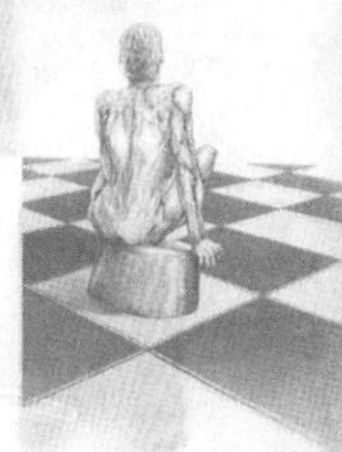

第一章
理性追求的向度

楊劍豐

東海大學哲學博士
南台科技大學通識教育中心專任助理教授

什麼是「理性」？在許多人的概念中，「理性」一詞並沒有非常確定的意思，也許在他們的意識中，「理性」是等同於「邏輯論證」的，或許只等同於「講道理」而已，人們也常常標榜自己很「理性」，自以爲正確，要求別人絕對「理性」，但往往連理性到底是什麼都不清楚。因此對「理性」和其發展歷程有一個清楚的界定和認識是十分必要的。

第一節　理性的意義

「理性」在英文有“reason”和“rationality”兩個字。“reason”一般被譯爲「理由」，是指提供人之行爲、主張和論點的原因或根據，因而只要是爲自己的主張和論點提供「理由」的態度，就是「理性的」（reasonable）；但有時“reason”又被譯爲「理性」，用來指稱人類提供理由的心靈能力，例如德國哲學家康德（I. Kant）就把人類的理性能力區分成探求知識的「純粹理性」（pure reason）、人之實踐活動的「實踐理性」（practical reason）和追求美感經驗的「判斷理性」（judgement reason）三種。“rationality”依《牛津哲學辭典》的解釋：指人之行爲、信念、論辯、決策和其他心靈活動的部分，都可被描述爲是理性的（rational）；認爲某件事物是理性的，就是意指它能成爲有意義的、適當的或必要的，或是它與追求眞或善的知識目的相一致。理性被視爲是人類與其他動物之所以不同的能力，有些哲學家認爲理性活動是人類最高善的主要部分，另有些哲學家認爲理性是與無法控制之情緒相反的自由活動。

一般來說“rationality”的使用比“reason”更狹窄、更嚴謹

或更學術一點，因為它特指符合「規則」、「步驟」或「規範」的執行或操作，也就是說，“rationality”不僅是提供理由而已，還要說明所有理由之間的規則、步驟、可行性、正當性、合法性或規範，並對各種理由的好壞進行判斷，正當的、合法則的或合規範的理由，才是“rationality”；而“reason”最常用於提供個人行為的理由、根據或原因，但並不需要為此些理由提供法則或規範的說明，因此，不管個人為自己的行為或信念提出的理由是好的、壞的、正確的、錯誤的、自圓其說的或是強詞奪理的，都可以說自己是「理性的」。因而，在本章中我們所探討的理性追求之向度，是指“rationality”的意義。

從理性發展的根源來看，理性的原初意義就是指一種「洞見」(insight) 和「觀看」，也就是「看」和「見」，引伸為「觀點」或「理論」(theoria)。在古希臘哲學，理性是指作為「觀看」的「心智」(nous)，是指人類自我反省的能力，因而，理性最終成為人類觀看、思考智慧的「光」(phaos) 或「啓蒙」(enlightenment)，在這意義下，理性成為概括人類認知和批判反省的能力。在中國所謂「仰則觀象於天，俯則觀法於地」(《周易繫辭下》)，也同樣表示「觀看」的意義，也同樣顯示人類認知和批判反省的能力。理性實際上是建構智慧的方式，而智慧也就成了理性存在意義的來源之處。總體而言，理性有兩種相互成就的功能，那就是認識與批判，理性鼓勵人類的思想去探索，去冒險，並把所探知到的新東西綜和。

近現代西方「理性主義」(rationalism) 實際上是晚近才出現的，我們可以在拉丁文中找得到它的直接源頭（即 ratio），但作為人類精神自我超越標誌的理性卻有著無法追溯的悠久歷史。在這段未終結的歷史中，理性的內涵及作用都發生過巨大的變化，

並在近現代文化中直接支配著歷史的進程。對理性是什麼以及理性的原初涵義是什麼這類問題的回答實際上本身就是理性的外顯，同時也是一場理性的冒險。如果我們的思想受到了理性的召喚而行進在理性的路上，那麼理性對於我們的思維來說是預置的、不言自明的，我們也就無法試圖通過其他等而下之的手段來揭示和接近這個先驗的前提。另一方面，如果我們訴諸其他手段來追尋理性，則很可能滑入「非」理性的軌道。迄今爲止的理性史已充分證明了理性的這種無法擺脫的宿命。近代哲學之父笛卡爾（Descartes）在制度化規範化方面給理性哲學帶來了前所未有的革命性變化，使理性成爲知識的主宰和思想的源泉。

後現代主義的立場是在尼采（F. Nietzsche）宣告「上帝死亡」（death of God）的理性啓蒙產生病徵後，米歇爾．傅科（Michel Foucault）進一步喊出「人的死亡」（death of man）的口號，意指對從理性啓蒙後之理性主體優位或主體中心哲學的反動與批判，這一批判與挑戰主要是要解消以人爲世界中心的觀點。後現代主義者認爲相對於萬物，人類確實有其優越處，但這種優越和不同並不能就把人定位爲宇宙或世界的中心，因此，後現代主義可說是針對理性主體中心立場而有的新文化與哲學形式。在「啓蒙運動」時期的歷史背景下，「理性主義」有其相當積極的意義；可是當過度誇大理性的作用以至超出它的應用範圍後，就會出現反效果，使得所謂「理性」其自身成爲一種壓制性的扼殺力量，而這正是當初「啓蒙運動」所要反對的。若是理性的選擇是有限的，選擇的結果往往是，在肯定一元存在合理性的同時，否定了多元存在的合理性，這就造成理性人類最不理性的作品——戰爭與大屠殺。隨著理性多元主義認識的發展，自由主義崛起，自由主義承認社會上各種不同類型政治訴求各有其合理性，並以

寬容的態度對待各種政治力量和政治訴求，兼收並蓄，競爭共存；相信社會的自發秩序，讓人們在爲自己利益努力的同時也能促進社會整體利益的增長和最合理的進步。

理性在現代社會中發生病變，走向「片面化」和「形式化」，決不是先天性的，而是後天性的；更準確地說，不是理性自身的責任，而純屬是人爲造成的。理性在現代社會中的一個最大的病變型態，就是走上了片面工具化道路。理性的工具化和形式化，使現代人類面臨著重重危機，譬如：經濟主控、金錢萬能、科技萬能、技術樂觀和技術決定論等，都正在衝擊著人的價值觀、人倫（際）關係、社會文化、教育與生態環境等等生活世界的各領域。

理性的地位是至高無上的：第一、理性是認識論的主題。第二、是關於眞正的價值學說的主題。第三、是關於實踐善的倫理行爲學說的主題。第四、更重要的是批判理性所建立之各種學說的主題。古希臘的亞里斯多德（Aristotle）將人類的理性分爲三個方面：理論理性，實踐理性，詩意或者創造理性。哲學作爲對世界的總體性把握，包括三大問題：世界如何、世界如何認識、世界的意義。在哲學體系中與此相應的就有存有論（ontology）、知識論（epistemology）和價值論（axiology）三大理論。

理性的內容是無限豐富的，理性的功能也是複雜的，理性既是認知的，又是審美的，既是理論的，又是實踐的，既是超然的，又是動情的，既是主觀的，又是客觀的。我們可總括理性爲：第一、理性是一種思考、認識和批判的能力：亞里斯多德認爲人與動物最根本的區別就是人有「理性」，理性是一種能夠進行思考的能力；「思考能力」具有很廣闊的涵意，由於在廣義的「思考能力 」中，最明顯、最容易被認知和掌握的是邏輯思考能

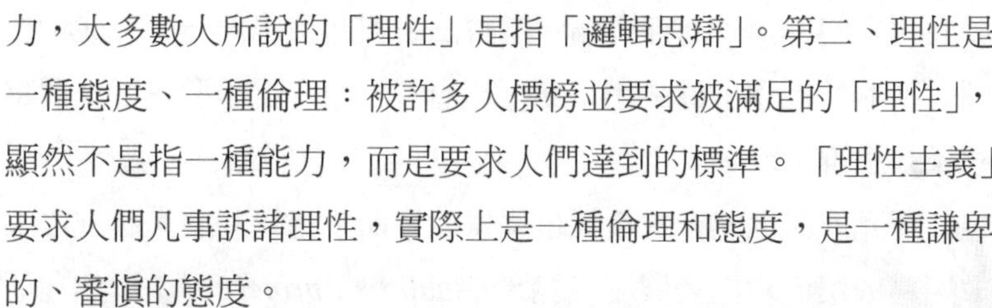

力，大多數人所說的「理性」是指「邏輯思辯」。第二、理性是一種態度、一種倫理：被許多人標榜並要求被滿足的「理性」，顯然不是指一種能力，而是要求人們達到的標準。「理性主義」要求人們凡事訴諸理性，實際上是一種倫理和態度，是一種謙卑的、審慎的態度。

當然我們還是要問並會永遠追問：理性究竟是什麼……這就是理性的魅力。

以下我們談談理性追求的幾個主要向度。

第二節　論理的生活與邏輯

理性乃是看的方式，即是說，理性從根本處乃是認識的起點，而理性認識所依循的思辯或推論的原則或規範，就是邏輯（logic）。邏輯是研究推理有效性的科學，也是研究思維形式、邏輯基本規律的科學。但要清楚明確地回答「什麼是邏輯？」這一問題，要將各種各樣冠以「邏輯」的學科都統一在一個明確清晰的「邏輯」的定義下，這是很困難的，甚至是不可能的。

邏輯的發展

邏輯與構造概念範疇體系是西方哲學家進行研究的基本方法和表達自己思想的基本方式，西方哲學的概念、範疇是排除感覺經驗的純粹普遍邏輯概念範疇，是通過邏輯論證推演出來的。西方哲學是重邏輯的，存有論就是用邏輯方法建構起來的概念範疇體系。辯證法（dialectic）也是在邏輯中、在概念範疇的演繹中

發展起來的。傳統的存有論、辯證法是與邏輯學同一的。從柏拉圖（Plato）經笛卡爾到黑格爾（Hegel），西方哲學形成了一個超感覺的思辨王國。

西元前四世紀，古希臘哲學家亞里斯多德集其前人研究之大成，寫成了邏輯巨著《工具論》（*Analutika protera*）；雖然在亞氏的著作中他並沒有明確地使用「邏輯」這一名稱，也沒有明確地以「邏輯」這一術語命名其學說，但是，歷史事實是，亞氏使形式邏輯從哲學、認識論中分化出來，形成了一門以推理爲中心，特別是以三段論爲中心的獨立科學。

培根（Bacon）是英國近代經驗主義哲學家，也是近代「歸納邏輯」（induction）的創始人，他在總結前人歸納法的基礎上，在批判了經院邏輯和亞里斯多德邏輯之後，以其古典歸納邏輯名著《新工具》（*Norum Organurn*）爲標誌，奠定了歸納邏輯的基礎。

十八至十九世紀，德國古典哲學家康德、黑格爾等，對人類思維的辯證運動與發展進行了深入研究，建立了辯證邏輯。與此同時，以亞里斯多德邏輯爲基礎的形式邏輯在發展與變化中也進入了數理符號邏輯階段。符號邏輯（symbolic logic），或謂狹義的現代邏輯，奠基人是德國哲學家、數學家萊布尼茲（Leibniz），他主張以客觀普遍的語言來研究思維問題，使推理的有效性可以用數學方法來進行。萊布尼茲的這些設想雖然在許多方面並未實現，但他提出的「把邏輯加以數學化」的偉大構想，對邏輯學發展的貢獻卻是意義深遠的。後來，英國哲學家、邏輯學家羅素（Russell）和懷德海（Whitehead）於一九一〇年發表了三大卷的《數學原理》（*Principia Mathematica*），從而使得數理邏輯成熟與發展起來。

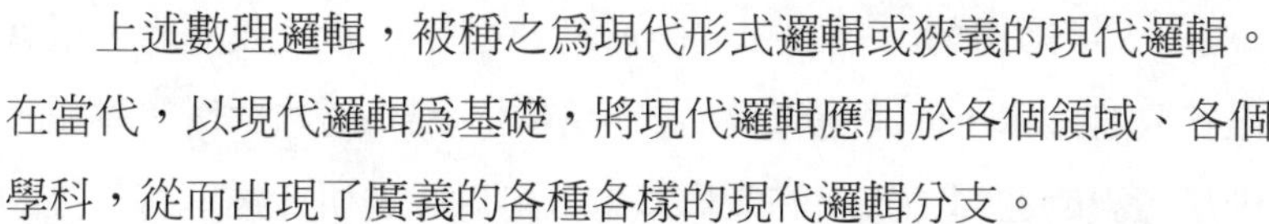

上述數理邏輯，被稱之為現代形式邏輯或狹義的現代邏輯。在當代，以現代邏輯為基礎，將現代邏輯應用於各個領域、各個學科，從而出現了廣義的各種各樣的現代邏輯分支。

從以上對古代、近代、現當代邏輯學說發展的簡單考察可以看出，邏輯的範圍是十分廣泛的，它至少包括了以亞里斯多德邏輯為基礎的傳統演繹邏輯（deduction）、以數理邏輯為核心及基礎的現代邏輯及其分支、歸納邏輯、辯證邏輯等等，而這些邏輯相互之間的特性又是十分不同甚至十分對立的。所以，要用一個明確的定義把這些歷史上所謂的邏輯都包含進去，確實是很難的。事實上，「邏輯」一詞是可以有不同的涵義的，邏輯可以有廣義與狹義之分。

英國邏輯學家哈克（S. Haack）在談到邏輯的範圍時，認為邏輯是一個十分龐大的學科群，其分支主要包括如下：

1.傳統邏輯：亞里斯多德的定言三段論。
2.經典邏輯：二值的命題演算與謂詞演算（數理邏輯）。
3.擴展的邏輯：模態邏輯、時態邏輯、道義邏輯、認識論邏輯、命令句邏輯、問題邏輯。
4.異常的邏輯：多值邏輯、直覺主義邏輯、量子邏輯、自由邏輯。
5.歸納邏輯。

由上述的分類，邏輯是有不同涵義的，因此，邏輯的範圍有寬有窄；首先，邏輯指經典邏輯，這是最正統的邏輯，也是最狹義的邏輯；其次，邏輯還包括現代非經典邏輯（擴展的邏輯與異常的邏輯），也可以稱為哲學邏輯；再次，邏輯還包括傳統演繹邏輯。此外，邏輯還包括歸納邏輯（包括現代歸納邏輯與傳統歸

納法）、辯證邏輯。將邏輯局限於經典邏輯、非經典邏輯，這就是狹義的邏輯，而將邏輯包括傳統邏輯、歸納邏輯與辯證邏輯，則是廣義的邏輯。狹義的邏輯基本上可以說是研究推理有效性的科學，即如何將有效的推理形式從無效的推理形式中區分開來的科學，而廣義的邏輯則可以說是研究思維形式、邏輯基本規律及簡單的邏輯方法的科學。

由此可見，邏輯學的發展是多層面的，站在不同的角度，就可以考察邏輯學的不同層面及不同涵義。以下我們簡要的說一說傳統邏輯及一般使用語言推論所常犯的一些錯誤。

傳統邏輯

邏輯是研究推論或論證是否正確的學問，所以嚴格說，只有在涉及推論或論證時，才有所謂「合邏輯」或「不合邏輯」。邏輯理論考察論證的正確性，只關心普遍的邏輯性質和邏輯關係，亦即是考慮邏輯形式以決定其正確性。邏輯語言和日常語言的要求和考慮不同，日常語言中某些特質會干擾正確性之研究，因此邏輯使用形式化語言，以揭示日常語言的邏輯性質與邏輯關係。

在日常語言的使用中，常發生一些思考或表達時的推論錯誤，我們稱爲謬誤。謬誤可以分爲兩大類：形式謬誤與非形式謬誤，形式謬誤是指違反形式邏輯規則而產生的邏輯形式不正確的錯誤；非形式謬誤則無涉邏輯規則，純粹是因日常語言推論的錯誤。下面我們僅介紹一些常見的非形式謬誤。

1.字詞歧義：是指在確定的語言環境下對同一字詞在不同意義下使用，而引起的推論錯誤。

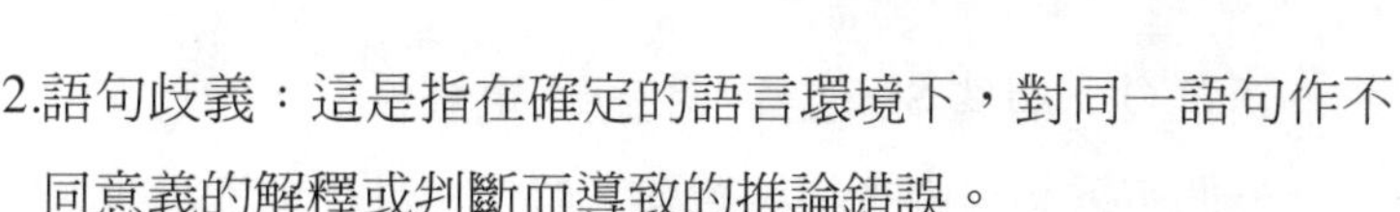

2.語句歧義：這是指在確定的語言環境下，對同一語句作不同意義的解釋或判斷而導致的推論錯誤。

3.訴諸無知的謬誤：這是一種以無知為論據而引起的推論錯誤。

4.訴諸武斷的謬誤：這是指既未提出充分的論據，也未進行必要的論證，就主觀作出判斷的一種謬誤。

5.訴諸憐憫的謬誤：這是一種僅以認定某人某事值得憐憫、同情而作為論據進行論證的謬誤。

6.人身攻擊的謬誤：這是指在論辯中用攻擊對手的個人品質，甚至謾罵對手的手段，來代替對具體論題的論證。

7.訴諸權威的謬誤：這是指在論證中對論題不作具體的論證，而僅靠不加分析地摘引權威人士的言論，以作為論證是否正確的唯一根據的一種謬誤。

邏輯所要關心的不是個別的推論，而是普遍的推論結構。推論由命題組成，命題可表述為不同語言裡的不同語句，邏輯藉由語句研究我們思想中涉及的不同推論或論證，推論或論證可以分為演繹和歸納兩類。一個正確的演繹論證中，前提必須含蘊結論，亦即假如前提全真，則結論必然跟著為眞。演繹論證中前提和結論的關係為必然關係，歸納論證則為概然關係。

依據傳統邏輯，定言語句都具有主詞和賓詞的結構。一個句子的性質，在量方面可劃分為全稱與特稱，在質方面則可分為肯定與否定。兩者配列產生下列四個定言語句：

語句 A：所有 S 是 P（全稱肯定式）

語句 E：所有 S 不是 P（全稱否定式）

語句 I：有些 S 是 P（特稱肯定式）

語句O：有些S不是P（特稱否定式）

一個定言語句由主詞、賓詞、繫詞和量化詞等組成。例如A語句中「所有」是全稱量化詞，「S」是主詞，「是」是肯定繫詞，「P」是賓詞。

定言三段論的結構：一個定言三段論中，結論的主詞稱為「小詞」，結論的賓詞稱為「大詞」，同時在兩個前提出現的語詞則是「中詞」。「格」則是中詞在前提中的排列位置，由此即可準確標定任何三段式的邏輯結構。檢驗三段式推論是否中效的方法，主要有「規則法」、「范氏圖解法」和「零式判別法」等。

第三節　認知與科學

自笛卡爾以來，西方哲學從存有論轉向了近代以知識論研究為中心，對認知的形式、過程及結果等的研究成為知識論的主要內容。

哲學自產生起就一直與數學、西方自然科學連結在一起，早期希臘哲學幾乎同時是自然科學，物理學和第一哲學同屬理論知識的科學，亞里斯多德不僅是哲學家，也是自然科學家。近代實驗科學的興起導致自然科學和哲學的分離，形成了各種具體科學。尋求確定性科學知識的根據與基礎，是近代哲學知識論的中心任務，而在這一追求中，哲學又把自己看成是「科學的科學」、「普遍科學」，高於科學之上；同時，哲學也苦苦追求自身的科學性，努力使自己成為嚴格的科學，維護科學的明證性和客觀性。如今哲學雖然已經從科學的王位上跌落下來，但仍然與科學相依相存。

認知

在西方哲學家看來，知識論研究並不是簡單地對思維內容的概念化整理，而是包含了對認知活動何以可能的理性追問。笛卡爾從哲學上總結概括了這種思想狀況，確立了主客二元對立在近代哲學中的基礎地位，並實現了哲學任務的轉變，哲學的主要任務不再是直接描繪世界，這已經是自然科學的任務，哲學的任務是探討主體認知客體的可能性與條件。基於主客二元對立的知識論問題成了哲學的主要問題，知識論上理性論與經驗論，也沒有跳出這一基本框架，它們均把認知的可能性奠基於認知主體的能力，或先天領悟能力，或經驗綜合能力。

從康德開始，知識論的主題由認知心理學的可能性問題，變爲認知得以可能的邏輯條件問題，哲學所應當關注的是認知如何可能，及所以可能的條件。現代西方知識論研究主要是研究知識的基本性質、知識成爲可能的條件以及知識表達的形式與世界之間的關係，這些都構成了現代知識論的基本內容。知識論是探問知識何以可能的規定，是探問在何種條件下知識才能成爲知識，也就是探問信念在什麼條件下才能被確證爲是眞的。傳統知識論把知識規定爲「經過辨明爲眞的信念」(justified true beliefs)，辨明、爲眞和信念構成了知識的基本內容，「辨明」(justification)不是要求具體的論證內容，而是要求所要辨明的信念是可靠的、在邏輯上是前後一致的，因爲只有在邏輯形式上滿足了可靠和一致的要求，信念才可以說是必然的；「爲眞」(to be true)也不是要求信念內容的眞實性和客觀性，而是要求被辨明的信念必須是在一切情況下都爲眞，不能爲假；作爲一種「信念」的知識，

不是關於信念者所相信的內容，而是構成信念的形式，即這樣的知識之所以能夠成爲知識的條件。

知識論是對人類認知過程的一般特徵或抽象特徵的研究，是一種一般的、普遍的、抽象的研究，而不是個別的和特殊的。近代知識論徘徊於經驗－理性的二分之中，或是各執一端，或是將它們結合起來。知識論上的差異同時也是方法論上的差異，認知的可能性及其條件問題同時也是認知方法的有效性問題，知識論與方法論是二合一的，方法有效則認知可能，認知不可能則是因爲方法無效。

科學哲學

「科學哲學」這個詞來源於英文“philosophy of science”（簡稱 PS）或“scientific philosophy”（簡稱 SP），由於兩個英文詞都可以譯成「科學哲學」，因此，「科學哲學」就有廣義和狹義之分。狹義的科學哲學即 PS ，是指以自然科學方式從事具有科學性且成爲自然科學之分支的哲學；廣義的科學哲學即 SP ，則是指以科學爲研究重心的哲學分支。在《大英百科全書》中對「科學哲學」的說明：「科學哲學所要論述的，是方法論和知識論問題，即研究者對待自然界的方式問題……科學哲學作爲一門學科，首先要闡明科學探索過程中的各種要素，如觀察程式、論證模式、表述和演算的方法、形而上學假設等，然後從形式邏輯、實用方法論以及形而上學等各個角度評估它們之所以有效的根據。」作爲一門以科學自許的哲學學科，英美科學哲學自覺貫徹科學性原則，實現科學性理想，像科學那樣使自己高度專門化、專業化；專注於狹隘的問題領域，像科學那樣訴諸事實和實

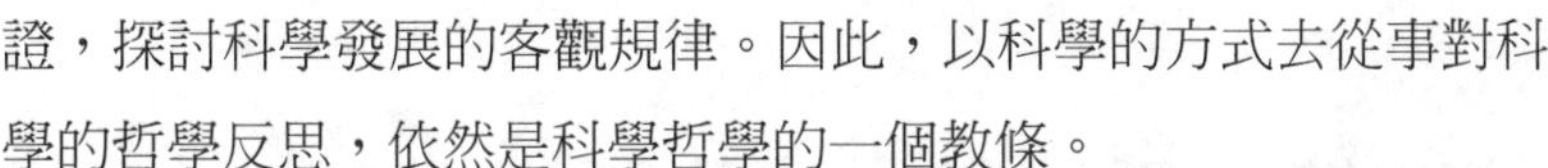

證，探討科學發展的客觀規律。因此，以科學的方式去從事對科學的哲學反思，依然是科學哲學的一個教條。

科學哲學以解釋「科學究竟是什麼」和劃清科學與非科學的界限爲主要任務之一，科學之爲科學的科學性標準一旦確立，就具有了規範意義，因此，科學哲學本質上依然是哲學的，是規範性的；另一方面，科學哲學又要使自己成爲一門具有科學性的實證科學，於是所揭示出來的科學性需要訴諸實際科學歷史的檢驗。既作爲規範性的哲學又作爲描述性的科學，這是科學哲學的內在矛盾。

科學是當代社會的命脈，是推動經濟發展的強大力量，又是占據統治地位的意識型態。因此，對科技的哲學反省在當代一切哲學中無疑具有占據首位的重要性，一切哲學思考，必然直接或間接的觸及時代的科技本質，人們期望科學哲學應承擔對科技的哲學反省的任務。不幸的是，這門學科遠沒有人們所想像的那樣，對支配我們時代的科技本質進行哲學反省，這表示科學哲學似乎並不關心科學對於人生的意義，而將自己的視野局限於探究科學的邏輯、認知論和方法論上。

科學總是人類的科學，是人類創造的，並爲人類所理解的科學，因此，科學首先就是人的一種存在方式，是人的一種活動，是人對待世界的一種理論態度，而不是人基本的或優先的存在方式，科學研究並不是人唯一可能的存在方式，也不是其最迫切可能的存在方式。科學知識是建基於人類直接的實踐經驗，是植根於人的日常生活內，這是從事科學或科技研究者所必須深切體悟的。

第四節　價值與人的生活

理性在蘇格拉底（Socrates）和柏拉圖看來，主要表現爲對當時流行價值的批判。蘇格拉底被判死刑，並不是因爲他爲希臘人提供了製造高效率工具的思維方法，而是因爲他對流行價值觀的理性根基的追究；柏拉圖在《理想國》中解釋何爲最完美的人類生活，也就是說，蘇格拉底和柏拉圖都把人的理性首先理解爲價值理性。

價值學

價值學或價值論（value theory），是由哲學和各門具體學科關於價值的研究所構成的一門綜合學科，是對人類生活中的價值判斷及其規範和實踐方式的探討，其任務在於提供追求和理解人類價值活動的理性根據和實踐指導。價值論研究包括三大領域：價值論（基本原理）、評價論和價值觀念論。作爲哲學範疇的價值的本質規定是什麼？價值是一種客觀的關係，還是一種客觀的屬性或是一種主觀的觀念？價值是宇宙中普遍具有，還是僅僅同人類相關的？價值是否與事實相對立？大多數學者認爲價值是：立基於主體和客體的關係來考察價值，總體上把價值看作是客體對主體的意義。傳統哲學知識論的嚴重缺陷，是把認知模式作爲主客體之間的唯一認知模式，把人與物的關係抽象得僅剩下一「理論關係」，把認知主體假設爲脫離了社會、撇開了利益和情感的抽象人，因此認知活動實際上成了沒有具體人的活動。價值論

的興起和發展，不僅使人們看到人所面臨著的雙重世界，從而認識到認識活動不僅包括反映物質型態世界的認知活動，而且包括把握價值型態世界的評價活動。認知活動是主體對客體的認識活動，以把握客體的本質和規律；評價活動是主體把握主客體之間價值關係的認識活動，以把握客體對於人的意義。認知活動和評價活動相互交織在一起，完整了人類的認識活動。

「價值」（value）的本意是可貴、可珍惜、令人喜愛、值得重視且對人有維護、保護作用的意義，廣泛意義上的價值有好、有用、眞、善、美、寶貴、重要、有意義等等意思，這種意義的價值，在哲學、倫理學、美學、政治學、法學、歷史學、社會學、宗教學、教育學和科學技術中也日益被普遍採用。這些學科分別就各自層次和領域中的價值問題加以研究，形成了各自專門理論，價值學所研究的現象遍及社會生活的各個領域，內容極其豐富。價值學的形成價值現象是人類生活的普遍現象，價值問題是人類與生俱來的一個基本問題，從人類理性意識到自己與他者（物、他人、世界）是處於一相連的關係時起，價值問題就進入了人類理性思考的範圍，古代哲學就已經明確地包含了關於善、美德和美好生活等智慧的追求與思考，而後隨著各門自然科學、社會科學和思維科學先後從哲學分化獨立出去，對於善、美和美好生活的價值思考也先後形成了各種專門的學科，如倫理學、美學、經濟學、社會學、政治學、法學、文學、藝術、宗教等等；其中倫理學和美學仍屬哲學的分支學科，它們對善和美的問題探討對其他社會學科具有一定普遍和指導的意義。

在評價活動被理性建構成爲價值論之前，東、西方思想家已爲價值學提供了豐富的材料和經驗，價值學的許多問題也被大量研究且提出各種觀點。中國哲學在先秦時期就從對「天人」關係

的理解出發，闡述人世間善惡、美醜、義利的道理，強調自然與人事、實然與應然、客觀與主觀的統一；當時的諸子百家由對「天」（人世價值的根源）的解釋而有不同的價值觀，儒家的道德價值觀、道家的自然價值觀、墨家的兼愛功利價值觀和法家的權勢功利價值觀等。

西方哲學雖以知識論、眞理論及其方法爲理性探求的重心，但是對於價值和實踐的研究仍占有重要的地位。古希臘時期，善、美德和幸福等最高價值被看作是世界的存在或世界的固有本質，蘇格拉底特別強調對美德的理性認識，柏拉圖認爲善是世界的最高理型，人生的最終目的在於能進入這個理型世界，亞里斯多德開始倫理學的系統研究，他認爲世界萬物都有自己的目的，而目的總是趨向於完美、至善，人和物能達到自己的完美和至善就是最高的價值。至理性啓蒙時期重視人本的價值觀，反對宗教的禁欲和來世觀念，注重人的現世生活意義，主張追求人世的幸福歡樂，主張自由、平等、博愛爲人的基本價值，推崇人的經驗和理性，提倡通過認識自然來造福人生。理性啓蒙時期充分肯定了人的價值主體地位，指明了一切價值都是對於人的價值，並通過將知識與信仰區分開來，強調知識和理性對信仰的獨立性及其對人類的意義，宏揚了科學精神和科學理性的價值。近年來，價值學研究呈現出現實化和綜合化的趨勢，倫理規範研究重新受到重視，這一趨向表現爲從理論的爭論走向重視現代人類社會普遍的問題，如科技應用、環境生態、人口和生命、戰爭和和平、文明衝突和社會發展等問題。

對於價值領域的分類，因分類角度和形式的不同而表現出多樣化的趨勢，這同時也反映出人類價值生活及認知評價的複雜和多元。將不同的價值類型全面地綜合並描繪人類價值生活與規

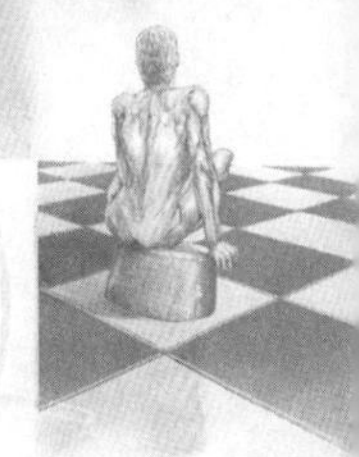

範，是價值學的基本任務之一。一般學者將價值活動分為以下幾個領域：道德、宗教、藝術、科學、經濟（物質）、政治、法律和習俗，這一分類表示人類一切在世的活動，同時就是理性的認知（現實生活世界的問題）與評價（適應生活的各種規範）的活動。

對價值學的研究與了解，可促進哲學和社會科學的相互聯繫，並對人類價值生活有更全面性的認識，使人們更有效地適應社會生活的實踐活動，增強人們理解和處理價值問題。以下簡要說說人的生活中主要的評價活動。

倫理的生活與道德

人類的理性實際上可分作兩種：一種是科學認知理性，另一種是價值理性。人們往往通過「眞」、「善」、「美」三種方式來理解和把握世界的：「眞」是人類認知理性所追尋研究的目標，主要是想瞭解世界是「怎麼樣」、「是什麼」的問題，它以許多的客觀規律和必然性來說明世界的各種眞相與樣貌；「善」和「美」，是人類價值理性追尋研究的領域，主要是說明與解決人類的世界「應當如何」的問題。人類的世界和自然的世界完全不同，它有著許多的可能性，需要人類利用理性智慧去衡量與判斷，並作出符合人類理想的善和美的明智選擇。正是在這個意義上，倫理與道德是一種關於人類應當怎樣的智慧，是一種社會的理性智慧，它表達並設定一定社會價值取向和理想目標，引導社會發展方向與發展目標，調整社會各個方面的善及其合理性。這些價值取向和理想目標也深深滲透入政治、法律和經濟生活等各個領域且發生著作用。

價值與實踐哲學的發展不僅是哲學的巨大進步，也促進其他知識學科的進步。一般認為道德與倫理是一種人的內在品質和調合人際關係的規範，我們生活於一充滿各種關係的世界內必然會思考：人應當怎樣做人、怎樣生活？人與他人應當怎樣相處？我們的社會應當如何才能更有秩序、更安全？我們應當怎樣對待並處理人與自然的關係？對這些問題的思考，促使各種倫理與道德學說的興起，並使人類社會產生各種法律與國家制度，進而形成各種宗教規範。

倫理學（ethics）是哲學的一個傳統分支，它是關於道德價值的理論學科，倫理學對道德的善與惡的研究，包括關於道德價值和善惡的本質、特徵和規律的基礎理論研究，和關於現實道德標準和規範系統的研究。倫理學要解決的問題是：人應當如何生活？人應當成為什麼樣的人？人應當遵循什麼樣的準則？在倫理學中，道德原則的合理性證明成為主要的問題。倫理學之所以實用，原因就在於道德實踐的主要目標就是按某種方式進行生活和採取行動。倫理學的目的便是幫助我們做一個正直的人，並幫助我們獲得和確認富人性的、眞正的、有價值的基本善和實踐的眞理，這種類型的倫理學，我們稱之為規範倫理學（normative ethics），以區別於專對道德語詞、倫理學術語之意義和倫理學判斷之可證明性加以研究的後設倫理學（meta-ethics）。

倫理學判斷雖然沒有科學判斷那樣的客觀性，但這並不是意指倫理學僅是主觀情感或主觀推斷的，道德倫理判斷能夠且應當是建立在合乎理性且具普遍性的道德原則上，並經建全、充分詳盡的推論而形成。以下探討說明幾個主要的倫理原則：

一、效益原則

什麼是判斷人們行爲正當或不正當、善或惡的最高原則？什麼是人們行爲準則的最終依據？若依行爲結果的善或效用來指導人類行爲或作爲道德判斷標準的倫理論，一般稱爲「目的論」（teleology）。若主張行爲的正當與否是內在的，與其產生的結果之好壞無關的倫理理論，一般稱爲「義務論」（deontology）。在目的論的倫理學說中，以英國哲學家邊沁（J. Bentham）和穆勒（J. S. Mill）所倡導的效益主義（utilitarianism）最爲重要。

效益主義就是將普遍的人類幸福看作是道德基礎的一種道德哲學，其基本原理是最大多數人的最大幸福（the greatest happiness of greatest number），這是人類活動的終極目的，也是人類行爲的指導原則和道德標準。效益主義所指之「幸福」（happiness）包括物質生活的享受、精神生活的滿足和文化的充實等等。在現代，效益主義又分爲行動效益主義（act-utilitarianism）和規則效益主義（rule-utilitarianism），行動效益主義著重用效益原則直接判別人們行爲是正當的還是不正當的，亦即它從行爲的直接效果或價值來計算這行爲是否給相關的人們帶來的幸福超過痛苦，來衡量行爲是否爲正當的、道德的。規則效益主義則著重用效益原則來作爲判別社會的道德規範是否爲正當或道德的標準；換言之，一行爲是否正當，只要看它是否符合社會道德的規範，而道德規範是否正當，要看它是否導致人們的最大幸福。

所謂「效益」（utility）意指一種能給當事者求福避禍之傾向的東西，若這東西趨向產生利益、快樂、善或幸福，則導致產生此東西的行爲，就是正當的或良善的；在此「當事者」可以是一個個人，也可以是整個社會、國家和人類等。我們能否將「當事

者」擴大至整個地球生態或環境，以使生態環境獲得最大多數生態類的最大幸福呢？這一問題就是當代論證動物權和生態環境倫理學家們試圖跳出傳統以人類爲中心的倫理學，達致人類、動物、生態和環境等之利益和幸福的整體平等的非人類中心倫理學。

效益主義的優點在於它用統一的效益原則（principle of utility）來說明人類行爲的目標、根源和動力，並解釋道德的行爲和道德的規範，以及一切社會制度和政治措施的正當與否；另外，效益主義把許多道德問題用自然的、常識性的方法進行處理，許多行政人員和專業人員做決策時，關注的焦點就是結果的效益，且考慮各種方案的成本與利潤。而其缺點在於：第一、不同個人對不同性質、不同內容的快樂、福利或幸福的感受難以採用同一標準加以計量和比較。第二、只顧社會福利總量的增長，卻不顧這些福利的分配問題，甚至容許爲了最大多數人的利益總量而犧牲少數人的利益或自由。第三、基本人權（自由權、平等權、生存權）的分配問題，或者說權利義務的分配問題，亦即所謂正義問題並不能從效益原則中推導出來；相反的，基本的人權或道德義務也可能爲了效用的最大化而被剝奪。第四、行政人員和專業人員做決策時，是否能通過客觀的道德衡量進行工作？能否避免謀私利或偏見的假設？不幸的是，效益主義或所有目的論倫理學都不能克服這些問題，且常常成爲各種不道德決策或自私行爲的藉口。

針對目的論的缺失，義務論倫理學是否有解決的方案？首先我們先探討美國哲學家羅爾斯（John Rawls）的「正義論」（theory of justice）中之兩個正義原則。

二、正義原則

羅爾斯的正義論是作爲效益主義的替代性道德哲學理論而提出來的，他認爲效益主義最根本的錯誤在於未專門討論基本的社會福利、基本的權利與義務在個人之間的合理分配問題。因此，他的正義論的主要論題就是：第一、社會制度對基本權利與義務的分配方式，如何才是正義的。第二、對社會合作所得的利益、財富和福利，如何分配才是公平、正義的。對這兩個論題的探討，羅爾斯提出兩個正義原則（principle of justice）。

羅爾斯的倫理學所強調的是做爲公平的正義，並優先考慮權利而不是效益。所謂正當的行爲就是重視人的各種基本權利或自由的正義原則相一致的那些行爲，羅爾斯認爲，正義的原則是平等的、理性的和自私的人自願選擇那些構成他們及其後代所有團體所遵守的社會契約條款的原則。羅爾斯爲推導出正義原則，假定人們的選擇是在一自私自利的「原初狀態」（original position）內對自己的天賦和社會地位之「無知之幕」（veil of ignorance）下進行的；因而，人們實際上被迫對每個人都要公平，因爲只有這樣才能對自己公平；又既然誰都有機會成爲社會中地位最不利者，因而誰都不願意冒險，是以，理性和最安全的選擇就是站在最小受惠者的立場來考慮或抉擇。依此推理的結果，羅爾斯便導出兩個正義原則。

(一)基本人權原則（平等自由權）

即第一原則：每個人對與所有人所擁有的最廣泛平等的基本自由體系相容的類似自由體系，都應有一種平等的權利。

第一原則可稱之爲基本的人權原則（principle of human rights），人人都有最大限度的平等自由權利。大體而言，公民的

基本自由有政治上的自由、言論、集會、思想、信仰、人身、保障個人財產、依法不受任意逮捕和剝奪財產等自由。這些自由是一律平等的，是不可侵犯的，是不能爲了較大的社會經濟利益而犧牲個人的自由，唯一對個人自由的限制是不可侵犯他人的自由權利。依此原則沒有人或團體可以爲了某些利益而侵犯別人的身體、隱私、財產或智慧財產等權利。

(二)分配正義原則（機會平等原則和適度差別原則）

即第二原則：社會和經濟的不平等應這樣安排，使在與正義的儲存原則一致的情況下，適合於最少受惠者的最大利益，並且依機會公平平等的條件下，職務和地位向所有人開放。

第二個原則討論的是社會經濟所容許的不平等的限度，這限度就是分配正義原則（principle of distribute justice），也稱機會平等原則和最不利者受惠原則。機會平等原則表明，雖然社會在財富、權利和職位等分配上，實際不可避免有不平等的存在，但機會卻必須是平等的；也就是說各種地位、財富和職位不僅向有相應才能和稟賦的所有人開放，而且要使所有人都有平等的機會獲得。例如：政府透過教育經費補貼，以使所有國民都有平等受教育的機會，而能進入公平競爭的行列，即是機會平等原則的表現。

最不利者受惠原則，又可稱爲適度差別原則。依此原則是承認人的能力、才幹和其他條件所造成的財富分配不均，但這種不平等必須以狀況最差者亦有所改善來選擇分配的方案，這就要求國家實行某些照顧弱勢的福利政策，並通過稅收和其他政策的調整，對貧困者加以補貼，否則就是不正義的。

羅爾斯討論的平等自由原則、機會平等原則和適度差別原則與功效原則，都是現代社會用以調整人的權利與義務分配、規範政府與公民行爲的基本道德原則，當然也是規範現代各專業工作者之行爲的基本原則，是法律制定和規範倫理的基礎。但這些原則在實際執行的過程中，常常產生不可避免的衝突和兩難，因此，也就產生哪個原則優先適用的問題。羅爾斯對這個問題的解答是：在各項原則間有一個不可逾越的「字典式的排列」（lexicographics），各原則的排列順序爲：1.平等自由原則。2.機會平等原則。3.適度差別原則。4.效益原則。這意味著欲滿足後面原則的前提是不能犧牲前面的原則，這也意味著永遠不能因任何功利的目的而枉顧人的各種基本權利或自由。然而，羅爾斯此種機械決定的排序在實際的執行中，常常產生不合常理的情形，因此，對這個問題的看法，我們認爲應視具體情境而定。

羅爾斯的義務論是以契約論的形式來說明人類之自由、平等、分配公平等基本權利的正義原則；而康德的義務論卻是從人之理性推導而來。

三、自律原則與尊重原則

康德批判英國的效益主義，不僅因爲他們降低了道德，而且他們強調幸福的追求、快樂的感受及欲望的滿足，這些東西是由種種偶然的經驗條件所決定，如何能成爲普遍必然之道德規範的客觀標準呢？那麼康德如何說明道德規範的根源呢？康德如何說明道德如何可能的問題呢？正如他以純粹理性中的先驗範疇來說明知識的來源一樣，康德認爲我們的道德規範原則根源於我們的「實踐理性」（practical reason）中之「善良意志」（good will）、「義務」（duty）、「絕對命令」（categorical imperative）和「自由意志」（free will）等先驗範疇，他將道德的實踐和行爲統歸爲受道德律令支配而不是受自然欲望、愛好支配的行爲。

然而在現實生活中支配人們行動的意志，卻是處於先驗之理性法則與後天欲望之經驗規則之間，因而我們自由的善良意志要求人們放棄一切欲望的規則，按著善良意志之義務要求的絕對命令或原則來行事。所謂絕對命令就是不作為某一目標（如幸福或快樂等效益）的手段且無條件是普遍的道德律令。康德認為絕對命令有三種形式，由這三種形式可以推導出一切的道德義務原則。

(一)自律原則

第一原則：你必須遵循那種你能同時也願意要它成為普遍規律的準則去行動。

這就是說，不要去做你不希望它們成為普遍原則的事，依此原則，說謊、不守信用或諾言、自殺和不幫助別人等都不可能成為一個道德規範，因為它們與我們的意志或願望是相違背的。

第二原則：每一個有理性者，都有一個制定普遍規律的意志，……這意志要使自己行為準則成為普遍可行的規律，那他就必須不受任何自己利益的影響。

這個原則就是將自己的意志與普遍原則結合起來的自律原則（principle of autonomy）。在一個理性的社會中，若人人都能以自律的普遍道德原則來看待別人，也就是說皆能把別人看作自身是一目的而不是我獲取利益的手段，則這樣的人就是一有理性且懂尊重別人的道德人，是一個有仁愛心的人，這樣的人類社會就是一個有秩序且和諧的社會，這就是康德心目中的理想國度，他稱之為「目的王國」（kingdom of end）。

(二)尊重原則

第三原則：你一定要這樣做，無論對自己或對別人，你始終都要把人看成目的，而不要把他視為一種工具或手段。

將人本身看作目的，不能將人看作達到目的或獲取利益的手段，這是人的行爲的一個限制條件，也是人之爲人的最高價值。根據這原則，人應保存自己的生命，發揮自己的才能，不侵犯別人的身體、自由、財產與基本權利，應增進人們的幸福；總之，應尊重所有人，這原則可稱爲尊重原則（principle of respect)，一切的道德律令都可歸納爲尊重原則。我們進而可將此原則推展至動物和所有生態環境上，而成爲尊重一切生命、生態與環境之完整性的生態倫理學原則，這樣的發展可在中國儒家思想中尋得理論基礎。

四、仁愛原則

現代科技與工業資本社會的發展導致人性的異化，同時又對自然和整個生態環境的巨大破壞；但當東西方學界及有心之士不斷探尋及尋求解決之道時，發現當代環境生態之所以遭到大規模破壞的根本原因，皆在於人類都只以自我價值優位、自我理性優位的立場來評量一切，而這一人類中心思想的來由，則又根源於西方長久以來之二元世界觀傳統。因此，當我們面對現代科技發展所導致的各種倫理問題時，我們應可從東方的智慧中尋找出一解決的方案。

孔子面對周朝禮樂制度的崩解，亟思在周朝的禮樂形式中，加入實質的內容；也就是說，孔子希望能在周朝的社會和道德的形式規範（禮樂制度）內，加進人在具體實踐行爲中起主導作用的仁心。所謂：「人而不仁，如禮何？人而不仁，如樂何？」有了「仁」就能依「禮」行事，就能夠執行「禮」；沒有「仁」就沒有「禮」或只是一些形式的教條規範。那麼，「仁」是什麼？孔子說：「仁者愛人」（論語・顏淵)，首先，表現在對家人的親

情，「君子務本，本立而道生。孝悌也者，其爲仁之本歟。」（論語・學而）；進而將此種自然的親情推擴至親人之外，「泛愛眾，而親仁。」（論語・學而）、「己所不欲，勿施於人。」（論語・衛靈公）、「夫仁者，己欲立而立人，己欲達而達人。能近取譬，可謂仁之方也已。」（論語・雍也）。這就是孟子所謂「老吾老以及人之老，幼吾幼以及人之幼，天下可運於掌。」（孟子・梁惠王）。再進一步將人的仁愛推廣到自然生態上，「親親而仁民，仁民而愛物」（孟子・盡心上）、「民吾同胞，物無與也」（張載・西銘）。

仁愛原則（principle of beneficence）作爲一種調節社會各結構和人們行爲的原則，最終必須能促進人們的互惠和互愛，並能將這一原則從家庭推向各團體、社會和全人類，最終也能適用於所有生態環境，否則就只是缺少普遍性而爲狹隘的宗族倫理。這種仁愛雖然是隨著遠近親疏而遞減，但它確實能隨著時空環境（時中）的改變而加以擴展；尤其在現代環境遭到大量破壞下，對自然生態給予關心與愛護確實有其必要性。

爲了說明仁愛的可能性和必然性，孟子構造了一個人的本性是良善的理論，「乃若其情，則可以爲善矣，乃所謂善也。若夫爲不善，非才之罪也。惻隱之心，人皆有之；羞惡之心，人皆有之；恭敬之心，人皆有之；是非之心，人皆有之。惻隱之心，仁也；羞惡之心，義也；恭敬之心，禮也；是非之心，智也。仁義禮智，非由外鑠我也，我固有之也，弗思耳矣。故曰，求則得之，捨則失之。」（孟子・告子上）。孟子明白說了人性中有爲善的可能性與必然的依據，但是孟子忽略了人性中爲自己利益著想之自私自利的面向；荀子針對人性的自利面向，提出其性惡論，「人之性惡，其善者僞也，目好色，耳好聲，口好味，心好利，

骨體膚理好愉。」（荀子・性惡）；正是因爲人性惡、利己，所以需要道德與法律的行爲規範來加以約束，以保持社會的穩定和共同利益的實現，但是荀子忽略了人性利他、良善的面向。

對於孟子與荀子對人性的不同看法，就是孟子與梁惠王的義利之辯，也如同效益主義與義務論倫理學的立論點的不同相似。對此爭辯我們可依孔子「勿意、必、固、我」的「經權原則」，在不同的時空情境下，考量各種倫理原則的優先性和適用性。

五、經權原則（情境原則）

上述六條傳統規範倫理學基本原則：1.效益原則。2.基本人權原則。3.分配正義原則。4.自律原則。5.尊重原則。6.仁愛原則是處理人與人、人與社會、人與國家等關係的基本規範，也是人之行爲、國家法律與政策制定的最終依據，這都是以人類爲中心的倫理原則，在現代科技運用所導致的人與人、社會的衝突中，或在後現代去規範、去中心的情境下，這些原則仍然有其實踐的價值。但現在問題是這些傳統的規範倫理的基本原則，能否推擴至人與生態環境的關係上，而以非人類中心或以生態中心的立場，來處理現今的生態環境危機呢？當人類利益與生態保護產生衝突時，我們該依循什麼原則來抉擇呢？動物、各生態系能否有「基本生態權」（生存權、平等權、自由權、福利權）？這些問題更導致我們在實際倫理抉擇與判斷時的困難。

在實際的實踐或抉擇過程中，我們常常碰觸到原則的衝突或抉擇的兩難問題，這也就是羅爾斯爲何必須提出倫理原則的字典式排列之主張的原由，也是孟子「義利之辯」中所包含的主要問題。雖然這些原則有適用時的衝突，但也有互攝互補的功用。雖然，劃定各原則適用的明確邊界使之不包含反例，以使倫理原則

能運用於道德推理、判斷和決策上，是其本質特徵；可是，現實生活卻要人們不斷打破這邊界，以將倫理原則運用至各種不同的情境內。由於各基本倫理原則在不同的情境下有不同的權重、涵義和適用範圍的變化；因此，我們須有一個依循自律、尊重與仁愛（不損害人與生態）原則，而在不同的時空情境中，用此原則或用彼原則的經權原則（principle of situation），來對人與人、人與社會或各團體（社團、公司等）、人與生態等關係做出合乎倫理道德的抉擇和判斷，以保障各關係者的利益與權利，達致「爲天地立心、爲生民立命、爲往聖繼絕學、爲萬世開太平。」（張載・理窟）的理想世界。

情境倫理學以美國倫理學家弗萊徹（Joseph Fletcher）爲代表，他說：「我的主要原則是：關心人應優先於關心道德規則，較之普遍規範，具體情況與境遇對於我們應該做的行爲具有更大的決定作用。」。又說：「當把法令運用於實際際遇時，必須給予人們某種東西，這就是要允許懷疑的或困惑的良心有某種自由。關於規則是否眞正適用於某種情況，在多少有些衝突的若干規則中應當遵循何者的問題，無情的擺在我們面前。」。在此言中，良心的自由就是自律原則，而且在道德良心的自由中，必然包含著對他者的尊重與仁愛原則。

由以上的說明中，我們已瞭解人類各種社會領域的活動，都包含著價値的選擇、判斷與倫理的規範；政治、法律、經濟等活動更是與倫理道德密切相關連，法律的生命力就在於永遠執行在法律制度和法律規則中的道德命令；同樣，一個國家的管理，從組織目標的確立、決策的制定和實施到管理目標的實現，都離不開道德理性的選擇和取捨。任何一項制度和決策，如果和社會既有的道德理性智慧相衝突，那它就失去了道德合理性和正當性。

經濟活動是爲了合乎人類需要的理性活動，經濟活動不僅是爲人們的物質生產活動，同時也表現出人類之合理性、合目的性的價值理性活動，經濟不僅僅受經濟規律的控制，而且也是由人來決定的，在人的意願和選擇裡總是有一個由期望、標準、觀點以及道德所組成的作用。從以上可以看出，在「道德的應當」要求中，蘊涵著一種智慧，一種爲人類社會進行價值選擇並提供合理性論證的理性智慧。

近幾十年來，人類社會因科技的進步與使用，導致地球環境生態的破壞，又因個體自由和私人利益的追逐，使得人們的價值觀產生混淆，不擇手段的自私自利行爲充斥著社會各領域，價值觀不再被看作理解人類生活的內在價值的尺度，因而也激發全球有識之士，針對現代社會的倫理危機，鼓吹倫理道德教育的重要，而產生與各領域相關的各種應用倫理學，其中有環境生態倫理學（environmental ethics）、生命倫理學（bioethics）、企業（商業）倫理學、工程倫理學、資訊倫理學、傳播倫理學、諮商倫理學等等一般或專業倫理學。

美的生活與藝術

一般來說，人的生活是衣食住行，是工作與交往，是功利性的，而審美非功利性的。生活中當然包括了審美的因素，但只有藝術才是純粹的審美活動；因此，生活和審美之間似乎存在著一定的距離，不過這種理論或技藝上產生的疏遠在現代社會中似已慢慢的靠近，亦即生活審美化和審美生活化，也就是生活變成美的，而美變成了生活的。由於美的現象在當代生活中的特性，對於它的言談成爲了日常語言的一個熟悉的語詞，「美學」（aes-

thetic）現在成爲了哲學學科中最爲人所知的學科。比起傳統學科的認識論和倫理學所關注的問題，也許唯有美學思考的「什麼是美」這樣的問題，對於人們更具有吸引力。但什麼是美學呢？一般都把它視爲「美的科學」、「美的學問」、或者是「美的學說」。但「美的科學」絕不是自然科學或是技術使用上的意義，而是指「美的知識學」，是關於美的知識的研究。

人的心理活動分爲知意情三個方面，在已有的學科分類中，相對於認知的有邏輯學、知識論和科學，相對於意志的有價值學和倫理學，而相對於情感或者是感性認識就是美學和藝術。美學作爲感性學關連於人的感性、感官和感覺。感覺有快樂和不快樂之分，而快樂之內又有肉體的快樂和精神的快樂之分；美學主要就是研究精神的快樂，也就是對於美和藝術之感覺的理論研究。但感性自身具有豐富的意義，除了感覺之外，它還包括可感覺的對象，及感性的表現活動，因此美學作爲感性學，作爲一門關於美的科學，研究美、美感和藝術的學科，它主要探討對象就是人的生活世界。

美學一般包括美的理論、美感的理論和藝術理論等。一般學者也將美學分爲哲學美學，心理學美學和社會學美學等。哲學美學是關於美學基本問題的哲學思考，它將美學的基本問題置於哲學的基本問題之中；心理學美學則是從心理學的角度研究審美現象；社會學美學則是分析審美現象的社會學意義。

美感是指人的一種超利益的滿足感和自由感，美感產生於主體從客體中體驗到自己生活中的積極、健康、和諧和自由。對這種生活內容的追求，就是對美的需求，事實上，這就是人對自己自由創造能力的需求，對這需求的滿足就構成美、美感或美的價值。人對任何事物，包括自然、藝術品和人等等，都可以通過對它們自由地創造而使自己的生活產生美感，獲得美的價值。總之，美和美感的需求及其滿足是非功利的、無私的，是對自由的另一種體驗。

美學是哲學的另一個傳統分支，它是關於審美價值的理論學科，美學的研究包括基礎理論和規範研究，在現代美學中，關於美的具體規範的研究已經獨立出一系列應用美學和技術美學，美學本身則致力於美和審美的基礎研究。

美作爲一種令人激動和使人心醉神迷的現象，在當代世界中變得越來越普遍和重要，自然美更直接地進入人的日常生活領域，人們不僅要求居住空間的滿足，而且也強調其生態環境的整潔與美麗，因而人們嚮往大自然，至高山和海邊，親身體驗山水之美。同時社會文化也興起享受藝術、創造藝術的風氣，文學與藝術之創作和鑑賞的活動與作品，除了表現出美感價值外，也依其思想內容、創作和鑑賞形式的不同，而產生出不同的道德、功利、認知和信仰等方面的價值，因此文學、藝術、自然美景等的鑑賞與美學的研究，除了能調適我們的生活與生命品質外，也能促進社會和生態環境的和諧與完整多樣。

精神的生活——宗教

理論（theoria）與神學（theology）在詞源上是同根的，都來自古希臘語的詞根“theo-”，因而，神學的本來意義，也只是指由內心的「觀看」天地萬物與人世，而使內心趨於寧靜和愉悅，並感受到與「神」的同源，在根源的意義上「理性」與「神學」是相同的，也因此宗教與人類歷史同樣的久遠。

信仰宗教能使人滿足某種特殊精神的需求，使人尋找一種在

知識以外的精神支柱。人類精神生活的特徵之一，就是有宗教信仰，在知識和理性不發達的情況下，信仰往往是自發的和盲目的，例如迷信；在知識和理性高度發達的情況下，信仰往往帶有一定的自覺性和理論性，也成爲人們進行價值判斷和選擇的精神支柱，因此，滿足人的精神需求，提供精神上的支撐，就構成了宗教信仰。從原始圖騰到宗教，顯示了人類信仰價值型態發展的歷史線索。

宗教學，是對人類宗教信仰活動和信仰價值的專門研究。宗教本身帶有一定的歷史特殊性，因而對宗教的發生、發展和演變及其作用的理性考察，能夠揭示信仰的本質、特徵、歷史型態及其發展趨勢，對人類的信仰現象及其價值作出深入的解釋，並爲理性虔誠的信仰提供指導。

第五節　結論

世界的結構層次是豐富的，世界也不是僅由一批富於思辨力的哲學家組成，更多的是不同思維層次的人，他們站在自己的層次上，按各自的方式去感受、認識和評價世界，這各自的方式，就是不同歷史階段形成並積累下來的哲學。倫理、美感、神話、宗教、哲學和科學都是人類的文化現象，隨著社會的不斷進步，神話消退了，宗教、倫理和美學還存在著，科學和哲學則與時俱進，在這裡決定取捨的、起根本性作用的是人的理性。

我們深深感到在所謂後現代社會的生活中，我們冀望自由無限制的生活，卻又怕生活的不確定和不安全，因而，我們希望能有安全確定又無限制的自由，我們可以有這樣的生活嗎？也許從

自由的我們每個人做起，時時在心中存著尊重的理性態度並去行動，這是教育的任務也是我們的願望。所謂「尊重」的理性態度是：

尊重是一種態度或心態

這樣的態度或心態是人類智慧傳統所在，不管是孔子講的「仁心」，或是基督宗教所講的「愛」，或是佛教的「慈悲」，或是史懷哲所謂「眞正自覺的人」，主要內涵都表達出這樣的心態或態度。如果我們能對任何人都有這種心態，就可以說我們具有忠孝、仁愛、信義、和平等德行；如果我們沒有這種心態，那就算吃齋念佛，每天早晚講一堆好道理，所做的行爲跟我們所謂的慈悲完全是背道而行，其實一點用也沒有。當人有這種心態的時候，對父母尊重就是孝順，對兄弟姊妹尊重就是悌，對子女尊重就是慈愛。處於後現代社會的每個人更應培養尊重父母、尊重同學、尊重學校校規、尊重社會、公司，尊重國家法律規範，進而尊重動物生存的權利，尊重生態環境的態度和責任。

尊重心態的另一個涵義就是為他者著想

他者不只是人而已，也還包含生態環境系統的一切；爲他者著想就是能站在對方的處境或立場爲他人或爲生態環境想一想。能夠爲他人著想，就能表現忠孝仁愛信義和平等德目的眞正內涵，而不只是外在形式教條的束縛，所以，孔子才以「仁」爲所有德目的總稱。爲他人著想，也就是心理學或社會工作實踐活動中常講的「角色替換」，也就是自己不再只從自己的利益、觀點

去設想，也能爲相關連的對方想。

尊重的心態就是自我中心的否定

尊重就是自我中心的否定，不要只想到自己或只從自己的利益、觀點去設想，有時候要爲別人想一想。許多成功企業家創業和研發之所以成功的出發點，多數只是爲消費者著想，例如：比爾‧蓋茲、楊致遠等，他們的研發是想讓電腦使用者更方便。自然生態環境保護運動，早期只從人類可能是地球環境遭受破壞後之最終受害者的立場出發，還是以人類利益爲主要考量，因此，各國永續發展政策的出發點還是站在商業、經濟的永續發展上，這樣的自然生態環境保護運動，稱爲人類中心主義的環境倫理；然而，這種生態環境保護運動，在自然保護與經濟發展發生衝突時，還是會犧牲生態環境，因而不是徹底的，而後才有站在整個地球生命系統考量的生態環境保護運動，也就是史懷哲「敬畏生命倫理學」的主張。

尊重的心態就是一個開放的心靈

如果懂得尊重，多爲他人著想，能夠不要太自我中心的話，我們就可說具有這樣的心態，就是一個開放的心靈，這是所有聖人、佛和人類歷史上偉大心靈者所共同具有的心靈。孔子因爲有開放的心靈，才能對學生「有教無類」，才能針對每個學生不同的生長環境背景，而給予不同的答案，這也就是孔子的「經權」和「時中」精神。這就是處於後現代的人必須去學習的基本生活倫理態度。

對處在後現代的人來說，以開放的心靈來面對流動、破碎和不確定的生活與社會，應是最佳的策略，而教育也應教授培養學生日常生活的能力，培養與不確定性和矛盾重重和平相處的能力，培養與多樣觀點和平相處的能力，培養對差異的忍耐和尊重差異，提高批評和自我批評的能力，增強承擔自己的選擇及其後果的勇氣，培養改變框架的潛能，並培養潛能以便抵制優柔寡斷。這是處於後現代社會具有理性的人所該做的最理性的選擇與判斷。

第二章

科學・科技・人文

張匀翔

輔仁大學哲學博士候選人

輔仁大學全人教育中心兼任講師

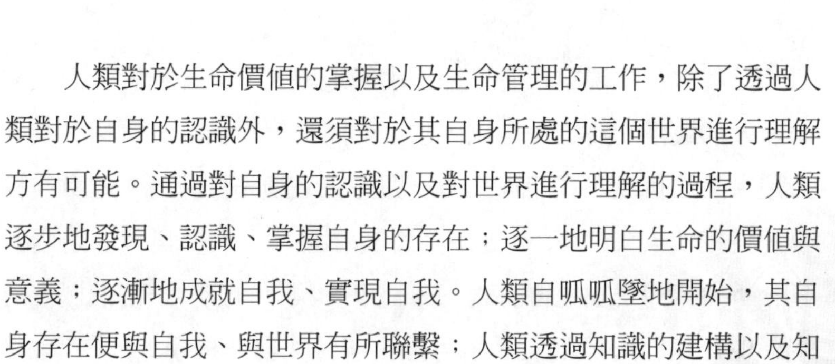

人類對於生命價值的掌握以及生命管理的工作，除了透過人類對於自身的認識外，還須對於其自身所處的這個世界進行理解方有可能。通過對自身的認識以及對世界進行理解的過程，人類逐步地發現、認識、掌握自身的存在；逐一地明白生命的價值與意義；逐漸地成就自我、實現自我。人類自呱呱墜地開始，其自身存在便與自我、與世界有所聯繫；人類透過知識的建構以及知識對於眞相的揭示，來對自我及世界進行認識，從無知的失落狀態中尋找眞相。

「知」一直以來是被中外哲學家們所強調的，就歷程而言，它指的是一種抱持求眞態度的求眞過程；就對象而言，它指的是眞相、眞理的獲得，前者爲擁有後者的方法；後者爲前者實現的成果，人類文化與歷史可說是由知所累積而成。

「如何知」是哲學家們一直在思索的問題，欲如實地揭示、發現這本來具在的眞相，必須先針對用以求知的方法進行反省，瞭解其本質、特徵、限度以及有效性，才能避免淪於陷阱、昧於眞相的危機中。

科學是現今世界所流行的一種求知態度、求知方法，凡是依此方式進行發現所得出的成果，彷彿就是眞確的代表，不過流行並非意味著絕對。的確，近兩百年來科學進展，爲人類造成空前的影響，對舊有的文明產生巨大的衝擊，就某個意義上來說，科學的確揭示了一些過去既已存在但卻被忽略或未被發現的事實，提供人類重新定義自身的材料，但是就科學帶來的另一種影響來看，科學無孔不入的現象以及「科學至上」的口號，已使得人文的價值漸退居至瀕臨破產的位置。

人類的存在本應該是朝向活潑、具人性的方向發展，科學一方面雖秉著嚴謹的求眞態度，能夠爲人類提供重新定義自身的材

料，但就當今的現象來看，卻也弔詭地與人文針鋒相對，而人文是以人為最終的關懷。是以，當人類將科學視為獲致眞相、指導人類生活的有效方式前，其功能與意義必須先做釐清。本章「科學・科技・人文」，第一節首先針對「科學」與「科技」這兩個概念所指涉的對象進行討論。「科學」與「科技」這兩個概念時常出現在我們的日常生活語言裡，舉凡「自然科學」、「社會科學」、「人文科學」以及廣告用語「科技來自於人性」等話語常被我們所使用，但是對於科學的預設為何、科學的本質為何、科學的特徵為何、科技是什麼等問題，卻鮮少人能夠清楚把握。在此，我們試圖回答這些問題。第二節著重在介紹「科學」對於文明的影響，我們將從歷史的角度來剖析科學對文明變革的作用，並介紹中華文化在西學科學過程中的問題，以之為我們挖掘人生意義及劃定科學作為認識自我、世界之一項方式的合法界限時的重要參考。第三節專就科學活動以及科技發展為人類帶來的危機、壓力進行探討，從而我們發現人文精神重建以及喚起科技倫理意識的急迫性。本章結論是就人生經營的角度來談及科學與人文的重要性，一個包容科學精神以及人文精神的生命，是一個生活能夠過得高尚、心靈能夠得以安定的生命。

第一節　科學與科技

何謂「科學」（science）？科學的發展有其漫長的歷史，許多哲學家與科學家嘗試給予科學各種不同的定義，不斷賦予科學新的內涵。但事實上，「科學」一詞其實是一個不易定義的字彙，哲學家尼采曾經指出，只有無歷史的東西才可以被定義；話雖如此，但是從這些不同的定義中，我們可以發現這些學問家們對於科學仍有著共同的認識與把握，而這正是科學的基本內涵。在此，我們藉由一些哲學家以及科學家對於科學的描述作爲認識科學的開始。

科學的對象——自然法則的預設

亞里斯多德是一位百科全書式的哲學家，他除了是具影響力的哲學家外，同時也是一位科學家，他對生物學、動物學等學問，有著豐富的學養；他認爲科學是一種從事實觀察抽象到一般原理，然後再回到觀察的活動，科學是一門解釋事實現象之原因的學問。牛頓（Isaac Newton）認爲科學的目的在發現自然界的結構與作用，並盡可能地把它們歸結成爲一些普遍的法則和一般的定律，用觀察和實驗來建立這些法則，從而導出事物的原因和結果。培根認爲科學在於用理性方法整理感性材料，從而將公理由感覺與特殊事物中抽繹出來，達到普遍的公理。愛因斯坦（Albert Einstein）將科學定義爲尋求我們感覺經驗之間規律性關係的有條理的思想，透過這些規律人類能夠預見一些事實。羅素認爲科學是依靠觀測和基於觀測的推理，試圖首先發現關於世界的各種特殊事實，然後發現把各種事實相互聯繫起來的規律。

上面所列舉的幾位大學問家對於科學的描述雖然不盡相同，但皆承認規律（regularities）的存在，這是他們心中所謂的科學得以可能的原因（即科學必須有其對象，方爲可能）。科學在這個大千世界中，其目的在找出世界上即已存在，但尚未被發現的規律。世界無奇不有，任何一個個體與其他個體由於差異，使得它與其他的個體有所區隔，即使是同歸屬於一類名者，亦是如

此。以人類爲例子，每一個人都是獨一、特殊的個體，絕無另一個人與你相同，你的身高、外表、頭髮顏色及脾性等一定有你特殊之處。自然現象亦是如此，當雲層中的水氣含量達到一定的程度後，便產生出降雨的現象，任何降雨現象彼此是不全然相同的，雨量、雨勢等都不一樣。科學的工作不在於對這大千世界的現象進行描述，而是在研究現象背後的規律，通過這項成果，人類可以獲悉有關這世界的眞相，並且運用這些成果來解釋現象的成因，來對現象的出現、發展進行預測，甚至利用這些成果控制現象、改變現象。

這個世界中任何現象的發生，如果不能夠以規律做解釋的話，那麼意圖在世上生活將是不可想像的。試想一個正下著大雪，地結厚冰的地方，其室外溫度竟高達四十多度，許多的人由於天熱又加上身著厚重的禦寒衣服而中暑、死亡。

規律不是由人所創造出來的，是既已存在的，是作爲人類科學活動發現的對象，即使人類沒有認識到規律，規律依舊存在。大千世界中的現象所以能夠存在，這是因爲背後有著一系列的原因，說穿了，現象本身是偶然的，除了上帝之外，沒有一個個體是自因存在的。例如桌上的一塊冰，其存在並非自身促成，而是由水及其周邊溫度下降至凝固點時而成的；同樣的，水的存在亦非由自身促成，而是由氫原子與氧原子所組合而成。一系列的規律是促成現象的原因，這預設著因果律的存在；一項規律的發掘所以可能，人類之所以能夠藉由科學活動，發現所謂的規律，其背後需預設著「自然法則」的存在。

在此，對於因果律在哲學史上有的不同意見，我們不多做探討，我們只針對自然法則及用以展示自然法則的科學法則彼此間的關係做進一步的說明。

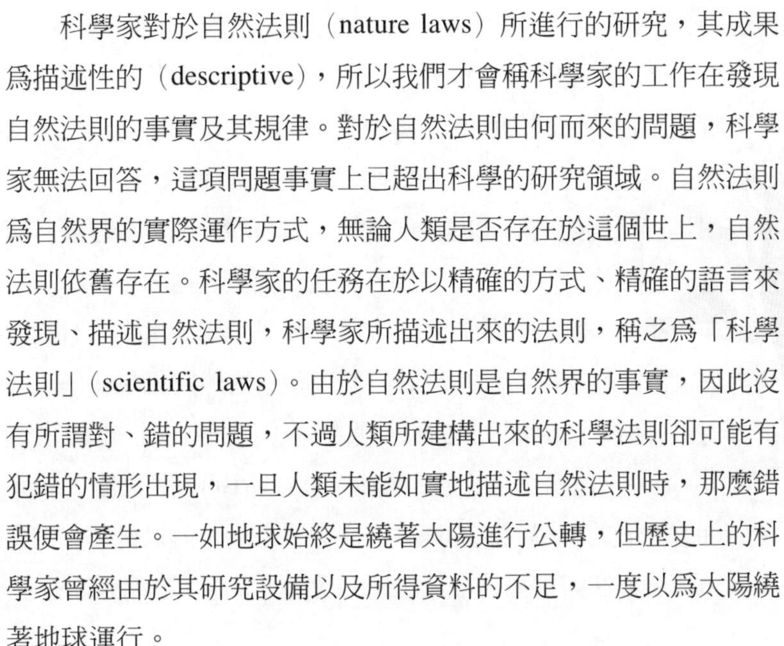

科學家對於自然法則（nature laws）所進行的研究，其成果爲描述性的（descriptive），所以我們才會稱科學家的工作在發現自然法則的事實及其規律。對於自然法則由何而來的問題，科學家無法回答，這項問題事實上已超出科學的研究領域。自然法則爲自然界的實際運作方式，無論人類是否存在於這個世上，自然法則依舊存在。科學家的任務在於以精確的方式、精確的語言來發現、描述自然法則，科學家所描述出來的法則，稱之爲「科學法則」（scientific laws）。由於自然法則是自然界的事實，因此沒有所謂對、錯的問題，不過人類所建構出來的科學法則卻可能有犯錯的情形出現，一旦人類未能如實地描述自然法則時，那麼錯誤便會產生。一如地球始終是繞著太陽進行公轉，但歷史上的科學家曾經由於其研究設備以及所得資料的不足，一度以爲太陽繞著地球運行。

科學法則爲經驗命題的一種，一個經驗命題的眞假與否在於其所描述的事態是否的確存在，當它所描述的事態存在時，則此命題爲眞；反之，則爲假。一個經驗命題不一定是一個科學法則，當它具有科學法則的條件時，才足以爲科學法則。一個能夠稱作爲科學法則的經驗命題必須是：第一、此命題爲眞的、全稱的（universal）命題。第二、此命題的眞確性能不受時間與空間的限制。第三、此命題能夠以假言的形式來表達。第四、此命題具有極高的概括性。第五、此命題能以其他的法則做爲間接證據，與其他的法則關連在一起。第六、此命題不允許有例外的狀況產生，當有例外狀況時，此命題可能有待修正[1]。

波亨斯基（J. M. Boshenski）指出法則或定律具有超時空性、普遍性、永恒性和必然性[2]；法則有別於個別存在事物的時空性、暫時性、變易性、個別性及偶然性。自然法則是自然界實

際的運作情形，科學法則的目的，在如實地展示自然法則，前者沒有對與錯的問題，後者則有犯錯的可能。但是本著以求眞態度來如實揭示自然法則的科學，爲什麼有著無法如實揭示自然法則的情形出現呢？這涉及的是所謂科學方法的合法性問題，其方法的使用是否能夠如它所願的發現眞相。科學的方法可就理論方面以及實施方面來談。「科學的本質」這一個概念指的是科學的知識論、科學爲一種認知的方式，或發展科學知識中本來具有的價值與信念[3]。科學的方法在理論方面所顯示的即爲思想法則，亦即科學的知識論立場。在此，我們藉由哲學史上經驗主義（empiricism）、邏輯實證主義（logical positivism）和否證（falsification）三者的科學方法的理論方面發展來說明何以科學法則會發生出有著無法如實描述自然法則的情形。

科學的方法與特徵

經驗主義認爲所有的知識都是來自於感官經驗，或建立在感官經驗的基礎上，並透過客觀的觀察以及歸納法（induction）的科學方法得來。當然人類的知識都是由經驗開始，且受到經驗的限制，但經驗主義強調以經驗去解釋普遍概念或普遍判斷的企圖是失敗的，例如經驗主義本身所肯認的命題——「所有經驗知識都是眞的」，便無法單單以經驗來獲得證明。經驗主義透過歸納法由感官經驗所提供的材料而建立的普遍概念，其普遍性只稱得上是相對的普遍性。

實證論（positivism）與新實證論（neo-positivism）皆屬經驗主義。實證論主張任何科學必須是從可感覺到的事實（或現象）作爲出發，並只限於觀察、描述、認識可感事實，由之發現可感

事實的規律。實證主義代表孔德（Auguste Comte）認爲科學的對象，在認識可感覺到的事實，人類若對可感事實背後的原因進行追問與認識，則成爲玄想的學問。實證主義的科學態度，使得自身有著困難——人類對於可感事實進行認識，之所以能夠成爲可能，是因爲在可感事實背後，存有著外在於此可感事實的原因，做爲其促成之原因，但這項肯定對於實證主義者而言，已是一種形上學的肯定——人類從感官經驗出發進行規律的發現時，事實上有著超越於人類可感事實的事實存在。實證主義此項困難使得實證主義無法承認電子、基因等非可感覺的實在事物，對於自然法則的發掘，只能限於可感事實中。

新實證論修正了實證論對於「實在」的看法，「實在」不必然是能被人類的能知心靈所感知的印象觀念，或是已呈現於人類心靈前的印象。出自於新實證論的邏輯實證論結合了傳統經驗主義以及符號邏輯，將符號邏輯做爲工具，認爲宇宙的自然法則可依此從經驗的基礎上被歸納出來。邏輯實證主張關於實在的知識，其命題皆是綜合，亦即皆爲可證實的，具有可檢證性（verifiability）。邏輯實證論者對於有關描述實在知識的命題，皆可由經驗來證實的主張，後來歷經多次的修正——由原初所強調的「可檢證性（原則）逐漸變成爲原則上的可檢證性，旋又成爲可佐證性（confirmability）；最後僅強調，要接受一個科學陳述，經驗的明顯性必須扮演重要的角色始可[4]。」

邏輯實證論的修正其實也就承認了要認識自然法則並非是一件容易的事。的確，科學通過歸納法的使用得來的結論，所達到的只是一種相對的普遍性。巴柏（Karl Popper）提出否證論，指出可證僞性是科學的特徵，沒有一項科學法則曾被完全的實證，科學法則是可待修正的，可對抗否證的科學法則命題意味著此項

命題接近眞理，但這非意味著此項命題必然爲眞、必然如實地描述自然法則。科學以運用歸納作爲推論方式，所獲得的結論充其量只是一種相對的普遍性，科學是以非絕對的規則來進行推論工作，其研究出來的理論永遠無法成爲必然眞理。

科學法則終究只具有相對的普遍性，只能被視爲蓋然的眞，但是科學法則的蓋然性（probability）則與發生罹患癌症的蓋然性不同，前者無法估算，後者則可以。因此，科學法則雖然只是蓋然性的，但是基本上，抱守著自然齊一律之信念的人類，仍然認爲其是可靠、可信的。人類透過一系列步驟的實施一觀察、實驗、比較、分類、推論、假設、證驗、成律一來形成科學法則，不過，在實施的方法上面，倘若有任何一項步驟稍有差錯，那麼，其所得出的結論便有問題。

科學的創新運用——科技的發明

巴柏的否證論宣告以歸納法爲主的科學，其成果只能夠是逼近眞理，無法求得必然眞理。事實上，從科學史的發展來看，在愛因斯坦之前，牛頓的運動定律一直以來都是人們所深信的，其精確性以及永恆性，人們未曾懷疑，但是後來愛因斯坦相對論的出現，推翻了牛頓的運動定律，讓人類瞭解到科學法則，其實不過是具極高蓋然性的命題，科學的認識有著其局限性。不過，在此我們雖然瞭解了科學的認識在求眞過程中的局限，但是我們並非因此全盤否定了科學的價值，只是強調人類在接受科學知識的同時，亦應當存抱著懷疑的態度。科學的目的在求得事實的眞相，科學活動的成果一般被視爲具客觀性、規律性、系統性以及實證性，以至今日，科學研究仍是人類用以求眞的一項方法。

事實上，從人類的歷史上來看，科學與利用科學成果爲人類所需創造出來的科技，的確牽動著人類歷史的進行，影響著人類文明的發展。科學的目的在發現與描述自然，不包括人類的目的；科技則是人類爲目的而運作科學成果的創新產物。科技爲創新的，其可分爲四種模式，分別爲，第一、基礎創新（radical innovation）。第二、漸進創新（incremental innovation）。第三、系統創新（systems innovation）。第四、次世代科技創新（next-generation technology innovation）。基礎創新屬於不連續的創新歷程，由於基礎的創新促使科技邁入嶄新的領域，例如半導體積體電路、電腦等重大發明。漸進創新主要在於改善目前科技的功能，藉以改善性能、安全品質與降低價格。例如半導體積體電路的製程與電腦記憶體裝置。系統創新主要是重新整合現有科技並提供新的功能，例如汽車的創新是將車廂科技與腳踏車科技和新的汽油引擎科技整合在一起。次世代科技主要是改善目前科技，能夠大幅提高效能、安全、品質與成本，例如螺旋槳飛機變成噴射飛機[5]。科技的創新成果直接地對人類生活造成改變，就某些事例上來看，的確方便了人類的生活，但亦造成許多人類的危機，例如原子彈、核子彈、生化武器等科技產物的出現。

第二節　科學與文明

民國初期，有著向西方學科學的聲浪，在當時，大多數的人認爲中國所以無法與當時的列強抗衡，喪失既有的優勢，是因爲中國傳統缺乏求眞的科學精神與求自由的民主精神的緣故所導致。因此，爲了現代性的發展，向西方學科學的聲音理所當然地

成為當時的主要口號，這樣的一種呼喚，對當時中國的傳統文化造成巨大的衝擊。不過，值得慶幸的是，在這樣的劇烈衝擊下，代表著精神生命所在的傳統文化，並沒有因此被這洪水猛獸給完全吞噬。就以儒家文化來談，雖然巨大的衝擊，已使得它的影響力不復以往，但現今仍保有它的一定作用力，它使得人類在吸取科學優點的同時，不被同化，仍保有它為人安身立命的價值。人文的重要價值性是不可被取代的，正如楊春時對於那一個前仆後繼西學科學時代的結果所做的描述：「玄學派與科學派的論爭有雙重意義，一方面是科學派維護現代性的鬥爭，另一方面是玄學派對科學主義霸權的抵制，結果是現代性勝利了，同時又是科學主義霸權的勝利，而後一種勝利並非幸事。科學派把科學泛化到意識型態和哲學領域，表面上抬高了科學的地位，實際上卻導致科學精神的失落[6]。」事實上，科學與歷史文化是交互影響的，這個我們可以由西方的歷史觀察得到；本節首先透過對於西方科學起源的介紹以及其歷史文化與科學交互影響的認識，來描述人類在挖掘眞相、實現自我的辨證過程，透顯出西方科學求眞的精神，再反照中國在吸取西方科學時的眞正心態。

西方歷史文化與科學發展

在學科尚未分工專門化的時候，所有的學科皆屬「哲學」(philosophy)，就今日常被拿來與哲學比較的科學也不例外。英文「哲學」一詞出自於希臘文“philosophia”一字詞，這個字詞由“philos”與“sophia”組成：“philos”意指為愛好，“sophia”意指為智慧，兩者合在一起，意指為愛智。哲學的對象為一切學問，包括聞見之知與德性之知。當代常將哲學與科學對立著看，其實是不正確，承如布魯格（W. Brugger）所理解的：「科學或學術，可從不同觀點來分類。從研究對象的範圍而言，首先可分普遍科學（universal sciences）與個別科學（particular sciences）；普遍科學包括哲學與神學，二者雖有其特殊觀點與方法，但研討對象範圍則漫無邊際；個別科學則有某種固定範圍，可分下列二組：前者是形式科學（formal sciences, mathesis universalis），如理則學、數學、方法論；後者是內容科學，又可分爲專門研究未經人爲的大自然事物的自然科學，研究人如何改變自己的人的科學，以及研究人精神活動之作品的人文科學。準此，把哲學與神學歸類人文科學，實屬混淆不清。」哲學的對象爲涉及一切學術之對象，將哲學視爲人文科學，使其與自然科學對立是不正確的。哲學的一項目的，在統合一切學術的成果，消除彼此的矛盾，提供人類生活的智慧，促成平衡、和諧、一統的人生。

西方科學的求眞精神可由希臘文化中找到痕跡。先蘇時期的自然哲學家對於自然有著極高的好奇心，希臘哲學之父泰利斯（Thales）嘗試對自然的基本構成物質與變化提出解釋，認爲水是自然的根本物質，水爲造生一切存在者與生成變化的唯一實在，以「物活觀」（hylozoism）解釋變化的可能。就今日來看，泰利斯對於自然的解釋顯得過於粗糙，不過重要的是，科學的精神就此展開，正顯示出西方的求眞態度。事實上，希臘文化中這項對自然的求眞態度而爲自然提出的種種看法與解釋，有些說法被後世科學家所接受，例如：稍晚於自然哲學家的德謨克利圖斯（Democritus）其提出的原子論觀點（atomism）。

人事論時期接續著自然哲學時期，這時探求的對象逐漸由自然轉向語言、文法、修辭、倫理等與人存在有關的問題。詭智學

派（The Sophists）哲學家普羅塔哥拉斯（Protagoras）提出「人爲萬物之尺」的命題，同屬詭智學派的果加斯（Gorgias）更提出令後世思想家感到困惑不已的三項命題：第一、一切都不存在。第二、即使有所謂存在，亦不可認知。第三、即使可認知，亦不能傳達。普羅塔哥拉斯與果加斯爲感覺主義、主觀主義的思想，他們否認了客觀眞理的可能性，所謂的眞理是由雄辯術堆積成的。詭智學派的出現在思想史上具有兩種意義，這兩種意義使得人類思考的重心產生很大的轉折：第一、以理性認識自然規律的否定。第二、開啓人以自身爲思考重心的方向。蘇格拉底與其弟子柏拉圖除了對抗詭智學派的主張，一方面也就承繼了詭智學派以人自身爲思考重心的新方向。蘇格拉底是一位以人事爲關懷重心的哲學家，他常以對話術的方式逼著當時的人去反省有關人事的問題，其弟子柏拉圖更提出理型（Idea）來解釋現象中的一切存在事實。柏拉圖雖然以理型來解釋一切，但是他對於感覺經驗是採否認的態度；因而，其表面上似乎以理性找尋出普遍，肯定普遍，但是其學說系統的建構方法，並非由肯定感官經驗作爲理論建構的開始。柏拉圖認爲知識是由對超感覺的理性世界的學習得來的，感官經驗並非眞正的實在。科學史家丹皮爾（W. C. Dampier）認爲「柏拉圖是一位偉大的哲學家，但在實驗科學史上，我們不能不把他算作一個禍害[7]。」就科學對於感官經驗的強調來看，柏拉圖對於感官經驗的否定，其實妨礙了科學的發展。

相較於柏拉圖，亞里斯多德思考的關懷重心，除了重視人事的問題外，他也相當重視科學。人事問題在探討有關人的實踐學問，在亞氏重要的《尼各馬科倫理學》（*Nicomachean Ethics*）著作中，他定義「幸福」（happiness）爲「一種靈魂合乎完滿德行

的實現活動[8]」。幸福爲人類生活的終極目的，幸福生活需透過德行（virtue）來實現，一個有德的人即是一個幸福的人。亞里斯多德將理智德行區分爲五種：技藝（art）、實踐智慧（practice wisdom）、科學知識（scientific knowledge）、理性直觀（intuitive reason）、哲學智慧（philosophic wisdom）。亞氏幸福觀認爲幸福是由倫理生活（moral life）以及靜觀生活（contemplation life）組成，對於靜觀生活，亞氏曾如此表示：「對於人來說，這（靜觀生活）是一種更高的生活，我們不是作爲人而過這種生活，而是做爲在我們之中的神聖的東西[9]。」亞里斯多德同希臘人重視人類理性的能力，幸福的實現關鍵在理性能否整體實現，所謂靜觀生活即科學知識、理性直觀以及哲學智慧三種理智德行的擁有，這三種德行所涉及的對象爲不變的事物，前兩者涉及的對象，爲哲學智慧所包括，哲學智慧的活動即是靜觀的活動。理性直觀與科學知識並不相同，雖然對象皆爲不變的事物；理性直觀對於不變的事的認識乃是立即獲得的，而科學知識則需藉由論證的方式來把握不變的事物。亞里斯多德爲人類言及的靜觀生活，包含著證明的過程，以及由此得來的知識，直觀的理性只是一個起始點。亞氏不像柏拉圖對於感官經驗的否定，他是一位實在論者，爲形式邏輯以及三段論證的創始人，他非常重視科學知識，直至文藝復興時期，其科學成就，無人能及。

在實現人生目的前提下，亞里斯多德強調秉持求眞的精神，透過嚴謹的邏輯、實證態度，揭示不變事物的眞相；在那，這兩股文化是處於和諧的狀態。

我們可以由西方文明的發展過程中，看出科學文化與人文文化相互辯證激盪的痕跡；這除了可從希臘文化中證實，亦可由文藝復興的發生見得。文藝復興的產生是對於中世紀哲學的反動，

當時的訴求是喚回古典文化的精神。中世紀由於籠罩在基督宗教的文化底下，因而，無論人文、科學、政治、經濟與人民生活皆受基督宗教的支配，在此時期，源自於希臘文化中的兩股文化——人文與科學，失去了其原本具有的獨立性。當時人文與科學仍舊繼續發展著，不過這與希臘文化中的科學與人文大不相同；在當時，人文與科學是以宗教作爲它們服務的對象，人們在對人文與科學進行探究的同時，其前提是對於基督宗教的堅定信仰。文藝復興所以能夠出現、在西洋歷史上留下記載，正是因人文與科學在這長期的壓抑下而產生的反動。與中世紀基督教文化相對照，文藝復興強調的是源於希臘文化裡的理性精神，他們希求古典文化自由精神的回復。這項思想史上的重大轉折，是爲信仰轉回爲以理性做爲認識世界、認識人類自身之途徑的轉折，這項歷史轉折點的出現，正是人文與科學相互激盪而產生的歷史結果。

中世紀哲學基督宗教文化雖然以信仰爲首，但並不反對理性的能力，不過理性的運用是爲了說明其宗教信仰的合理性，因此，理性原在希臘文化中具有的自由度與獨立性，遭受了阻礙。就以在希臘文化中兼具人文與科學的亞里斯多德思想而言，亞里斯多德的思想成爲了中世紀托瑪斯（Aquinas Thomas）用以調合信仰與理性的方法，托瑪斯的調合使得理性與信仰得到了統一，但也使得人文與科學的發展受限。以中世紀認爲宇宙的中心爲地球的說法爲例，便使得地球非宇宙中心的論點，不敢提出。講求事實的科學雖然在此時受到了壓抑，但是科學並非因此就完全消失了；相反的，科學對於事實的找尋，因於中世紀基督宗教哲學家所提供的有秩序、合理、整體的自然觀，顯得更具信心。以信仰爲首的宗教文化，雖阻礙了科學的發展，但是亦培養理性的精神，這提供了後來文藝復興時代裡，科學文化發展的養分。經院哲學深信神及其與人、與世界的關係，可為人類理性所認識。他們強調理性的認識能力，運用理性、加強邏輯的分析，嘗試以理性眞理的建立來說明啓示眞理，因而，強調理性認識能力及其獨立精神的人們，在經院哲學的培育下，便透過「本著自然是一致可理解的和可以瞭解的信念，開始進行觀察，用歸納的方法形成假設以便解釋他們的觀察結果，然後又用邏輯的推理演繹出推論，再用實驗去加以檢驗。經驗哲學訓練了他們，結果反而叫這些人把他摧毀了[10]。」

這以理性精神為強調的科學文化之所以能在文藝復興時代得到解放，除了其中一項原因在經院哲學強調嚴密推論的思考訓練（教育在當時是由教會所支配的），另外還因於同樣強調理性精神的人文文化的喚回而促成的。人文文化指的是人文主義（humanism），其起源自希臘的自由理性精神，它可分為接受上帝信仰的人文主義以及拒斥宗教信仰的人文主義。無論是接受或不接受信仰的人文主義，皆承認理性與人的價值為首要的，他們強調人的自由意志以及人相較於自然的優越性，主張由人的角度進行對眞的追求。這樣回復希臘的自由理性精神的強調，促成了宗教改革的產生。文藝復興這般極力以人為重、強調理性自由精神的思潮，亦促成近代科學的發生。擺脫自神學權威的人文文化與科學文化，再次回復了傳統希臘的文化精神，此時人文與科學像亞里斯多德一樣，是處於平衡的狀態，彼此相互滋長，期間出現許多人文與科學成就的思想。這樣平衡狀態，待培根嚴格地以自然科學為眞正科學後，便逐漸出現了裂痕現象。

培根提出從經驗知識出發，建立科學的歸納，以此掌握事物的眞相。透過經驗的歸納，人們可以獲得形式的知識，培根認為這樣的科學方法，可以作用到整個哲學領域。培根的經驗論通過

洛克（John Locke）、休姆（David Hume）、穆勒和羅素等人的修正，劃清了科學與人文的界限。這種強調以經驗為認識的出發，以歸納掌握事物眞相的態度，在近代科學與科技快速發展促成經濟發展與社會效益的效果下，逐漸形成科學主義（scientism）的思潮。科學主義認為自然科學為人類知識的典範，認為一切的學科都應仿效自然科學的方式，去建構知識，將之用於人類生活中各項領域，這使得經驗知識成為唯一具有認知意義的知識。傳統希臘的人文文化以及後來的人文主義由於所探索的對象及其成果是不具認知意義的，因而在科學主義的眼裡，人文主義建構的知識，不夠精確、不夠嚴謹、雜有主觀性、不具合法性。

科學主義的盛行，使得人文的價值瀕臨危機，人類的出路變得昏暗不明，這正是西方當前所遭遇到的一項重大問題。科學主義的確為人類理解世界、理解自身提供不少幫助，運用科學成果而創新的科技，也的確方便了人類的生活，但是它們卻無法告訴人類生命的意義及其價值所在，亦無法提供價值評判的標準。科學主義所揭示對於自然的描述，其實也不必然定為眞相，誠如我們在前一節談論科學的限度時，所做的陳述，任何科學的推論結果，至多達到相對的普遍性，其仍有被修正的可能性。對於自然的平衡、和諧認識，應是融合人文與科學。

中國的科學精神與西學科學的反思

在中國的歷史上，先秦那一段歷史可說是人文薈萃的時代。當時百家爭鳴，傑出的思想家為因應時代的動亂，提出許多解決之道，希望能為當時的亂局找尋一條出路，這些思想後來成為中國的文化精神。不過，在上個世紀初面對西方的優勢所帶來的衝

擊，有不少的人提出向西方學習民主與科學的口號，他們認為中國的傳統文化中沒有科學，且這傳統文化阻礙了中國現代化的發展。無疑地，在這些人的心目中，傳統文化是中國邁向現代化的絆腳石，是中國之所以落後給西方的主要原因。雖然言論過於偏歧，但這是無可厚非的，這是因於科學的迫切需求，產生出的時代言論。中國歷史上曾有過輝煌的古代科學，這是不容置疑的，相對於當時知識份子對於自身中國文化傳統的全盤否定，英國學者李約瑟（Joseph Needham）反倒是從西方人的角度中性地肯定中國古代具有的科學成就。

相較於同一時期的西方，中國古代的科學成就是輝煌的，科學發展是卓越的，直至十六世紀時，中國原有的領先地位，已不復再，轉趨於頹勢。歷史上記載著許多輝煌的紀錄：科學方面有張衡的《算網書》、王孝通的《輯古算經》、秦九韶的《數學九章》、程大位的《算法統宗》、沈括的《夢溪筆談》等；科技方面有漢代張衡的「渾天儀」及用來測量地震與判別風向的「候風地動儀」、蔡倫發明「造紙術」、祖沖之的「圓周率」（計算出圓周率到小數第七位 3.1415926-3.1415927）、諸葛亮的「木牛流馬」、南北朝時代王思政的沖天砲等。

李約瑟《中國之科學與文明》一書認為中國基於種種屬於內在的、外在的、直接的、間接的因素，使科學和科技失去其在十六世紀前具有的優勢——關於內在因素與直接因素方面：

1.秦始皇焚書坑儒，摧殘文化之影響。

2.漢代董仲舒「天人感應」學說滲入迷信色彩，及其「罷黜百家」學說之影響。

3.五胡亂華、兵連禍結，經典失散之影響。

4.歷代科學制度、偏重訓詁，而忽視技藝之影響。

5.宋、明、理學家，偏重心性之闡理，而脫離現實之影響。

6.歷代遺產繼承制度觀念狹隘，妨礙公益之影響。

7.歷代以來未曾重視獎學金制度之影響。

8.滿清政府大興文字獄，而束縛學術思想之影響。

9.北洋政府之專權及五四運動變質之影響。

10.懷疑論學派，妄自否定中國古籍之影響。

關於外在因素以及間接因素方面：

1.自滿清以來，列強對中國不斷侵略及其兵連禍結所造成之影響。

2.列強已往對中國除實施政治、經濟的侵略之外，更實施文化侵略，使中國喪失民族自信心之影響。

3.中國已往在孤立的環境中發展科技，並未獲得其他國家應有的同情與贊助之影響。

4.英語世界已往對中國的科學理論、科學思想及其有關技術，存有忽視與歧視心理之影響。

5.英語世界若干人士，對於有色人種，存有種族歧視心理之影響。

李約瑟的結論點出了中國古代輝煌科學文化之所以失色的部分原因；事實上，就中國古代科學所以失去優勢，主要是因於認識的態度，因而在條件上不利於科學的發展，就此歸結幾項來進行解釋：第一、以直觀方式認識自然，不同於西方傳統以理性精神認識自然的態度。第二、對於「知」，偏重德性之知的強調，缺乏對客觀事實進行認識的興趣。第三、缺乏嚴謹的邏輯思維方

法。第四、以實用、功利的心態看待科學，缺乏求眞的精神。

道家的思想爲中國文化精神的一部分，對於「道」，老子《道德經》中說：「道可道，非常道，名可名，非常名」。「道」具絕對的規律性，爲超越相對性及差別性的現象界，人類所公認的規律以及被人類用語言所描述的規律，並不是眞正的「道」。對於道家而言，「道」不可用言語去把握，而以直觀的方式對於「道」給予肯定；人類以理性言說的方式去認識「道」，所得到的成果只能是片面的、部分的、非絕對的。道家「言忘絕慮」的思想，說明了以理性言說的方式試圖對「道」進行認識，是一條行不通的路，這與西方傳統以來一直肯定人類理性認識能力的態度相較起來，其對於認識的態度是截然不同的。道家無疑地否定了人類以其理性言說的能力建立科學法則，以之對於自然法則進行說明的可能性。

《論語》云：「子不語怪、力、亂、神。」儒學是強調理性的，不過這理性所偏重的是實踐層面的理性，集中於對人與社會的關注。周文原爲周代的禮教制度、價值觀、人生觀，當它開始崩解時，原有的安平社會變得失序，人們不知要將其生命安頓於何處，儒學的出現主要是爲了面對周文疲弊的時代亂局。儒學的思想重在對人事方面的思考，這可由《論語》明顯看出－「未能事人，焉能事鬼」及「未知生，焉知死」－儒學對於人以及生命的重視；由於這樣的偏重，因而儒學對於客觀事理的認識較不重視。中國歷史上後來的儒者，亦承繼孔子偏重人事的關懷，使得對於自然的認識相對地受到忽視。《大學》云：「格物而後知至，知至而後意誠，意誠而後心正，心正而後修身，修身而後家齊，家齊而後國治，國治而後天下平。」儒家強調聖王明君，懷抱由「內聖」逐步外推達至「王天下」的德治的政治理想，因而

對於「知」偏重於「德性之知」的認識，而較不重視「聞見之知」的認識；所謂「德性之知」簡單地來說，指的是關於一切修身、成德、安身、立命之學，而「聞見之知」指的爲對事理的認識。相較於西方希臘文化能孕育出科學文化以及人文文化，專偏重人事與德性之知的儒學，雖然沒有反對科學－正如其重視理性的精神－但的確難以開展出像西方近代的科學。

墨子十分注重求知的方法，因而對於認識的方法相當感興趣，但是對於認識的方法的興趣並非根本於求知的精神，而是基於實用的目的。墨子對於知識的尋求，不同於西方人求眞的理性精神，他們將知識當作實用目的的手段與工具，因而在求知之時，其實已先預設了是否實用的考量，因而其思維方法的使用不像西方是作爲純粹求知的方式，反倒成爲說服他人接受自己論點的工具。以著名的「三表法」爲例：「何謂三表？子墨子曰：『有本之者，有原之者，有用之者；於何本之，上本之於古者聖王之事，於何原之，下原察百姓耳目之實；於何用之，發以爲刑政，觀其中國家百姓人民之利，此所謂言有三表也。』」〈非命・上〉「三表法」中的第三項－「有用之者」－指出辨別某一立論的是與非，需將此立論成立時，所造成的效果納入考量，倘若所產生的效果對於整個人民、社會有利，那麼此立論即可成立，墨家就此肯定天是有意志的以及鬼神的存在。

在諸子百家裡面，墨家是最可能發展出像西方一樣的近代科學。墨者曾經提出了七種分辨眞僞的方法：一爲「或」；二爲「假」；三爲「效」；四爲「辟」；五爲「侔」；六爲「援」；七爲「推」。「或」與「假」意指的是，當我們對於某一事件，尙無法以全稱或必然地、無條件地斷定前，我們需以特稱（或）及選言（假）的命題形式來表示；「效」爲演繹法的使用，即由

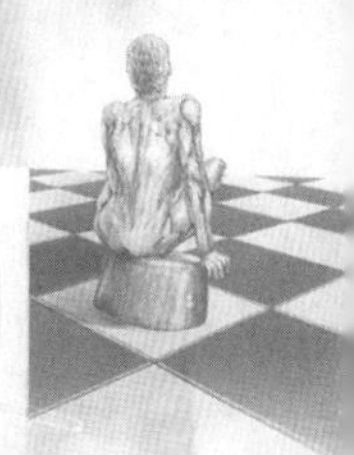

已知的普遍法則出發，去論及特殊的事實；「辟」、「侔」、「援」即所謂邏輯上的類推法；「推」爲所謂的歸納法，即由特殊的個別事物推知普遍的法則。墨家對於論證的重視，的確是中國邏輯的萌芽，不過，墨者同墨子重視知識的實用性，因而使得求眞變得不是根本重要的事，實用與否才是求知的根本用意。墨家的思維方法由於受制實用的目的以及隨著其思想日漸沒落的因素，中國終究無法發展出一套嚴謹的邏輯思維方法。

偏重於知識之實用性的認識態度，不只是墨家如此，這是中國文化精神的一項特徵。中國歷史上的確有著許多傲人的科學、科技成就，但是因於偏重於科學與科技的實用，因而其科學與科技的成就，事實上只是知其然而不知其所以然。中國傳統文化裡，缺乏像西方那般求眞的科學精神，因而中國對於由經驗的規律性揭示出自然法則的興趣其實不大，雖然他曾經發展出傲人的科學與科技；同時，又由於欠缺一套嚴格的邏輯思維方法去揭示自然法則，因而不利於科學與科技的發展。上個世紀初的中國雖然因時代之需，自覺出向西方學科學的急迫性，但是這樣的呼聲依舊只是基於實用的目的去接受、學習科學。當時中國面對的是貧弱的現實，戰事接連不斷、割地賠款事件一再發生，過去引以爲傲的傳統文化，受到無情的打擊，因而本著救亡圖存的民族使命感，急欲向西方學科學，意圖快速趕上西方。但實質上，上個世紀初的中國仍舊在功利、實用的心態下學習科學，依舊沒有如西方挖掘客觀事理的科學精神。

科學的發展與科技的創造，爲人類文明貢獻極大，前者使人類更進一步地認識世界，後者豐富了人類的生活，減少了勞動。不過，近代西方對於科學認識的過分偏重、對於科技的盲目信賴，以及東方西學科學時偏差的學習與運用心態，已使得當前人

類的文明開始受到科學與科技的壓迫，人類文明中的危機與日俱增。人文的重要性，在今日必須被強調，以之作為科學與科技的指導。

第三節　科學與科技文明的反省與人文精神的重建

科學是在發現自然，對之進行如實的描述；科技是人類運用科學所創造出的產物，目的是改善、解決、滿足人類的生活以及提升人類社經方面的效能。在今日科技快速發展的時代，人類與科學、科技的關係變得密不可分，科學與科技已深入到人類生活中的每一個角落。人類的文明，因於科學的發展，有著明顯的改變，仔細觀察周遭的生活也隨處可見科技的產品。不過，強調發現客觀事理的科學，因發掘過程中人為因素的影響，使得其結果無法如實描述自然，科技的發明亦因於人類的忽略以及錯誤使用，使得其在方便人類生活的同時，亦對人類社會造成危機。不可否認今日的人類的確需要科學與科技，倘若將科學與科技從人類的文明中完全移除，其後果將是不可想像的；人類可能對於真相將無從獲悉，人類的生活亦變得十分的不便與困難。但是在使用的過程中，必須要能夠小心、謹慎，才能夠趨福避害，這必須從科學倫理的建立以及人文精神的喚醒兩方面來著手進行。本節先就科學倫理進行討論，人類進行科學活動時，須遵行科學倫理的規範，方能如人類所期待的如實揭示自然、描述自然。再就當前科技成果所造生的危機進行論述，面對科技同時帶給人類的利與害的矛盾情形，人類必須喚起對於自身的關懷並由此出發，以

人文的精神作為科技運用時的指導原則。

科學倫理

科學代表的是求眞的精神，人類運用自身理性的自由以及理性的精神，期望能夠客觀的將自然透過語言如實的揭示出來。由近代以自今日的科學發展，人類已建立一套嚴格的邏輯思維方式以及嚴謹的實證方式，透過觀察、實驗、比較、分類、推論、假設、證驗、成律等一系列的過程，來進行科學活動，希求能以此揭示眞相。當然通過這樣的過程所得來的成果，並不意味人類必然能揭示所有的眞相，人類也不可能信誓旦旦地表示所有被揭示的眞相都必然是永遠可靠的。但是，就以目前的成果來看，當代許多科學上的成果，其相對的普遍性已不同於如飛安一般相對的普遍性。此兩種相對的普遍性是不一樣的，前者的相對的普遍性，雖為人類所認識，但是其普遍性是無法估算的；而後者是可以藉由估算，認識到航空意外發生的機率。在現有發展出的邏輯思維方式以及嚴謹的實證方式下，人類信賴科學活動的成果，卻常有無法客觀描述的現象，這往往是因為人為而導致的。為此，人類必須能夠建立一套科學倫理，以確保科學活動的客觀性。

《科學倫理》一書提出十一項人類秉持求眞精神進行的科學活動所應當遵守的規範：

1.科學家不應捏造、作假，或是曲解資料或研究結果，而應當在研究過程中各個側面上，都能客觀、去除偏見、誠實。

2.在研究中，尤其是展示研究結果時，科學家應當避免錯

誤。應當儘量減少實驗上、方法上及人爲的疏失，並避免自欺、偏見以及利益上的衝突。

3.科學家應當分享資料、研究成果、方法、想法、科技以及工具。他們應當讓其他科學家檢視他們的工作，並且向批評與新的想法開放。

4.科學家在進行研究時，應當要能自由面對任何的困難或假說。應當要能追求新的想法，批評舊的想法。

5.有信用便能獲得信用，沒有信用便不會獲得信用。

6.科學家應當教育未來的科學家，並確保他們能學習到如何從事好的科學，應當教育公眾，使公眾知曉科學。

7.科學家應避免引起對社會的傷害，而是要試圖去造福社會。科學家必須對其研究結果負責，並應告知大眾其研究成果。

8.在研究過程中，科學家應遵守關於他們研究工作的法律。

9.科學家使用科學資源或在科學專業中有所提升的機會時，不應在不公平的情況下被否決。

10.科學家們應當尊重同事。

11.科學家應當有效使用資源。

12.在使用人類主體實驗時，科學家不應侵犯人權或尊嚴。而在實驗中使用非人類的動物主體，科學家也應當抱持著恰當的尊重[11]。

第一項至第五項規範的建立，爲的是杜絕因人爲因素而產生無法精確的科學成果。人是複雜的生命體，科學家在求真的過程中，常因於個人的有限性而在求真過程裡有所疏忽，或因於此項科學活動，對於科學家（或某群特定的群體）而言，有著某些利益，因而科學活動的成果存在著無法精確的可能。求眞是人類理性精神的一種表現，人對於眞相原本就具有著欲知曉的本能。不過，大多數的人並不會親自去參與科學活動，人類相信具有科學專業能力的科學家能夠提供有關自然的眞相，人類信賴科學家提出的科學成果。因此，對於可能摻有利益以及疏忽的科學活動，科學倫理的建立是必要的。科學的活動必須能誠實的對待其成果，避免任何可能的主觀與偏見，將其成果公開，讓其他科學進行檢驗。科學家需能彼此尊重、信任，利用他人的成果來進行進一步的發展，並秉持自由理性的精神，對既有的科學成果能抱有存疑的精神，讓科學能夠創新、持續前進。

第六項至第十二項規範的建立，主要目的是對於科學活動的過程與成果及其和相關的合作關係人與大眾社會有關的倫理問題進行合理約束。科學家所從事的科學活動爲專業的活動，在科學活動的過程中，科學家應有效使用資源，遵守一切相關規定，並對於被作爲實驗的人體以及動物應採合理的尊重與對待。

當代的科技發展與危機

當代的科技發展對於人類文明有許多重大的影響，資訊、工程、醫藥、衛星等重大發明，使得人類的生活型態與過去有著截然不同的差別。不過，在豐富人類生活的同時，所造成的文明危機已日漸浮現。這些危機有：

1.因於新興科技的發展，而對於人類心理所造的無形壓力。

2.因於科技的發展，使得個人與自身產生疏離。

3.因於科技產品的使用，使得人性受扭曲。

4.因於人類對於科技產品認識的不足與其品質上的不穩定，所產生的危機。

5.因於科技成品的任意使用，造成大自然反撲人類的危機。

6.因於運用科技者的私利，對人類所造成的危害。

7.因於科技無限制的發展，造成以往不曾有的倫理問題。

高科技產品的不斷推出，豐富了人類的生活，人類享受到科技所帶來的便利性，但是人類也飽受科技產品不斷推陳出新的壓力，常覺得有追不上科技的感嘆。在工作職場上，公司主管爲能提高公司的營運效能，自然地要求員工在最短的時間內熟悉相關事務的科技產品，員工在面對複雜職場情勢之餘，還必須承受學習操作科技產品的極大壓力，例如：一套新推出的系統軟體，有助於提高公司的營運效能，因而員工被要求立即會使用該產品。作爲一個公司的負責人，爲了面對同業強大的競爭力，使其企業能夠永續經營，亦不得不設法購買添置相關新的科技產品，使得公司的成本開銷大幅增加，公司負責人肩頭上有著經濟上的沈重壓力。科技帶給人類的經濟壓力，亦可在個人身上看出，人們不斷設法增添這些產品於個人的生活，爲了享受科技帶來的便利，人們也需付出相當的代價。

工作上的成就，是個人實現自身價值的一項途徑。科技的發展雖然使得高危險性、高勞力的工作可由機械來替代傳統的人力，並提高了生產的效能。但是，人類也因爲工作被科技化，每日只需重複相同的動作，使得個人與自身產生了疏離。大多數的人，當眞正踏入社會工作後，其在工作上付出的時間，往往比待在家裡的時間來的多，但是長時間在工作上的付出，爲的只是賺取一份薪水，在單調、枯燥、重複的工作中，往往沒有意識到自

己的存在。常常是在下班後，才意識得到自己，與其說是在使用科技，事實上，自己只不過是讓這樣科技產物，能夠順利運作的工具。例如：科技園區內的線上作業員，每日的工作只是徒手將半成品放入機台內，當機台發生問題時，不需親自處理，只需通知工程部人員。由於科技的取代，人類變得無法在其長時間所待處的工作場所中實現自我。

有線電視的普及以及近年來網路的快速發展，使得人類眞正落實了「秀才不出門，能知天下事」這句俗話，但也使得人們開始與自然、與人群產生了脫節。在難得的假日裡，人們常常不願放下手中的電視搖控器走出戶外、接觸自然、與人交往，只是不斷地更換眼前播放的電視頻道，嘴巴卻直喊著「無聊死了」，腦筋一片空白地虛度整個假期。網路的盛行，使得人們開始嘗試用線上方式與人交往，雖說拜網路發達所賜，拉近了人與人之間的距離，但是事實上，眞正認識自己的人開始變得少了，屈指一算，眞正關心自身的人寥寥可數。網路的發達，的確縮短了人與人之間的距離，但是網路上這些看似熟識的友人，事實上卻只是陌生人，原是需要過群體生活的人類，反倒是反逆於人性在過生活。這些弔詭的現象，是因人類不留意地掉入「科技陷阱」中而造成的。掉入「科技陷阱」中的人們，不但失去了與自然接觸的時間，也失去了與人面對面接觸的機會，使得其自身人性遭受扭曲。不只如此，許多的調查顯示，淪於「科技陷阱」中的人，其生活中的學習效果、人群關係、睡眠品質等方面，也都出現了問題。

科技造成的危機有一項是因爲人類對它的認識不足及其品質不穩所造成的。對於科技產品的認識不足，可分爲二種：一爲對於某項科技產品，發明者與生產者沒有完全掌握此項產品對於人

類可能有的危害；二爲使用者對於此項科技產品，在使用上，對於應有的注意，沒有完全的認識。我們舉現代人普遍使用的微波爐爲例。相較於傳統烹調方式，微波爐的發明節省了大量的時間，而且不會產生油煙以及燙手的蒸氣，因此已在商業上及家庭內獲得廣泛的使用。人們對於微波食品安全性的質疑，目前尚缺乏足夠的證據來證實，但人類已普遍在使用這項產品，增加了使用上的風險。微波爐不可用來烹煮有帶殼的生蛋，金屬製容器亦不可使用，但是在生活上，有些使用者並不知道這些使用限制。用於加熱、烹調食物的微波，對於人類身體的確是有危害的可能。運轉中的微波爐，倘若爐門沒有與爐身密合，部分的微波會由縫隙洩漏。若長期暴露在微波中，眼睛可能會發生白內障，男性生殖器官會因受熱而傷害精子的產生等健康方面的危害。縫隙的存在是不正常的，所以產生的可能是因於生產品管的不良所造成，也可能是使用方式不正確所導致。

過去人類抱持著「人定勝天」的樂觀心態來發展科技，對於科技具有高度的信心。但是，越來越多的事實顯示，人類因對科技過於樂觀，開始遭受大自然的反撲。我們以大氣層遭受破壞爲例。由於大氣的「自淨作用」無法承受工業與交通工具排放的大量廢氣，地球的生態開始產生變化，人類自嚐其任意使用科技的後果，嚴重的空氣污染使得大氣層遭受破壞。當大氣層受到破壞，紫外線量增加，生態系統會失去平衡，植物受損，農作物減少，人類的免疫系統受到影響，皮膚病變的發生率增加。大氣層受破壞產生出的異常溫室效應，這種情形若未能改善，持續發展下去，地球上的冰山會融化，造成海面上升，陸地面積減少，導致生物大遷移的現象，這可能引發傳染病的蔓延。此外，空氣污染導致的酸雨現象，使得土壤中的金屬元素流失，植物因而死

亡；流入河川的金屬元素，進入河川生物的體內，人類因食用這些體內含有金屬的動物，健康因而遭受危害。

化學武器、核子武器以及其他危害人類的科技產品，是因於安全的考量所發展出來的，但是卻造成另一種安全上的威脅：許多國家因安全考量加入武器競爭的行列，人類長期籠罩在一種不確知的威脅下。我們的確看見世界上有些地方正發生這樣的事情：手中握有使用這些具殺傷力武器權利的人，因於個人的利益而任意地使用武器，使人民的身家安全飽受威脅。

科技的發展產生出許多人類過去不曾有過的問題。這些問題由於是新的、無前例可循的，人類必須建立一套使用上的規範，避免危害的發生。以「代理孕母」以及「複製人」為例，此兩項科技發展所產生的倫理議題是人類必須去思量的；具備某項能力是一回事，是否因具備某項能力，就可以去運用它、使用它，則是另一回事。事實上，科技一味無限制地發展，其成果對於人類而言，可能不是造福，而是危害。科技的發展與成果是人類生活的一項工具，此項工具的使用與否以及如何使用的問題，必須以人類生活的目的為作為指導，由目的來決定。

人文精神的喪失與喚醒

這是一件令人感到十足古怪的事情，任何一項科學活動以及科技的創造，原初皆是本著良善的角度作為出發，但是為何所促成的結果，卻常與對它們本有的期盼有所違逆？科學與科技本身是中性的，其本質無所謂的對與錯、好與壞，之所以會產生危機，是因於人類對於科學與科技沒有完整的認識，對於世界的認識只偏重於相信與運用單一認識途徑的成果而造成的，這使得人

對於生命的掌握不夠完全，人因此暴露在自身創造的危機中。在忽略人文精神的時代，人類生活越加依賴科技，以科學爲唯一求眞的途徑時，文明遭受的威脅可說是與日俱增。人類的生命是複雜的，身體與心靈、物質與精神、現實與理想皆爲人類生命的一部分，共同採科學精神的認識途徑以及人文精神的認識途徑，才能眞正促成人類的幸福生活，任何一方的極端偏重，對人類而言都是不好的。的確，就科學與科技而言，不論是活動或是成果都是非道德的，他們具有客觀性，爲人類帶來的助益是有目共睹的，但人類若是因此不承認人文精神的價值，以爲只要有科學與科技即可處理一切有關生命的問題，則是錯誤的。我們從人類生命與人性活動的全部面向來看，科學活動與科技創造所回答、處理的只是部分。

科學活動處理的對象是現象，其成就說明了一系列因與果的關係，對於現象進行客觀的描述，科技則是運用這些成果進行創造，人類的確受惠於此兩者甚多，但是它無法回答人類生命的目的與價值的問題——即使人類已認識了身體的所有構造以及利用科技讓生命得以永遠。生活的價值並不會因爲科學與科技的成果而明朗，它們無法勝任人生意義的給予，對於生活上需要的價值尺度，也無法提供，不單如此，有時反而使得人更爲自大、傲慢、貪婪與自私。相較於科學活動與科技發展，人文精神所提供的是關於價值選擇、倫理生活、人生目的、行爲判準、善惡標準等問題的回答。受科學與科技帶來的實用性影響，不少人認爲「知識即是力量」，的確，在知識經濟的時代，知識的擁有與否與人類的生活有著密不可分的關係，但是不要忽略這種只獨鍾於知識即力量的心態，可能使得這種力量不是成爲對人類生活有幫忙的助力，而是成爲對人類文明有所威脅的暴力，這項事實，從科

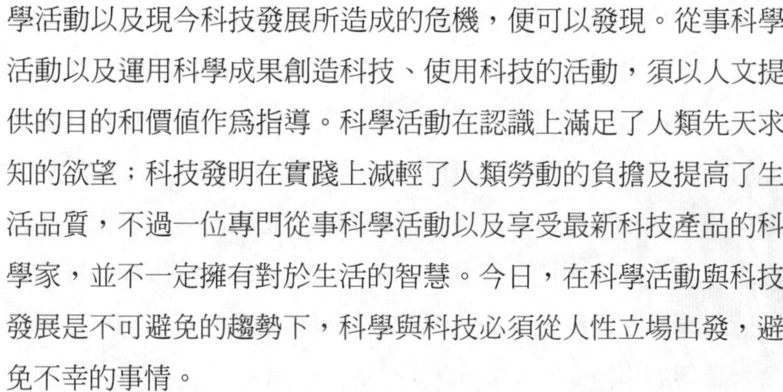

學活動以及現今科技發展所造成的危機，便可以發現。從事科學活動以及運用科學成果創造科技、使用科技的活動，須以人文提供的目的和價值作爲指導。科學活動在認識上滿足了人類先天求知的欲望；科技發明在實踐上減輕了人類勞動的負擔及提高了生活品質，不過一位專門從事科學活動以及享受最新科技產品的科學家，並不一定擁有對於生活的智慧。今日，在科學活動與科技發展是不可避免的趨勢下，科學與科技必須從人性立場出發，避免不幸的事情。

解決科學與科技帶給人類的文明危機，是人文精神必須喚起的一項原因，此外，人文精神必須喚起的另一項原因是：就促成生命的整全、平衡、和諧角度來看，大抵而言，科學與科技只能夠成就人類部分的幸福——物質的生活、生理的健康、現實的效益；人文精神能夠成就精神的生活、心靈的健康、眞正的愉悅。

第四節　結論

你是否曾經察覺到，有些以理工爲專業的人，雖然對身爲一個科學人感到自豪，但是在他們擁有較一般人更豐富科學知識的同時，他們所過的生活並沒有比一般人的生活顯得更有智慧，有時反而不如一般的人。西方二〇〇四年，台灣北部某間具有知名度的大專院校，發生了一件令社會大眾百思不解，也爲之嘆息的事件。一位擁有國外理科碩士學歷的講師，他過去學生時代也是該校的學生，在獲得高學歷之後，回母校服務，利用課後夜晚，進出學校實驗室。學校的師生以爲這位講師，是在該實驗室從事學術研究工作，但事實上，這位老師卻是利用職務之便，盜取學

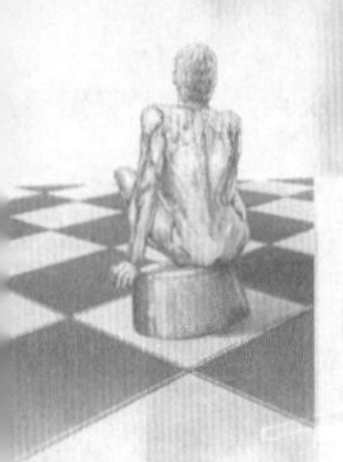

校做為實驗教學用的化學原料，並利用他的化學專長，製作安非他命，交給毒販銷往毒品市場，賺取暴利。這事件的曝光，引起社會一片嘩然，我們不禁想問：傳統文化中，一向以作為身教典範的老師，為什麼會願意鋌而走險從事製毒的工作？教師的社會地位雖然已不像過去傳統中，那樣的具有權威和地位，但是至少在現今仍是被人所肯定與尊重的，且收入也較一般人來得好些。一個具學識、學歷、身分、財富並擁有正常家庭生活的人，為何會做這樣的事情呢？

你是否曾聽過這樣的笑話，而且是個實際發生的笑話：有個人開玩笑的告訴他，有一種致命的電腦病毒，當電腦感染到這種病毒時，電腦會爆炸，獲得此項訊息的人，並沒有一笑置之，而是深信這一項訊息，並開始感到憂懼、恐慌。

哲學的意義「是一種人感到各種分門別類之學問之分別獨立，或相互分裂；與人所直覺之心靈之整個性，所願望之人生之統一和諧，有一意義下之相違反，而求回復其整個性，以實現人生之統一和諧之一種自覺的努力[12]」；「為一種去思維知識界、與存在界、及人之行為界、與其價值理想界之關係之學[13]。」哲學的意義在消除一切學術彼此的矛盾，以提供人類生活的智慧，促成平衡、和諧、一統的人生。就成就整全生命的角度來看，科學與人文各有所重，亦各有不足，融合科學與人文並善用科技成果，方能實現這樣的願望。一個只重科學而輕視人文的重要性，或是一個只重人文而不留意科學活動與科技發展的人，其生命的表現，就像是上面兩則事例中的人所呈顯的：失衡、衝突、分裂。

科學的認識活動與科技發展的運用有著這些局限或不足：第一、科學活動建構的科學法則，為蓋然的，無法斷言為絕對必然

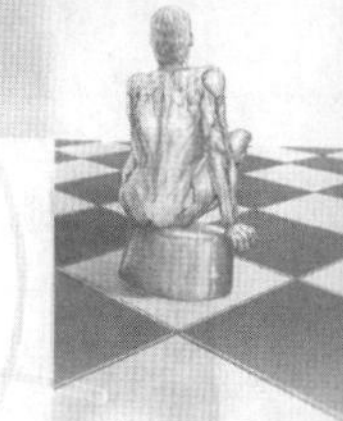

的，無法排除修正的可能性。第二、科學活動描述的對象是自然法則，其對自然做的描述，為中性的，無法提供人與其自身、與社會、與自然之價值關係的認識，科技的發展也是如此。人類在秉持以求眞精神挖掘事實的同時，必須能清楚認識到這種認識方式的限制或不足，建立科學倫理，確使其活動成果的客觀性，抱著懷疑的態度面對各項發現。同時，以秉持求眞態度所進行對人文挖掘得來的成果作爲指導，依循此項指導避免任何科學活動或科技發展、使用帶來的危害。科學活動的成果擴展了人對於客觀事理的認識，其知識成果是豐富的，但是無法取代人文的價值，客觀知識的運用，不可恣意而爲，需要一套合於人性的價值體系作爲指導，否則此客觀知識的運用，不但無法對人類有所助益，反淪爲暴力，人生的目的、意義、價值必須由人文來提供。欲實現一個整全的人生，科學、科技與人文彼此要能夠和諧相互參與。

註釋

1 此段落對於自然法則以及科學法則的說明，主要出自朱建民，《知識論》，第十章（台北：國立空中大學出版，2004 年）。

2 波亨斯基著，王弘五譯，《哲學講話》（台北：鵝湖出版社，1992 年），頁 5-7。

3 高慧蓮、蘇明洲著，〈科學的本質與科學哲學觀的演進〉，《屏東科學教育》，第九期（2000 年），頁 3。

4 布魯格編著，項退結編譯，《西洋哲學辭典》（台北：華香園出版社，1992 年），頁 415。

5 有關科技的四種模式以及對於四種模式的解釋，出自於蔣正興、魏台英、陳文杰著，〈有形的便利無形的壓力——以人文角度思考科技的發展〉，《修平人文社會學報》，第三期（1994 年），頁 251-252。

6 楊春時，《現代性與中國文化》（北京：國際文化出版公司，2002 年），頁 70。

7 丹皮爾著，李珩譯，《科學史》（廣西：廣西師範大學出版社，2001 年），頁 22。

8 Aristotle, *Nicomachean Ethics*, translated and edited by Roger Crisp, (New York: Cambridge University, 2000) I.13, 1102a7-8, p. 20。

9 Aristotle, op. cit. X.8, 1177b29-1178a9, p. 196。

10 丹皮爾著，李珩譯，前揭書，頁 83。

11 David B. Resnik 著，何畫瑰譯，《科技倫理》（台北：韋伯文化 1999 年），頁 72-92。

12 唐君毅著，《哲學概論》（台北：學生書局，1991 年），頁 32。

13 同前註，頁 32。

第三章
政治參與和經濟活動的自處之道

林永崇

中央大學哲學博士候選人

元培科學技術學院通識教育中心兼任講師

政治和經濟兩個領域的活動，基本上都不只是牽涉個人道德修養的問題，而且也關連著人與人之間的社會結構和制度運作。政治活動在遠古時代的人類組織中即已成型，西元前三至四世紀希臘時期的哲學家已對各種政治體制的良善曾有激辯，而近代工業革命以降，經濟活動方面的反思則集中在人與企業組織之間的關係上；也就是說，從人類的組織行爲來看，政治的參與大體上更早於經濟活動的出現。

政治參與雖然都起源於人類個別的行動，例如個人是否有參與政治組織的意願，個人是否有表達政治意見的自由，乃至個人是否有選舉或被選舉的權利等，但演變至今的民主政治，政治的參與往往不只停留在個人表達意見的層次，而是相當程度地必須選擇某種可以接受的政治團體，進而作爲實現自己政治意見的認同對象，這種情形尤其表現在兩大政黨成型的民主國家，此時的民意往往透過政黨的管道來表達，雖然在重大的政策時，這些國家仍然保有類似全民公投的機制來展現全民的意志，不過，大致上，個人平時的政治參與必須關連政黨的運作來理解。

另一方面，經濟活動發展至當代也類似如此。表面上儘管某個人的消費行爲似乎是個人銀貨兩訖的舉動，然而，仔細分析，我們消費的任何一樣商品，其背後基本上都是一個企業組織生產的結果。無論交易（trade-off）的東西是什麼，但幾乎可以肯定不再是遠古時代單純個人以物易物或物品買賣的行爲。換言之，現代社會的我們，任何個人的經濟行爲其實背後面對的是許許多多的企業組織，而這些企業組織又與另外眾多的企業團體發生交易行爲，所以，現代人的經濟活動與政治參與一樣都是個人與團體組織之間的互動行爲。而事實上，無論個人參與的意願與否，我們在這兩個領域之中簡直是無所逃遁的。

而處在當前的人類社會情境之下，哲學如何反省這兩個活動領域中個人與群體之間的關係，個人如何因應這些群體所造成的影響，是爲自處之道，此即是本單元的主要課題。本文進行的方式是以議題爲主，政治和經濟這兩個領域各挑選出若干個議題來討論，這些議題只是反應這兩個領域中的諸多重要問題而已，至於相反立場交叉詰問所呈現的結果未必是定論，僅供進一步思考的線索。

第一節　政治參與的哲學反思

在政治參與的這個領域，本文挑選「價值中立」、「社會正義」、「基本權利」及「參與/退出」等四個問題在哲學反思中所呈顯的疑義、爭議與權衡。而思考的脈胳與自由主義於當代發展的兩條路線有關。價值多元論強調人性價值中的自主自由，政治社會制度、生活方式的多元價值，而理性多元論則試圖在政治版圖建構一政治自由主義指引人類邁向合理的社會體制。它們彼此論戰交織成的火花是當代政治哲學的精彩處。

價值中立的問題

「價值中立」（value-free）也就是「政治中立」（political neutrality）的問題。二十世紀六、七〇年代開始，以羅爾斯爲主的自由主義者認爲，政府部門應該儘可能地在施政方面保持價值中立，主政當局不應以完善論（perfectionism）的任何價值原則爲施政的指導方針而強加諸於人民。羅爾斯承認當前世界每個國家

的公民之間多元價值（觀）的衝突處境，他的政治自由主義就是試圖要釐清價值觀對於政治運作的影響，進而建立公義的社會。

上述的問題大致上可以上溯至西方政治哲學的兩個傳統。一則深信政治及政治參與是人類的積極善（positive good），是人類充分的生活中不可避免的成分，例如亞里斯多德認爲人不但是理性的動物，同時是政治的動物，因爲人有此本質（essence）、屬性（attribution），所以可以合理化其政治參與的行爲，也可以因爲主張人應該具有何種價值或實現何種理想，而認爲爲政者即是爲了實踐這些價值理想而奮鬥。到了十六世紀以後，霍布斯（Thomas Hobbes）開創的社會契約（social contract）觀念認爲，政治其實是人類處在最好的情況之下的一種必要的惡。有些學者稱後者爲「基督教的觀點」，而相對地，前者則稱爲「古典的觀點」。雖然到了十九世紀，這些不同的政治觀點已變得模糊，不過，現代政治哲學一直是基督教觀點多於古典觀點[1]。

古典的觀點對於政治的參與乃出於某種堅持的價值與信念，視政治與道德價值判斷無法分離；不過，存在必要的惡的社會契約的觀點則試圖以權利爲政治參與的基礎（right-based）。如果延申這兩個觀點，就是二十世紀七〇年代以後在自由主義陣營中的兩大論爭：多元主義和政治自由主義。前者以英國的柏林（Isaiah Berlin）、葛雷（John Gray）、雷茲（Joseph Raz）的價值多元論（value-pluralism）爲主，而後者則是力主「正義即公平」（justice as fairness）的羅爾斯。例如，葛雷批判自由主義說，普遍主義、個人主義、平等主義等自由主義的組成要素都禁不起價值多元論的試煉[2]。價值多元論者如同社群主義（communitarianism）那樣，認爲自由主義假借「政治中立」之名，標舉政府施政乃價值中立，卻放任公民道德敗壞。可是，羅爾斯則認爲，

政治參與過程中得出的政治原則必須是政黨或公民的代表各方放棄價值觀的堅持，初步的妥協才有可能，並進而付諸討價還價式的談判（bargain）與評估（evaluate）。

如何處在政治參與中而又能夠選擇合理且為大家所接受的政治原則呢？羅爾斯認為，在現實社會的人們進行談判與約定時，契約的代表者往往擁有各自的不同立場與價值觀點，如此複雜的既定條件下，不太可能得出一個大家都滿意的約定與規範。所以他認為，參與談判的各方代表（或簡稱立約者）首先必須假想自己是在「無知之幕」之下的原初狀態所進行的行為[3]。在這個條件下的立約者都是自由而平等的（free and equal）。在現實中即使是聖人，但是一旦成為處在無知之幕中的立約者角色，他和販夫走卒一樣都只是自由而平等的人，如此才能構成談判最起碼的出發點。

「無知之幕」條件下的立約者假定完全不知道自己特殊的資訊，包括：自己的社會地位、階級或社會身分，自己的自然資質、稟賦、能力和體力，自己的價值觀、個別的理性生活計畫，甚至自己是否喜歡冒險、悲觀或樂觀等心理因素。除此之外，立約者不知道自己所處社會的政治、經濟等情勢，也不知道自己社會的文明水準和文化成就，甚至不知道自己是屬於那一個世代[4]。這些個別的事實是偶然地（contingency）隸屬於個人，它們是種種個別的知識（particular information），其來源有些是與生俱來的，有些是家族社會背景遺留的，有些靠天生能力而較容易獲得的，有些甚至是依賴運氣而得來的，例如擁有龐大地產的地主代表一旦上了談判桌，一定主張調降土地增值稅以及遺產稅，而貧民階層的代表則勢必提議調高土地增值稅以及遺產稅。羅爾斯強調，這些個人林林總總而偶然的知識因素不應成為談判過程考量的對象，加入考量的知識越多，越可能阻礙立約者選擇的公義原則。

然而，完善論可能會辯稱，如果我們讓原初狀態的各方先驗的接受某些自然的義務（natural duty），例如人們有自然的義務去促成一個人的風格修養和審美情趣，或者，人們有自然的義務促進個人的知識與藝術涵養，如此，大家的價值目標即可能會取得一致，也就沒有因不同目標而無法決定選取的問題。果眞如此的話，羅爾斯認爲，人類追求完善的價值就會像某些宗教團體，他們都有共同的價值標準，在這個基礎之下，這些人們追求相同的目標，而且會以各種可能的方式來促成全體達到這樣的目標。由於他們追求的目標具有更大的價值，所以他們可以不必透過國家機制來爭取他們在這方面更大的自由和更大的分配額度。換句話說，這種意義之下的宗教團體當然不需要透過公權力的保障，就會努力去實現他們共同的目標。

但是，眞實的社會國家卻不是人人或每個政黨都具有相同的價值理念，價值多元正是政治衝突的來源，因爲完善論者總是堅信自己的價值觀，在公共事務上於是顯現爲一種政治理想主義（political idealism）。羅爾斯分析完善原則有兩個類型（variants），一個是目的論（teleological theory）的單一原則，是指運用這樣的原則去設計社會制度以及規定個體的義務和責任，以便使人類在藝術、科學和文化方面達到最大限度的優越性（excellence）。在這個意義之下，有關的理想被看得越高，人們就越需要完善原則。在歷史上，羅爾斯舉尼采爲例，尼采時常談到人類必須不斷地努力以創造如蘇格拉底、歌德（Johann W. Goethe）等偉大的生命，以俾去實現人類的特種目的。另一方面，比較溫和的完善論者則認爲，完善原則只是作爲直覺論中的一個標準

(standard)。在此觀點下，完善論者取決於文化與要求優越的因素。例如，希臘哲學、科學及藝術的成就可以合理地說明古代奴隸制度的存在。在當時，顯然完善的需要超過了自由的要求[5]。也就是說，主張這類型態的完善論者會認爲，維持文化價值的預算總要有個最低的限度，不能說爲了提高較不幸者的最大幸福而完全犧牲文化的理想，而且在正常的條件下，除非不幸者的利益期望和文化理想衝突時，國家機制必須保持最小值的社會資源以促進完善論所要追求的目的[6]。

依照羅爾斯之意，無知之幕的觀念是爲了建立公平的程序(a fair procedure)，以便任何獲得一致同意的原則都將是公義的。這個目的是運用純粹程序正義（pure procedure justice）的想法作爲理論的基礎[7]。而且必須結合公民的政治觀來理解，也就是說此時的公民是作爲自由而平等的假設才得以成立。換言之，政治的各方代表既然是社會中的公民，那麼他必須參與社會合作，而且也視他人跟自己一樣擔負這樣的角色。這就是公民的政治觀而不是作爲屬於某個特殊的全面性學說（comprehensive doctrine)。此處羅爾斯嚴守社會契約論的精義，他區隔政治觀和全面性學說。後者往往是指導一個人價值觀、人生觀、宗教觀等等信念的完整系統。

爲了公民能夠適合政治參與的目的而尋求大家共享的價值，政治自由主義是在政治觀中找尋理性利益的觀念，它同時依賴一種「交疊共識」[8]（overlapping consensus)，在這樣的共識中，每種合理學說會贊成一種政治觀，社會的和諧是建立在獲得這種政治觀的共識之上，而穩定性之所以可能，則只有當構成這種共識的合理學說能夠獲得社會公民的肯定，而且，其中實踐公義所需的條件並不會和公民的基本利益有太多的衝突[9]。

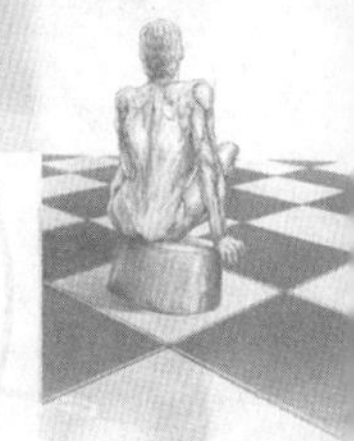

因此，羅爾斯認爲，「中立」的意義必須重新釐清。我們應弄清楚「程序中立」（neutrality of procedure）和「目標中立」（neutrality of aim）。「程序中立」過程我們難免會運用中性的價值（neutral values），例如公正性、一致性、平等機會等原則，這些雖是一種價值，但幾乎是一種自由理性討論所需的原則，也是行使於能夠充分判斷及思考的理性的人[10]（reasonable persons）。依此，羅爾斯的「正義即公平」是程序中立所需要的一種中性的價值，它與目標中立是不同的。程序上的中立才是雷茲等價值多元論者所質疑的價值中立。

藉由程序中立而得出的任何政治原則（如羅爾斯的公義兩原則）不是目標中立的意義，政治自由主義在尋求共同意見時，仍可能會肯定某個道德特徵之優先性，也可能鼓勵某個道德德行，因此，像容忍、合理及公平性等政治德行是可以有其優先性的，重要的是，這些政治德行並不會導致鼓舞某個全面性學說中完美價值的實現[11]。政治自由主義之下的社會合作並不只是去追求個人或組織的利益，也不是如批評者所說這樣的社會沒有任何共有的最終目標。良序社會（well-order society）也非私有社會（private society），大家追求的最終目標並不是短暫的利益，而是世世代代可以容受穩定程度的挑戰的社會，雖然生活在其中的公民不一定擁有共同的全面性學說，但可以肯定相同的政治公義觀，除了分享一個基本的政治目的之外，又以透過政治協議之後的目的優先性爲考量。

社會正義的疑義

正義的觀念（justice ，或譯公義）或正義原則遠在希臘時期

的柏拉圖、亞里斯多德等哲學家即曾立說討論。柏拉圖的《理想國》一書的焦點就是正義的問題。從柏拉圖實在論（realism）的形上學觀點而言，眞實的「正義」只有存在於理型（Idea）世界，人世間的感觸世界所謂的正義都不會是完美而眞實的，甚至符合眞實正義的政治制度也不可能在經驗世界的國度裡產生。換言之，社會正義落實在國家的政治體制上根本是不可能的。這個觀點畢竟是柏拉圖哲學系統中經驗界（sensible world，感觸界）與理型界（intelligible world，超感觸界，智思界）截然二分的結果。

「正義」作爲存有論意義的地位之說明，到了十七世紀的霍布斯倡導契約論則有了重大的轉變，直到當代的發展，羅爾斯在其名著《公義論》（*A Theory of Justice*）一書開頭就明白表示，公義是社會制度的首要德目，而不是個人品德是否正直、處事是否公正的問題，他所謂的政治上的公義原則不應該從概念的分析上去尋找，更不是從諸多的全面性學說中的價值觀去取得協調一致，而是從假設性的、方法學上的程序正義中去獲取。他心目中良序社會即是根據公義兩原則建構而成的，這兩原則經羅爾斯反覆的論證及多次的修飾如下：

第一原則：每一個人在完全適當的體制之下都享有同樣而不可剝奪的基本自由權利[12]。（簡稱平等的基本自由權利原則）。

第二原則：社會及經濟的不平等必須滿足以下條件：

1.各項職位及地位必須在公平的機會平等下對所有人開放。（機會公平原則）

2.使社會中處境最不利者獲得最大的利益。（差異原則）

以上的1.項又稱爲機會公平原則。而2.項則稱爲差異原則。

在第一原則的保障之下，每個人擁有的基本自由權利是平等的，這些基本自由權包括：生存、結社、遷徙、言論及意識等方面的自由。第二原則的核心意旨是要照顧社會處境不利者，只有同時提高他們的福利時，才可以容許社會及經濟的不平等現象。

這兩個原則中，羅爾斯強調第一原則的優先性，也就是說，在沒有滿足第一原則時我們不能先滿足第二原則。有些學者質疑羅爾斯自由優先性，以爲是過分強調個人的絕對自由。其實，羅爾斯說，自由是在法治（the rule of law）的意義下才獲得保障的，自由必須獲得限制，才能獲得更大的自由，而且我們也只能因爲自由之故才能限制自由。例如，我們爲了獲得充分的生存權利，所以必須訂定法律來限制個人的生存，充分的生存權並非是經由任意地破壞他人的生存權而獲得保障。

這樣的公義原則形成程序方面的正義（procedural justice），我們就可以運用這個原則，去制憲立法，制禮作樂，即使現實的社會不可能像立約者依公義兩原則所形構的良序社會那樣良善美好，但是如此可以讓我們判斷權衡現實社會中的公義與不公義，所以這可以是實踐公義社會的途徑[13]。

或許有人會質疑：立約者有什麼特性可以保障必能選擇上述公義兩原則？羅爾斯說，在良序社會的立約者擁有兩種道德能力：一是具有正義感[14]（a sense of justice）。二是具有價值感（a conception of the good）。前者是指能夠理解和應用社會合作的公義原則並進而去行動的能力；後者則是指具有修正價值觀並理性地去追求的能力。擁有這兩種能力的人，也可以稱爲道德人（moral person）或道德人格（moral personality），他們是平等而自由的存在者。平等是指，人們全被看成擁有最低限度的道德能力，以從事終生的社會合作，並作爲平等的公民而參與社會生

活。至於自由是指，人們設想自己且相互設想擁有一種把握價值觀的道德能力[15]。

這樣能力的道德人的概念並不是現實或經驗層上的描述。羅爾斯說他們只是作爲規範的和政治的意涵，而絕不是形上學的或是心理學上的意義。因爲當立約者退回到原初狀態的無知之幕之中時，自己不知個人的知識背景，同時也不知道他人的知識背景，立約者不必特別企圖維護個人的特殊利益，也沒有要爲特殊他人或團體謀求福利的義務或責任，大家彼此是沒有利害糾葛的關係[16]（mutual disinterest）的個體，只要假定他們都具備以上兩種道德能力，尤其是參與投入（engage）社會合作的意願，以及最起碼辨別價值觀的能力，他們不必是先聖先賢，也不必是自利小人，爲了保障自己一生的最基本利益，訂定契約的選取勢必會是羅爾斯式的公義原則。

在羅爾斯看來，人爲什麼要尋求公義原則？道德人的假設所隱含而不可或缺的條件是，人是社會合作的動物，倘若不是處於這樣的群體生活中，道德人也不會想要去與他人合作，並找尋公義原則以解決彼此資源分配的問題。羅爾斯批評康德的道德哲學只停留在道德人價值感的層次，因爲，道德行爲的主體如果純粹具有選取價值觀的能力，就像康德的意志若選擇道德法則（moral law）去行事時，雖然能夠保障是出於義務而行，但是如果意志不選取道德法則時，道德法則充其量不過是若干奇怪的理念。此時的道德主體缺乏要求實踐社會合作與履行公義原則的正義感，仍然無法成就公義的社會。爲此，羅爾斯特別區分出「合理的」概念，它與「理性的」概念是彼此獨立而相互補充的，合理的是對應道德人的正義感之能力，而理性的是指道德人把握價值觀之能力，合理的能力涉及到公共的（the publicity），而理性

的則不是[17]。這說明了公義原則之所以產生的充分且必要條件，而同時，道德人的這兩種能力則是成就公義原則的充分且必要條件[18]。

上述羅爾斯基本自由權利的優先性遭到哈特（H. L. A. Hart）的批判，他認為自由不可能只因自由的緣故而受到限制。當我們應用自由優先性的自由原則時，其實無法避免使用善的概念做判斷。以辯論程序之規則為例，這些規則限制我們隨意發言的自由，才能相互辯論而有利於追求眞理。這些規則的訂立，顯然不是讓辯士們在辯論的場合行使自由權利，而是為了更能夠達成辯論的目的。因此，公義兩原則自由權利的優先性是不確定的[19]。而英國多元主義的健將葛雷堅信哈特的批判是對羅爾斯的致命傷，即使羅爾斯對第一公義原則的自由限定在基本的自由，不過，因為基本自由不但排除若干其他的自由，即使基本自由之間也可能有所衝突。前者其實涉及自由之間如何取捨而最後對所謂的基本自由必須作根本的抉擇，此時我們需要以善概念為個人核心的價值作判斷，而只要涉及核心的價值，它們是不可比較的（incomparability），也就無法按高低順序作排列[20]。

至於基本自由之間的衝突，羅爾斯也承認這點，所以他認為基本自由的選擇有個「主要範圍」，它們可以被調適與被規約，所以它們的衝突得已被限定。但葛雷認為，重要的自由無法彼此被接榫成為一種唯一的、和諧的形式。這只不過是一種巧妙的設計。以言論自由為例，羅爾斯用以下條件來限定它的主要應用範圍：對出版自由不做事先的限制、沒有煽惑叛亂罪，並保障任何主張顚覆與革命的言論。但是葛雷質疑，保護這種應用範圍內的言論自由，難道不會與其他基本自由相衝突？或與重要的公共利益相衝突？言論自由一旦跟其他自由，或者跟具份量的公共利益

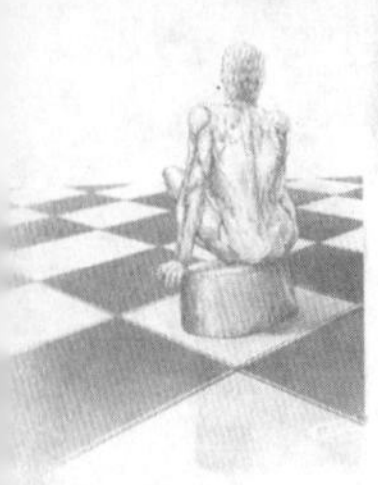

相衝突，限制言論自由難道都是錯誤？例如，政治言論自由如果被用來宣揚種族主義時，難道不應該限制這種自由？葛雷以英國和其他歐洲國家及加拿大都立法禁止種族主義的言論爲例證。但不解爲何羅爾斯不提這些事實[21]。

自由的優先性原則受到挑戰後，由公義兩原則所建構的社會正義立即面臨質疑。除此之外，公義兩原則的第二原則：機會平等和差異原則則受到海耶克（Friedrich A. Hayek）和諾錫克（Robert Nozick）等人的批評。海耶克認爲，要求社會正義，就是變成要求所有社會成員都要組織起來，依此則可以指定某某特定成員或團體替某某結果負責，但是透過這種程序來要求社會正義卻是荒謬的，而指定社會中的某些人專門替某些結果負責當然也是不公平的。他認爲社會的「自發的秩序」（spontaneous order），它的成長是一種沒有特定目的秩序，它是眾多人類行動的結果，卻不是人類設計出來的成果，後者是「組織的秩序」。羅爾斯由程序正義得出公義兩原則，而試圖依此原則去制定憲章、導引政治秩序，進而建構公義社會，這是人爲的設計，其實根本是錯誤的[22]。

自由主義另一位健將諾錫克則提出「正義即資格」（justice as entitlement）和「非模式化原則」（non-patterned principle）的觀念質疑羅爾斯的「社會正義」和「分配正義」。他認爲，分配的正義與否和該分配如何發生是密不可分的：

1.一個人如果根據合乎正義的原則獲得所有物（holding），他就有資格擁有該所有物。
2.一個人如果依據合乎正義的原則從他人手中將某一所有物轉移過來，他也有資格擁有該所有物。

3.一個人也可以依據「矯正先前不公正」的正義原則，而合理獲得某一所有物。

以上三原則分別因應三個問題：

1.一個人如何能有權利擁有本來不屬於任何人的東西？

2.一個人如何有權利擁有本來屬於別人的東西？

3.當某一個人違反了某些道德原則而擁有了他沒有權利擁有的東西時，我們該矯正這種不正義的現象嗎？

這種「資格理論」在衡量分配狀況是否公平時，會考慮這種狀況在歷史中的因素。它是帶有歷史性原則的「非模式化原則」。但反觀羅爾斯的正義理論，只是模式化的原則，分配正義只不過是固定化的、標準化的原則，沒有眞實考慮到歷史性、動態的因素。事實上，沒有人或團體有資格控制所有的資源，或決定該如何分配，每個人都經由交換或饋贈從別人那裡得到一些東西，在自由的社會中，不同的人控制不同的資源，只要以合法的手段從另一正義分配中所產生的分配，結果也是正義的；一個制度是否正義，決定在其是否尊重、保護每一個人的權利，因此並沒有羅爾斯所謂確定性的公義兩原則且令其放諸四海而皆準[23]。

由以上分析可知，當代自由主義對於社會正義是否眞實的疑義，除了海耶克稍微殘留存有論上的色彩之外，其餘主要是針對正義原則和分配正義的確定性與否的爭議，葛雷等價值多元論者和諾錫克雖然都批評羅爾斯，不過，他們都還是站在自由主義的一邊。

基本權利的爭議

相對葛雷、雷茲等價值多元論者而言，羅爾斯主張的政治自由主義則是個理性多元論者。羅爾斯視理性爲程序正義中的中性價值，目的是要獲得包括以基本自由權利爲優先性的公義兩原則，雷茲批判羅爾斯以權利爲基礎的理論犯有若干錯誤。在當代政治哲學的論戰中，「什麼是基本權利？」的問題於是演變成爲另一個十分根本的議題。

事實上，權利的問題基本上是起源於霍布斯及洛克的不同思維。霍布斯寫作《利維坦》（*Leviathan*）時，即曾主張人人都擁有「自我保存」（self-preservation）的權利。不過，霍布斯強調的是，若任由人人都想保存自我的生命安全，那麼人類勢必上演攫取權力、至死方休的恐怖景象，因此，個人必須讓渡（alienable）某些權利給強而有力的君王（利維坦），以便國家力量足可行使保障人民生命財產的安全；然而，洛克卻認爲，自然狀態並不是霍布斯的叢林法則，而是一種完全自由、完全平等的狀態而互不侵犯的享有一切，他的自然權利是天賦的，是任何人都不可剝奪的資產。

天賦人權的思想逐漸形成西方自由主義的核心意義。一七七六年美國獨立宣言中所標舉的「人人生而具有生命、自由以及追求幸福的權利」，其後一七八九年法國大革命時期所訴求的「人人享有自由財產、安全與抵抗壓迫的權利」等，都是洛克自然權利概念的迴響。十九世紀的彌爾（John Stuart Mill）在《論自由》（*On Liberty*）書中確立了自由優先性的原則之後，幾乎可以成爲英美自由主義的終極信仰，時至今日，觀諸全球民主國家的形

成，如果有人企圖否定他人的自由等自然權利，或是主張政府不必維護人民的基本人權，都勢必引起強烈的抗議。

然而，上述的情形，落在共產國家或是若干未開發國家的獨裁統治政體來看，究竟什麼才是人民的基本權利，這正是諾貝爾經濟學得主之一艾馬堤亞·森（Amartya Sen）的疑慮。因為，在羅爾斯看來，人民的基本善（primary goods）就是他們的需求（needs），而這些需求包括平等的基本自由以及平等機會的權利。然而，森認為，攸關生死之事而強烈的經濟上的需求，為什麼比不上那些個人自由來得重要呢[24]？執政者無論是無產階級（共產黨）或是獨裁總統，如果是致力於改善人民基本生物學上的欲求，對於那些人民而言難道不是他們的優先生存權利嗎？華勒斯坦（Immanuel Wallerstein）對於非洲等第三世界國家的研究顯示，從非洲的種種困境分析，第三世界國家的問題不是民主體制的建立，也不是基本自由權利的保障，根本的問題是物質基本設施的崩潰和危險流行病的蔓延。他質疑，一個國家的政治結構幾乎已經瀕臨解體的命運，那麼哪來平等的基本自由權利？美國本來是由自由主義起家，如今反而是走向社會主義之途，這正標示著自由主義的崩潰，人類正面臨「後自由主義」時代的來臨[25]。簡言之，面對整體人類的諸多國家與文化的複雜處境，自由主義揭示基本權利的主張似乎是天方夜譚。

相較華勒斯坦的悲觀主義，羅爾斯對基本善或基本權利的看法顯然積極地多。為了呈顯本節的問題性，我們還是要回到羅爾斯的本意來討論。他認為，基本權利和自由是公民的基本善，也是社會的基本價值（social values），是作為理性的人所假定的需求。它可以包括自由、權利、機會、收入、財富、自尊等[26]。他批評效益主義只在追求欲求的滿足（want-satisfaction），是注

重欲求（want-regarding）的效益原則，忽略了注重理想（ideal-regarding）的另一個層面的需求。平等自由等基本善屬於權利觀（the conception of right）的範疇，反而兼具注重理想的考量。而主張人具有平等的內在價值，這是價值觀方面的問題。羅爾斯不同意因爲完善論主張人具有平等的內在價值，由此而說人的平等自由權利是相同的；人具有何種的平等內在價值，不一定就能夠推出平等自由基本權利的成立，而且，假如人沒有平等的內在價值，也不一定不能推出平等自由基本權利的成立。平等的內在價值與平等自由的權利兩者既不存在必要條件的關係，也不存在充分條件的關係[27]。

羅爾斯區分權利觀與價值觀的進路，遭雷茲批評是一種以權利爲基礎的狹義道德觀。雷茲認爲將價值視爲一種權利，而由此說明權利的重要性，這是一種危險的進路[28]。雷茲指出：

1.以權利爲基礎的道德觀主要是一個權利與義務的道德觀。但是，其實許多道德觀點預設了比權利和義務（及由權利、義務衍生而來的教條）更多的道德觀。
2.以權利爲基礎的道德觀並不允許責任（obligation）以外的道德意義。它無法說明責任以外的性質（nature），也不能說明道德生活中責任以外的角色。
3.以權利爲基礎的道德觀無法容許德行（美德，to virtue）的內在價值，以及優越（優點，美德，excellence）的追求。但是，一般認爲的德行和道德上的優點都不是在履行某人的義務或傾向這麼做[29]。

按雷茲的分析，像羅爾斯的狹義道德觀，只包括那些限制個人追求目標以及促進私利的原則，但是一個體的權利並不是提供他去行動的根據，所以一個人不可能只靠尊重別人權利的動機就能指導他過一輩子，而且一個人有權利去做那些道德觀認為應該做的，若只考量權利，那麼會限定個人目標和利益的追求。以權利為基礎的道德觀有可能犯了兩個錯誤：一是我們可以認同他人的權利，然而卻完全不知道什麼價值使生命有意義和令人滿意，而且也完全不知道有什麼個人的目標。二是我們瞭解賦予生命意義的價值以及個人的目標和理想，但我們卻不知道對他人的義務。雷茲標舉自己是以自主為基礎的自由理論（autonomy-based）。它有三個特質：

1.要關切的是促進並維持正面的自由。自由被理解為自主性的能力（capacity）。而後者是指充分選擇的有效性、自主生活所需要的能力等。

2.國家或城邦有義務阻止自由被否定，而且透過創造自主的條件而促進自由的實現。

3.我們不去追求藉侵犯他人的自主而達到的目標，除非那個情形是為了要保護或促進人們的自主而獲得合理化（證成）的行為[30]。

換言之，雷茲價值多元論的立場認為，自主是人性的基本能力，由保障個人自主的價值，相當於可以實現自由的保障，而有別於羅爾斯以基本權利來論證自由。葛雷則在他的《自由主義的兩個面向》說，有某些價值是普遍的，但是這些價值無法被用來證明某一種道德普遍為真或為假，也不能引證某一體制的絕對正當性，人性具一定的恆常性，不因各種文化的差異而有太大的變化，無法滿足這些人類共有與文化共通的人性之價值，人類就無法過著有意義與價值的生活。

當代價值多元論與理性多元論（政治自由主義）之間的論爭方興未艾之際，十八世紀的哲學家康德似乎早已洞見了這個問題。他認爲，人們對經驗的幸福目的及其幸福所有都有著各種不同的觀點，只要涉及到幸福，他們的意志就不可能服從任何共同的原則，因而也不可能服從任何與每一個人的自由和諧一致的外在法則。所以，權利（正當）的優先性完全是從人類相互的外在關係的自由概念中推導出來的，它和所有人與生俱來的目的（即獲取幸福的目的）或人們所承認的實現這一目的的手段沒有任何關係[31]。公義兩原則所包含的基本自由權利猶如康德所謂的外在法則，而人與生俱來的目的是雷茲等人所謂的內在價值，兩者設若眞的沒有充分或者必要條件的關係，那麼可能是羅爾斯在政治這條路上爲人類採行了權宜之計，而雷茲等人則在避免自由主義走上危險之路。

參與／退出的權衡

一般生活中，參與／退出（enter ／ exit）是一組遊戲（game）的概念。遊戲的參與或退出通常是自願的行爲。而任何想參與某一遊戲者當然預設他瞭解這個遊戲的遊戲規則。有些遊戲必須得玩到底才能或才算是退出，而有些則可以在中途選擇退出，不論你是輸、贏或平手，遊戲仍往下進行。除非，遊戲發生舞弊，若是人爲的詐騙，參與者可以要求中止遊戲，進行清算，討回公道；若是純屬技術層面的疏忽，參與者可以選擇重來或退出，而輸贏另計。不過，前者通常可能暴力收場，而後者頂多重新洗牌。

西方歷史上霍布斯以來的契約論傳統，政治制度即便不同，

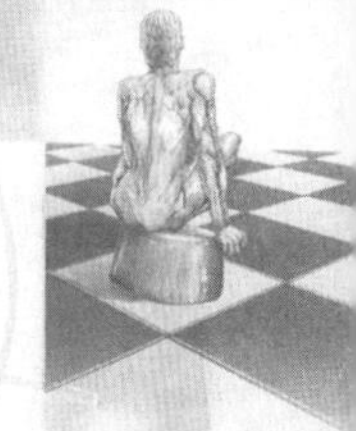

可是執政者與人民之間的關係多少也類似設計遊戲的參與和退出的處境。《利維坦》中的君王可能是遊戲中的作東莊家，也可能是政治豪賭中的老千，若參與者毫無獲利可言，規則全無保障，當事跡敗壞、人民選擇退出遊戲時總難免一場血腥撕殺。政治發展至今，人們只是想盡辦法讓莊家不必發牌，減少他作弊的可能而已，每個參與者擁有更大的空間可以自主地制訂遊戲規則，大家輪流發牌，輪流作東，甚至必要時隨時退出一場政治的遊戲。

民主的精神蘊涵自由的價值，因此，如何保障個人的自由，保障的程度如何，這就牽涉到國家所施行的政治制度的問題。但是在政治的參與過程中，無法要求每個人無時無刻都在政治的運作中，所以當前的民主國家同時也必須存在代議政治，其中包括某種政府層級的行政首長（縣市長、總統），以及不同代表層級的代議士（縣市議員、國會議員等），以便代爲行使選民個人的意志，國會雖然是最高的民意機構，但是國會如果出現合法性或正當性的爭議時，全民的公投則是最後的防線。因此，「政府的正當權利，係來自被統治者的同意，任何形式的政府，一旦傷害到這些目的本身，人們便有權予以改造或斷然廢除，並重新建立一個新的政府。其所依據的原則和組織其權力的方式，必須使人民最可能獲致他們安全和幸福。」（美國「獨立宣言」）然而，人民在何種條件下又有退出（exit）政治參與或建立新政府的選擇、或是使用公民不服從（civil disobedience）的權利呢？

以台灣在二〇〇四年總統大選爲例，爭取連任的陳水扁總統發動公民投票，議題之一是針對中國軍事威脅台灣是否表達抗議，另一則是台灣是否應加強軍事採購。有學者抨擊執政的民進黨政府以公投拉抬台灣意識並進行選舉操作，另有學者則質疑在野的藍軍陣營爲反對陳水扁而反對公投，卻忽略了公投在民主憲

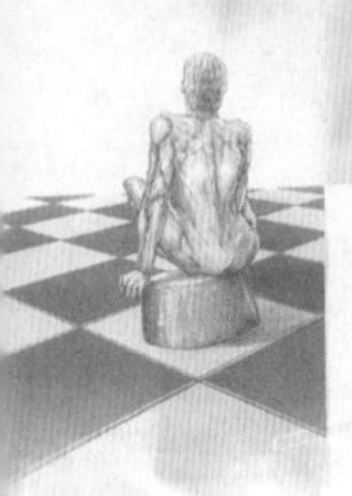

政上眞實的意義。於是除了正常公投表達「是」或「否」之外，有人標榜「拒領公投」或「廢票聯盟」。公投的結果因爲投票率不及五成而宣告不成立，本來，拒領公投和選投廢票的舉動非常值得後續討論，然而，台灣卻因總統選舉結果的朝野對立，這個議題反而消失在抗爭與紛擾之中。拒領公投是不是公民不服從？或算是自公民社會退出？選投廢票算不算政治參與？

先從價值多元論者主張的自主與自由來討論參與與退出的問題，雷茲認爲，個人的自主（autonomy）是民主自由的重要因素。自主必須包括「充分選擇」和「獨立性」。他假想了兩個例子：

1.陷入坑洞的男人：一個男人掉落坑洞裡，而且一直待在那裡。他無法爬出，也無法呼叫協助。只有足夠的食物讓他免於痛苦而活下去。他無法做很多事情，甚至不能走遠。他的選擇只能限定在是否現在吃或等一下吃，是否現在睡或等一下睡，左耳要不要抓癢等。

2.處於獵物的女人：一個女人發現自己處於小小的不毛荒島上。島上只有她和兇猛的肉食動物。而那些動物則隨時可能吃掉她。因爲要和生命搏鬥，她的精神毅力、聰明才智、意志力、體力沈重到極點。她沒有機會去做或去想那些除了逃離那些野獸以外的事情。

以上兩種人都沒有享有自主的生命，因爲，他們都沒有充分的選擇範圍讓他們可以去作選擇，他們呈現了兩個最極端無法充分選擇的例子。其中之一的選擇項是非常瑣碎的，不但短暫而且沒有什麼影響和意義。而另外一個的困境則是相反的，她所有的選擇是潛存著危險恐怖的後果。稍有閃失，就會淪爲野獸的食物。所以，充分的選擇不只包括選項的多樣性（不是數量上的多寡），而且要考量長期普遍的結果及短期輕微的效應。另外，選擇必須基於獨立性，受到人爲操作或強迫（coercion）的選擇，即使有足夠的充分選項，但極可能因而扭曲了人們作成的決策、形成的愛好或者採納的目標，而使某人的意志順從於他人的意志。此無異將一個人當作一個對象（object）來操弄與掌控[32]。

按雷茲等人之意，任何自由主義的政治體制應該足以能夠保障上述個體的自主性。接下來的問題是，如果某一政體無法達至此要求，人民是否應該選擇退出、甚至推翻呢？此處遭遇一個十分弔詭的困境。果眞有一政體違背人民自主的要求，那麼這種政體根本無法讓人民有選擇退出的自主自由，此類似於：既然沒有言論的自由，有人索性以爲可以選擇沈默（不說話）的權利，可是在有些共產國家卻連沈默的自由也沒有。因此，參與或退出的原則通常和一般的政治原則是分屬不同層級的，否則不易理解。

例如，當諾臣（Thomas Donaldson）和登菲（Thomas W. Dunfee）的社會整體契約論（integrity social contract theory, ISCT）提出程序超級規範[33]（procedural hypernorms），其中規定表達以及退出的權利。前者包括：「每個有能力表達和行動的人都被允許參與對話」、「每個人都被允許去質疑他人的意見」等；而退出的權利是指給予成員免受壓迫，而可以有退出其社群的自由。如果我們類比聯合憲章是超級規範，那些非民主國家的人民如果選擇退出而要求其他國家給予政治庇護時，只要符合一定的程序與條件，那些國家有義務接受這類的行爲。想像一下國際間如果無法容忍政治庇護，那些被共產國家列爲政治犯的人民，他們的「退出」是無法保障的。簡言之，政治上退出的權利往往不是指民主國家。

進而言者，如果是民主國家的公民，從資格的認定上，起碼他有政治參與的發言權（right of voice）就表示他參與了訂定政治契約的行爲，雖然代議政治或政黨政治有可能偏離民意〔如漢娜．鄂蘭（Hannah Arendt）所說〕，不過一旦一個法案要求全民公投時，爲了展現民意，即使個人反對這樣的法案舉行公投，卻不能視同爲對於法案的反對。「法案之推出」與「法案之內容」是兩回事，前者是程序的爭議，而後者是結果的呈現。反對某一法案舉行公投表示我們還沒有選擇退出，依公民身分還有權利阻止該項法案付諸公投，如果阻止不了，可能是政治參與的過程出了問題，例如政黨政治運作脫序，或政黨只顧黨意而無民意等等因素，不察如此，我們反而退出對此法案表達意見的公民身分，此一行爲基本上是排除了本身作爲社會公民的資格界定，是一自我否定的作法。

在民主法治的國家，我們基本上沒有理由批評自己的法律是「惡法亦法」。因爲，公民就是立法的最後仲裁者，除非你退出，但你退出就無所謂「惡法」了。因之，只有非民主國家的人民（而不是公民）才可以說不必遵守亦法的惡法，因爲它不是法。之所以如此說，因爲立法的程序出了問題，那些惡法不是公民所立的。所以，「公民不服從」的概念，嚴格而論應該首先界定公民所處國家體制的何種身分資格。民主國家中的公民可能不服從的是那些代議政治出現違背民意的法律，至於如果是公民直接參與創制或複決的法案，無所謂服從不服從，因爲那些是公民直接行使職權而訂定的。多元的社會難免有若干公民無法同意公民投票立法時服從多數決的條件下通過的法律，不過這是程序的問題，而不是法律實質內容的問題。當我們服從程序正義時，如同參與者都接受遊戲規則時，我們沒有理由在遊戲結束不利己方時

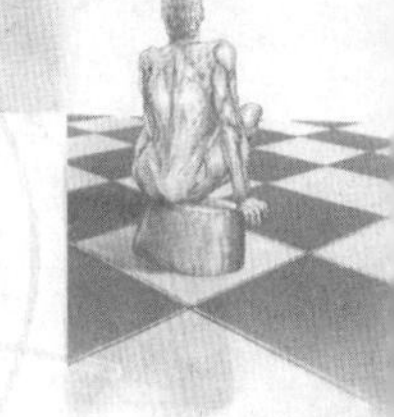

回頭批評當初遊戲規則是不公平的。有足夠表達意見及免受壓迫的權利即符合程序正義。公民不服從是從程序上說的，而不是不服從結果的實質內容。

由上述討論可知，在社會契約中公民自主立法的意義是非比尋常的，ISCT 告訴我們，在經濟體制下勞工若是選擇退出的權利，相當於就是選擇失業、離開職場，是十分痛苦的抉擇。所以，在自由民主國家的政治參與上，我們沒有理由在法案的實質內容上選擇退出，充其量只能在程序上採取杯葛或異議。台灣在二○○四年的公投，程序上雖然遭到反對乃至修訂，但合法性是在立法院同意下進行的，人民也符合雷茲等所謂自主性的選擇，「拒領公投」是選擇退出的行爲，可是如此卻與同時行使選舉總統的公民投票身分難以一致。

第二節　經濟活動的倫理思考

早在遠古時代的城邦社會，經濟活動需要落在政治結構中才能獲得保障，當代全球化運動的結果，經濟活動更需要跨國之間的合作始能奏效，隨之而來的是加速個人財富的累積，也拉大貧富之間的差距，此現象背後最重要的是人類具有財產權的觀念，因而本節首要思考的是此觀念的演變及挑戰，其次，人的工具價值產生若干的經濟價值，人的物化問題是個嚴肅的考驗，再者，股東論所成就的企業組織忽視許多涉及利害關係者的權益，最後討論「財富／幸福之間的衡量」。

財產權觀念的挑戰

西方自由主義之父洛克所謂的自然狀態（natural position）不同於霍布斯弱肉強食的狀態，而是在自然法（理性動物的自明道德法則）之下規制無政府狀態的人類自由與權利，人人基於生活所需而以雙手的勞動加諸自然資源的結果。例如蘋果長於樹上本來是自然的一部分，若經人類摘下就變成個人的財產。由於大地寶藏無盡，人人不必囤積居奇，只是各取所需。因而他主張個人財產具有神聖不可侵犯的性質。而貨幣發明之後，人類開始透過金銀保值作用而擴大其財富。

到了十八世紀，財產權的反省有了不同的聲音。「每個人本來對於他所需要的物都有先占權，但他既爲某物之物主，即不能爲其他一切物之物主。他既然分得了一物，便該保有它，而對於未分的公共財產，便不能再有什麼權了，先占權與其說是尊重他人的物，不如說是尊重不屬於自己的物[34]。」盧梭（J. J. Rousseau）這段話所顯示的洞見在於，個人的占有其實係屬於大自然一切可能性的一部分，雖然是財產權的宣告，可是更值得尊敬的卻應該是那更廣大的一切物。

晚盧梭約半個世紀而跨入十九世紀的康士坦（Benjamin Constant）也認爲財產權是市民自由權之一，不過他不像洛克那樣認爲財產先於社會而存在，相反地，「財產僅僅是一種社會約定」。社會形成之後，人們發現大家平安分享共同財產權觀念，財產雖然不是天賦或自然狀態中所有，卻一點都不影響其神聖性或不可侵犯性，財產對人們的生活活動非常重要，如果沒有財產的觀念和事實，人類將無法進步，永遠停留在最原始、最野蠻的

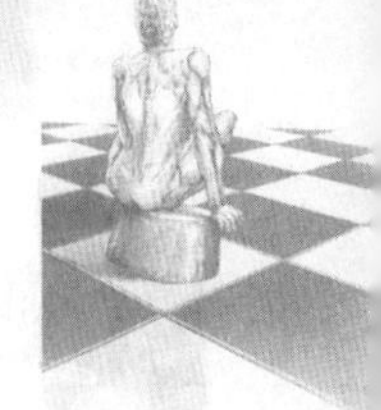

生活狀態，財產使分工成為可能，也刺激了文明複雜化的過程，雖然順應財產經營的自由發展，其結果必是貧富不均、經濟不平等，但這是人類歷史演進所見證的趨勢[35]。

同是十八世紀時代的思想家，康德在晚年（一七九七年）的《道德的形上學》（*The Metaphysics of Morals*）對於財產權的觀念有精采的分析。康德認為財產的觀念可以包括三個對象：

1.是一種具有形體的、外在於我的物。
2.是別人去做某事的自由意志。
3.是別人與我有關的狀態。

因此，財產的觀念不是只是單純的指涉那個被某人占有的具體而外在的存在物，而應該包括占有者的意志以及和別人互動的存在狀態。再者，康德區別對物的兩種占有方式。一種是感性的、實質的占有。第二種是理智的占有[36]。第二種的意義更為重要。感性的占有只是物理意義上的占有，而理智上的占有則是法律意義上的占有。他認為，私人使用財產或物的權利是指，該財產或物為我和所有其他的人共同占有——原始的或派生的。因為，只有依照這唯一的條件，我才可能排除其他占有者私人使用該物或財產[37]。

以土地財產為例，康德認為，在出現自由意志的法律行動之前，所有的人都原始地正當地占有了土地。無論大自然或偶然機會，不顧人們的意志把他們置於何處，他們都有權在那裡生活。這種占有（它與作為一種有意識的、獲得的、永久占有居留地是有區別的），由於地球上所有地方的人彼此都有接觸而變成共同的占有（possession in common）。……既然這種占有對所有地球上的人都是合適的，並且是在特定的法律行為之前發生的，這種

占有便構成一種原始的共同占有（original possession in common）。後者的占有諸物的概念並非來自經驗，也不受時間條件的約束，因此它是一種理性實踐的概念，它自身包含唯一的依據就是：人們可以根據權利的法則，使用他們偶然占據的地球表面的那個地方[38]。

由此我們可以說，在地球上的任何一個人即使他／她擁有某一塊土地的所有權狀，但他／她在理性上不可以說：「這塊土地純粹是屬於我的，我要怎麼使用它，與任何人無關」。不但如此，在康德看來，財產權作爲一種現實的經驗狀態，只有在公民社會中才有可能將某個外在物看成是某人的財產。而公民社會是建立在普遍同意的社會契約基礎上的，同時它也允許這樣的可能性，「允許這個占有的主體（個人）去強迫或強使每一個有可能和他在我和你的」占有問題上發生爭論的人，在公民憲法下共同進入一個社會，所有權在這個意義下才有保障。因此，財產權不是一個對象，而是一種制度，它的作用來源於遵循一系列的規則。個人自己不能確立對一物的所有權，因爲權利包含著對現存和未來的事態一種公眾的認可。權利，特別是所有權，必須既針對自己也針對別人，否則它們就不是權利[39]。

康德對財產權觀念的闡釋深具啓蒙的意義。到了二十世紀有不少法律、經濟學家引述這些觀念。其中弗里曼（R. Edward Freeman）和菲利浦（Robert A. Philips）承繼了上述契約論的傳統，而以自由主義的精神用在職業倫理中的涉利者資本主義（the stakeholder capitalism）。本文以下一章節進一步陳述。

工具價值的疑義

馬克思（Karl Marx）在《一八四四經濟學哲學手稿》有段話說：「勞動對工人說來是外在的東西，勞動並非他本性的部分；因此他在自己的勞動中並未肯定自己，而是否定自己，並未感到幸福，而是感到不幸，並未自由地發揮自己的體力和智力，而是讓自己的體力耗盡、精神受壓抑。工人只有在閒暇時才感到自己，他的勞動是不自願的，是被迫的，強制的勞動。因而它不是需求的滿足，而只是滿足其他需求的一種手段。只要外在的或其他的強制一旦停止，人們就會像逃避瘟疫一般的逃避勞動，這就是勞動的異化特徵。」

馬克思所處的環境是西方工業革命後勞工與資本家嚴重對立的時代，雖然全世界的社會環境並非如他預期的最後是無產階級起來革命、進而專政。但是，上述引文內容中的「勞動」如果改爲「工作」（對所有各行各業而言），而「工人」改成「員工」或「上班族」，結論就會變成：「只要外在的或其他的強制一旦停止，那些員工或上班族就會像逃避瘟疫一般的逃避工作，這就是工作的異化特徵。」我們證諸例年來不少對於上班族工作意願的調查可知，非常低比率的人們對於工作是出於興趣和意願，而且超過半數以上的員工對上司和老闆或多或少存有敵對和厭煩的情緒。換言之，馬克思所描述的勞資之間的異化現象到了二十一世紀的今天仍然沒有完全消除的跡象。

問題出在那裡？回到馬克思的分析，一言以蔽之，就是人是生產的工具之一。社會學家韋伯（Max Weber）區分工具理性（instrumental rationality）和價值理性（value rationality）等觀

念，工具理性是用來評斷達到目的的工具或手段的效率[40]，此相當程度地說明資本主義下勞動異化現象的根本問題。人類本來不只是只有工具理性，但這種理性出現在工業化或現代化更趨細密，而分工越趨專業化的社會下，似乎有越來越被重視的趨勢。但人類會不會因此淡忘了他的價值理性？或者說，整體人類未來的社會越來越無法彰顯價值理性的意義？其實回到哲學，早於韋伯的康德對於人的價值及眞正道德實踐的意涵，都有相當於哥白尼（Nicolaus Copernicus）式革命的理論建構。

依據康德定然律令的第二個程式：你應當這樣行動，即在每一情形中，你總得把「人之爲人」之人（humanity），不管是你自己人格（person）中的人之爲人之人抑或是任何別人人格中的人之爲人之人，當作一目的來看待，決不可只當作一工具來看待[41]。這表示，人類之所以應該尊敬是因爲人類有尊嚴（dignity）。對康德而言，一個有尊嚴的對象是超過價格（price）的，是不能以工具理性來計算衡量的（calculability）。當代經濟哲學家玻薇（Norman E. Bowie）依此認爲，企業的經理人如果認爲所謂生產的進出模型中（in-put model），人與機器具有相同的邊際生產效力的話，是個錯誤的原則。否認人類的尊嚴，就會把人類和那些有價格的東西作爲交換，但是雇工是具有那些機具和資本所沒有的尊嚴。而人類之所以有尊嚴則是因爲他們具有自律以及自我治理（self-governance），而這兩項則是負責任（responsibility）的條件。

前述的英國價值多元論者雷茲也可以幫助此處作一釐清。他認爲，相關目的和工具的爭議應該區分「是目的自身的」（being an end in itself）以及「是自身有價值的」（being valuable in oneself）。而康德視具有目的自身的對象，也可能對他者具有價值，

因此，只要是站在尊敬他者爲目的自身的角度，去追求他者之中的利益是沒有什麼錯的。對他者具有價值是指工具價值（instrumental value），而目的自身的存有則是具有內在價值（intrinsic value）。以命題的形式來表示：Y 對 X 而言是好的／有價值的。這是說，Y 對 X 是有工具價值，而如果 X 和 Y 都具有目的自身，則它們分別都具有內在價值[42]。

依此，玻薇進而認爲，康德是個理性主義者的意義在於他視人爲一個道德行爲者（moral agent），而這個道德行爲的力量或作用（agency）則以人的自由（freedom）和具有立法的能力作爲條件。而在實踐的界域來說，是指理性採用經得起普遍性（universality）考驗的格準（maxims）。他主張，道德行爲的作用就是要給予人們尊嚴，因此，尊敬「人之爲人」之人首要的就是不應該把人只是作爲使用（to be merely used），這在商業倫理裡意謂著，在商業關係中不應存在壓迫（coercion）和欺騙[43]（deception）。落實這個觀念，玻薇認爲，第一步是打破雇主與雇員之間的資訊不對稱性（asymmetrical information），進而是施行盈餘分享制度或員工認股計畫[44]（employee stock option plan, ESOP）。

無論在資本主義的社會或者其他形式經濟生產制度的社會，按照康德來看，只要是人的社會，人作爲目的王國中的理性存有，他們都有內在價值，可是他們同時對他人而言都是好的／有價值的，所以他們也都有工具價值。內在價值是尊嚴，而工具價值則是價格，康德就以價格和尊嚴的對比來說明。在目的王國中，每一事物或有一「價格」，或有一「尊嚴」。凡是有一價格的，它即能爲某種其他與之等價的東西所代替；另一方面，凡是超乎一切價格之上的，因此，亦無與之等價的，它便有一尊嚴。

凡是涉及一般的喜好以及人類欲求的，皆有一種「市場的價格」；凡是不預設一欲求，而只在我們的機能之純然無目的的遊戲中，相應於某種一定的趣味，即相應於一種「情趣的價格」或「適意的價格」，但是，構成這樣一種條件者，即構成「只有在其下任何東西能使其自身即是目的」這樣一種條件者，它便不是只有一「相對的價值」，即有一價格，而乃有一內在而固有的價值，即尊嚴。技巧以及在勞作中的勤奮有一市場的價格；機智、生動的想像，以及幽默，則有一情趣的或適意的價格，但是另一方面忠於諾言之「忠誠」，從原則而來（不是從本能而來）的「仁愛」，則有一內在而固有的價值[45]。

由此，康德所謂的價格具有相對的價值，也就是韋伯和雷茲等人區分的工具價值。進而又可推演出，在康德而言，工具價值是可以交換的，只有內在價值才不可以交換。所以，以價格形式來交換的利益分配或利潤分享都可以透過某種經驗約定的形式來完成。作為有尊嚴的人而言，他們都有內在價值，都值得尊敬，都無法用價格替換，這是一種義務。因此，在商業活動中，無論是員工、消費者等，涉及利害關係者都是人，所以他們都是無可取代而必須義務對待的考量對象。然而，又因為他們同時也是工具，所以有一部分的價值可以價格來交換。

總之，人不只是具有工具價值，還有內在的理性價值（或價值理性），後者是無法用價格或資本來交換的。我們怎麼看待這些觀念，將會影響我們在經濟活動中個人與個人，個人與團體組織，以及組織與個人，乃至組織與組織之間的交易（trade-offs）及經營模式，這是下節需要說明的。

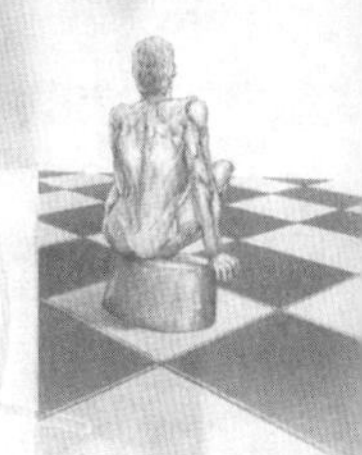

股東論的爭議

台灣的「公司法」開宗明義即界定公司是以營利為目標而組織、登記、成立之社團法人。在這種定義之下，企業（corporation）作為公司（firm）型態的目的就是以追求財富和獲取利益為最重要的功能。但是，這樣的界定其實涉及我們對企業經營目的的不同觀點，實有進一步討論的空間。

先從企業的起源談起。由於企業是一種有組織的形式，於是出現兩種基本的階層，一者是集資的所有權階層（即股東，stockholder，shareholder），另一則是擔負專業管理與營運操作的經營階層。因此，傳統股東論（the stockholder theory）或代理人理論（agency theory）的基本想法就形成所謂：經理人或管理者是股東的代理人，他們的責任是為股東謀取最大的利益。在這種思維下，我們可以想像，如果出資或集資者是獨資，那麼，經理人就是在為某一個人謀取最大的利益；再者，即便是上市公司的「廣大」股東，經理人謀利所要考慮的對象，無論如何都是可以計算出來有限的某些個人。

上述股東論大致類似的思想因為受到全球環境的變遷因素，直到二十世紀八〇年代有了突破性的里程碑[46]。弗里曼發表《策略管理：一個涉利者的進路》（*Strategic Management: A Stakeholder Approach*）一書，擴大股東以外可能影響企業經營的涉及相關利害關係者[47]（stakeholder），用以分析企業經營的策略管理。之後，弗里曼又認為[48]，一個公司採取涉利者理論須有以下兩方面的基礎：一是私有財產權的擁有者（或其代理人）的權利和義務；二是管理資本的結果以及企業對他人福利的效

應。這兩個基礎其實表現在康德主義和結果論上。而此兩個理論若放在一起的話，卻顯出某種張力關係。傳統的股東論只能成功地解釋其中一個面向，然而，這兩個基礎對現代企業都是很重要的。弗里曼主張，涉利者理論之提出就是要平衡「企業所主張的權利」以及「企業活動的結果／效應」等兩者之間的關係。

弗里曼定義企業的涉利者如下：因企業的行爲而獲利或受害，並且受到侵犯或尊重的成員和個人。並主張，每一個人有權被視爲一個目的本身，而不是視爲達成企業目標的工具（手段）。假如現代企業必須視他人爲達成企業目標的工具（手段），則必須經過這些人的同意，以及因此決定參與與否。所以，財產權不是絕對的，而是合法的（legitimate），尤其是當它們和他人重要的權利相互衝突時。換言之，財產權並不意味說：它可以有權視他人爲達成某種目標的工具（手段）。

因應現代企業上述的兩個基礎，弗里曼提出了企業權利的原則（principle of corporate rights, PCR）以及企業效果的原則（principle of corporate effects, PCE）。前者認爲，企業及其經理人不能爲了決定他們的未來，而傷害他人合法的權利。後者則主張，企業及其經理人應該對他們所造成的行爲結果負責。他並提出企業正當性的原則（the principle of corporate legitimacy），主張企業的經營應該是爲了涉利者的利益，包括企業的消費者、供應商、企業主、雇員以及區域的團體。這些成員的權利必須獲得保障，而成員也必須參與實質影響他們福利的各項決定。以及涉利者信託原則（the stakeholder fiduciary principle），主張經營是對涉利者和作爲抽象實體的公司負有信託的關係。行動是在涉利者的利益之中，而且也在企業的利益之中，以便去保障公司的生存，也就是維護每個成員長期的利益。在弗里曼刻意的建構之

下，涉利者的分析模型，乃至涉利者理論大致形成。

不僅如此，弗里曼和菲利浦以個人自由主義（libertarianism）的進路，試圖構想一種涉利者資本主義，這個進路符合社會契約論的傳統，所提出的原則如下：

1.涉利者合作原則——價值之所以被創造，因為涉利者彼此訂定自願性的協議，聯手滿足了大家的需要。
2.連續創造原則——商業所構成的體制是價值創造的泉源。在與涉利者合作及由價值所驅使之下，商業人不斷地創造價值的新來源。
3.冒險的競爭原則——在一個相對地自由社會出現了競爭，令涉利者有所選擇。競爭在涉利者之間合作中因應而出現，而不是建基在一種將對方打倒的原始衝動上。
4.涉利者責任原則——協議的涉利者必須接受其行為的結果。當第三者受到傷害時，他們必須被賠償，或要重新訂定新的協議，將所有受到影響的人都納入協議的制定過程中[49]。

這些原則其實也呼應前述康德對財產權的觀念，因為，在康德的道德哲學中，一切財產制度要成功地運作，都要求社會中的每一個成員自願地或被迫地相互合作，相互承認彼此的權利。如果社會不是一致認可這一制度，財產權就不能存在。由此，人們意識到，建立公民政府是財產權唯一確實的保障。在這個基礎上，人們才能說「這是我的」、「這是你的」。在這樣的架構之下，某些人出資組成一個公司，登記並經營操作之後，如何重新理解這個公司的財產就成為涉利者理論能否成立的重要關鍵。

按照康德、弗里曼及菲利浦等人對產權觀念的理解，此時的

「公司」已經不是出資者當初以金錢或土地等價格的形式交換而來的東西／對象，而是由主要的核心涉利者，逐漸擴散到次要的涉利者，而乃至其他涉利者的層層共同分享的結果。這種分享公司的財產已經就是所謂法律上的、理智上的占有之意，其間有程度之分，也有輕重之分。如果公司的經營者（或經理人）要負責的對象仍只是股東，財產的所有權是股東，那麼這是舊思維的股東論；但是，公司的員工如果不是自願地或被迫地相互合作，相互承認彼此的權利，而社會也沒有一致承認這個公司的登記及其之後的一切運作制度，那麼這個公司的產權就不可能存在。同理，消費者若沒有承認你這樣的公司，也不可能去買你的產品，或接受你的服務。任何涉利者一旦和產品發生關係就是形成法律上的關係。

財富／幸福的衡量

哲學家康德說過：「道德學眞正說來並不是要教導我們如何讓自己有幸福（how to make ourselves happy），而應該是教導我們如何是值得有幸福的[50]（how to be worthy of happiness）。」財富是廣義的幸福之一，康德所謂的「値得有幸福」其實是指追求有道德的行爲之後所附加帶來的結果。如果我們在行爲的動機時即已算準要讓行爲的結果帶來幸福，那麼這就是康德所批評的那種「讓自己有幸福」的道德學；也就是長期影響西方社會的功效主義（utilitarianism）。一旦是眞正的道德行爲，其結果雖然無法預期立即在經驗世界中得到幸福，但卻是「値得有幸福的」。由此可見，經濟活動帶來的財富等幸福結果，其背後基礎存在道德動機的問題。

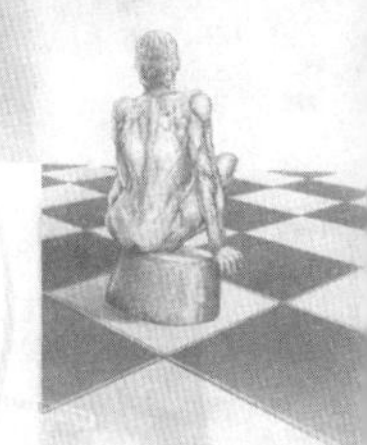

創造財富是不是經濟活動的主要目的？按照前面引述「公司法」的定義，問題的答案應該是肯定的。但另有一批人會認爲，幸福才是經濟活動追求的目的，因爲幸福是涵蓋財富，但是「金錢不能夠買到幸福」。依上述康德之意，幸福仍應以道德爲出發點。另外，按照韋伯的觀點，將追求財富的經濟原則作爲理性行爲的先驗原則（a priori principle），此無異是將目的的工具理性置於價值理性之上，而且跨越了此兩者的區分，此時的工具價值即優先於理性價值，也就是說，將追求財富視爲其他理性價值的優先地位。此處若按照功效主義的效益原則說法，就是追求最大多數人的最大幸福。財富是幸福的內容之一，所以，功效主義即是韋伯所批評的將工具理性置於價值理性之上。可是，康德將道德視爲幸福的基礎，則避免了功效主義的問題。

康德的系統爲什麼是如此？這是攸關他對柏拉圖以來「至善」（圓善，最高善，the highest good ， summun bonum）問題的處理。他反對斯多噶學派（The Stoic）主張的「有德就有福」，以爲從事道德行爲必帶來幸福等福報，也反對如伊比鳩魯（Epicurus）標舉的快樂主義（hedonism），後者認爲追求幸福和快樂就是實踐有德的生活。快樂主義後來發展爲功效主義，直接以理性的謹愼審計來得到幸福的數量。康德認爲，道德和幸福之間必須是綜合的關係，二者也必須有獨立的地位。但是如何能夠「德福一致」？他又預設了靈魂不朽和上帝的理念，以便保障在個人道德實踐的有限歷程中，個體靈魂的無限延續，且主觀地祈願上帝在永恆的時間和空間中，依照個人的德行而分配適當的福報[51]，人們戲稱康德在第一批判中把上帝趕走，但在第二批判又把上帝找回來，然而他找回的上帝已經不是第一批判中的上帝，這也是成就他道德的神學（moral theology）以及道德的形

上學（metaphysics of morals）的主要原因。

從羅爾斯來看，康德的道德哲學當然是他所謂的一種全面性學說，而有別於他自己的公義論只是一種政治公義觀。全面性學說不只是要解釋、說明和規範政治參與的行動，而且要指導人類一般的生活行爲以及價值體系。一個人若是以追求財富爲他主要的幸福目的，那麼這是他的價值目標之一，無論他的這個價值目標如何與他內部其他的價值目標聯繫，而形成完整的價值觀，他的追求總是涉及他自己的全面性學說，而倫理學總是任何全面性學說不可分離的一部分。因此，追求財富或者滿足幸福的過程勢必要涉及倫理學說。由此呼應本章前三節的旨意，要保障個人財產的前提是，我們必須得先尊重他人放棄與你爭奪此項財產的權利，而且在社會契約和法律制度的環境下才得以成立。而我們所處的社會之中的任何成員，都是康德所謂目的王國中的一分子，也是彼此的涉及利害關係者，雖然他們被涉及的直接或間接所影響的工具價值不一定具有相同的程度，但是大家彼此的內在理性價值都應該獲得尊敬。

經濟或商業活動既然無法避免倫理價值的因素，那麼，追求財富或達成幸福之間的衡量似乎可見一條隱約的方向。財富和幸福可能是兩個大小不同的領域，追求財富顯然不是達致幸福的必要條件，當然也不是那種「有財富就有幸福」的充分條件的關係。財富的數量概念牽扯生活條件的因素，所以它可以因人因地因時而有相對的內容，俗話說：財富和欲望的高低成反比（財富等於金錢除以欲望），百萬富翁和億萬富翁都有各自滿意的財富，同樣地，百萬富翁和僅夠溫飽的富足，都可能無法分判財富高低。

再者，即便如此，如果我們從廣義的價值多元論的觀點看，追求財富的生活方式自然是一種價值，就好像保障安定，渴望健康，擁抱親情，或追求自由等等價值一樣，往往是相互涵蓋而形成個人的一套價值體系，乃至全面性的理論學說。其間的諸種價值都是相互影響，甚至是不可比較的。而且，其間各種價值存在著得失和消長，例如保障安全的價值充分了，可能就失去財富的價值，而財富的價值滿足了，可能就缺乏擁抱親情的價值，然而，一個人總是希望他的價值體系中的各種價值都能協調均衡。按康德之意，所有這些屬於幸福層次的價值，最後必要歸於倫理道德的基礎，那個基礎就是「值得多少幸福」，而能夠協調均衡的幸福總是比起滿足財富的價值來得圓滿。

第三節　結語

由於以上議題的討論，政治與經濟這兩個領域顯然就是個人與公眾組織之間發生的關係。這兩個領域其實是密不可分而「相互滲透的[52]」。從政治體制的興起回顧來看，霍布斯為了人民的生命財產等權利能夠獲得保障，反而冀望像利維坦那樣的強大君主來貫徹，必要時甚至要讓渡某些個人的權利以便展示國家之威權，可是直到洛克將政治制度界定為保護個人不可讓渡的生命財產等自然基本權利，他才成為自由主義之父。

當代兩個自由主義的紛歧關鍵在於：政治參與的原則是否可能價值中立？多元價值的自由主義者認為，根本沒有獨立於基本價值的政治原則，而羅爾斯則強調，政治自由主義交疊共識或公義觀反而可以保障公民的多元價值，這些價值包括生命財產等所有公民可能的基本善。西方從彌爾以後基本上只解決自由的問

題，但是關於經濟上種種的不平等問題直到羅爾斯將它放在公義兩原則的政治結構中，才算是給予某種程度的解決。

羅爾斯的分配正義中的差異原則不是要用國家機器全力地打擊肇因於偶然因素而形成的不平等。例如，在公義社會中應該容許演藝明星或運動天才的高收入，不致壓制他們創造財富的機會，只是在給予他們運用天生的不平等而取得暴利時，必須兼顧「使社會中處境最不利者獲得最大的利益」。它不是社會主義的齊頭式平等，無寧是儘可能地採取起跑點式的平等。由此可見，經濟活動不能只是以功效主義或效率原則爲基礎，恐怕需以康德的「如何值得有幸福」的考量來解決。

最後，本文引用漢斯・昆（Hans Küng）有關倫理對於經濟和政治的首要性原則作爲結語：

1.經濟不能僅僅服務於所謂經濟的人的理性戰略上的自我保存，而且它更應爲那置於它之上的倫理——政治的目的服務。
2.不論經濟和政治如何基本，它們依然是人們包羅萬象的生活世界中某些單個的層面，它們必須在以人爲本的規範下，保障神聖不可侵犯的基本人權，正視人的尊嚴，這就是倫理的首要性[53]。

註釋

1 參考 Andrew Levine 著，張明貴譯，《打開政治哲學的門窗》，緒論（台北：五南出版公司，2004 年）。

2 Gray J., *Post-Liberalism: Studies in Political Thoughts* (New York: Routledge, 1993) , P. 284

3 其中有論者批評無知之幕的原初狀態是個烏托邦的不可能世界。這是對羅爾斯方法學上的假設的誤解。其 實無知之幕類似於約翰葛雷（John Gray）的思想實驗（a thought-experiment）。好像假想我們處在一種改變人性或人類本質之內容的境地。參見 John Gray ，傅鏗、姚欣榮譯，《自由主義》(liberalism)，第六章（台北：桂冠出版公司，1991 年）。另有學者則以現實中各方代表的複雜條件來質疑無知之幕的可行性，這是一種系統外的批評。例如 Michael Walzer 幾乎是採取經驗實證的方法來談分配正義。見其原著：褚松燕譯，《正義諸領域——爲多元主義與平等一辯》(*Spheres of Justice: A Defense of Pluralism and Equality*)（南京：譯林出版社，2002 年）。

4 Rawls. J., *A Theory of Justice-Revised Edition* (Cambridge, Mass: Harvard University Press, 1999) , pp. 118-119. 本文以下譯爲《公義論》。

5 例如，爲了照顧弱勢者的福利支出而排擠了文化活動的經費預算。羅爾斯認爲，這樣的安排一般來説不一定説得過去。因爲，如果站在完善論的立場，文化活動的價値是內在的，必須保持這樣的理想。

6 Rawls. J., op. cit., pp. 285-286.

7 羅爾斯區分程序正義和實質正義。前者如賭博行爲，如果遊戲規則

符合程序上的公平正義，雖然行爲的結果極可能有輸有贏，但並不影響其公平正義。而法律上的判決行爲則屬於實質正義的問題。它是以判決的結果來衡量公平正義與否。

8 John Gray 等多元主義者後來主張以「暫訂協議」(modus vivendis) 取代「交疊共識」，而羅爾斯則立論相當堅定反駁。參見 Rawls. J., "The Idea of an Overlapping Consensus" in Samuel Freeman (ed.). *John Rawls Collected Papers* (Mass: Harvard University Press, 1999) 但這個問題極爲複雜，而且離開羅爾斯和雷茲的對話甚遠，另當爲文研究。

9 Rawls J., *Political Liberalism* (New York: Columbia University Press, 1996) lecture Ⅳ

10 Ibid., pp.190-95

11 例如，所主張的公平或合理等政治德行卻導致成就天主教神聖觀念的追求。參考 Ibid., lecture Ⅴ section 5-7

12 參考 Rawls J., *Justice as Fairness: A Restatement*. in E. kelly (ed.) (Cambridge, Mass: Harvard University Press, 2001) pp. 42-3 。這樣的陳述與一九九九年的修訂版有不同的用字措辭。後者陳述的公義兩原則如下。第一原則爲：每個人對於最廣泛的基本自由體系相容的類似自由體系都擁有一種平等的權利。第二原則爲：社會和經濟的不平等被安排在以下條件：(1)符合公義而節約原則而使最不幸者獲得最大的利益。(2)所屬的官職和地位在機會公平、平等的條件下開放給所有的人。參考 *A Theory of Justice-Revised Edition* p. 266.其實他在晚年更成熟的著作《政治自由主義》一書中即將早年的「最廣泛的自由權利」修改爲「基本自由權利」。

13 有論者質疑羅爾斯的公義社會或良序社會是個烏托邦社會（utopia society）不可達到的理想。這是因爲沒有區分羅爾斯所說程序正

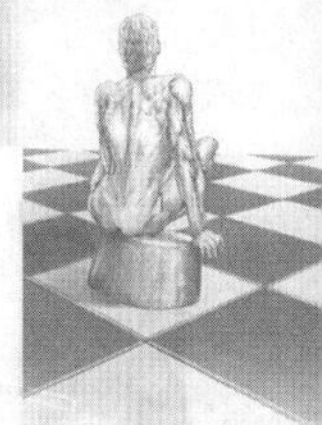

義、實質正義與良序社會、現實社會之故。

14 此處因屬個人的層次所以說「正義感」較爲妥當。

15 參考 *Justice as Fairness: A Restatement*. pp. 18-24.

16 沒有利害糾葛的關係就是，立約者之間不會特別爲某些人考量，無論是利與不利，總是處在中性的立場。其實羅爾斯也說，這個觀念可以類似康德自主的概念。見 *A Theory of Justice-Revised Edition*. p. 223.

17 參考 *Political Liberalism*. pp. 48-54.

18 Ibid., p. 302.

19 Hart, H. L. A., "Rawls on Liberty and Its Priority," in *Essays in Jurisprudence and Philosophy* (Oxford: Clarendon Press, 1983), pp. 223-47. Hart 此篇是針對公義兩原則的第一版而批判的。Rawls 後來將「最廣泛的基本自由權利」修改爲「平等的基本自由權利」。

20 「不可比較的」也是「不可共量的」(incommensurabilities)。詳細可參考 Raz, J., *Engaging Reason* (Oxford: Oxford University Press, 1993), chapter 3. Incommensurability and Agency 以及 Raz, J., *The Morality of Freedom* (New York: Oxford University Press, 1986), chapter 13 Incommensurability esp. pp. 322-335。葛雷在這些觀念上是接受雷茲的研究成果。

21 John Gray 著，蔡英文譯，《自由主義的兩種面貌》(*Two Faces of Liberalism*)(台北：巨流出版社，2002 年)，頁 98-102

22 參考 Friedrich A. Hayek 著，鄧正來、張守東、李靜冰譯，《法律、立法與自由》(北京：中國大百科全書出版社，2000 年)。主要是第九章。

23 諾錫克分別以 entitlement 和 holding 來區別他和羅爾斯有關 right

和 property 的不同。參考 Robert Nozick 著，王建凱譯，《無政府、國家與烏托邦》(台北：時報文化，1996年)。

24 Amartya Sen, *The freedom of economy development* (New York: Anchor Books, 2000) , p. 64.

25 Immanuel Wallerstein 原著，彭淮棟譯，《自由主義之後》(*After Liberalism*) (台北：聯經出版社，2002年)。第十三章自由主義的崩潰。

26 參考 A Theory of Justice-Revised Edition. section 11.

27 Ibid., pp. 285-6

28 參考 *The Morality of Freedom*, chapter 7.

29 Ibid., chapter 8.

30 Ibid., chapter 15.

31 Kant, I., "On the common saying: this may be true in theory, but it does not apply in practice" in H. Reiss (ed.). *Kant's Political Writings*. (Cambridge: Cambridge University Press, 1970).

32 *The Morality of Freedom*, chapter 15.

33 Thomas Donaldson & Thomas W., *Dunfee Ties That Bind A Social Contracts Approach to Business Ethics* (Boston, Mass: Harvard Business School Press, 1999), chapter 3

34 J. J. Rousseau 著，徐百齊譯，《社約論》(台北：商務印書館，1999年)。第一編，第九章。

35 參考江宜樺，《自由民主的理路》(台北：聯經出版社，2001年)。頁 75-6 。

36 參考 Williams, H., "Kant's Concept of Property" in *Immanuel Kant Critical Assessments* (London and New York: Routledge, 1992), pp. 389-98 。雖然 Willians 在文中質疑康德對自然權利概念出現的

不一致，不過非本文重點，在此不論。

37 Kant, I., *The Metaphysics of Moral*, trans. by Mary Gregor (Cambridge: Cambridge University Press, 1996), chapter Ⅱ；中文譯本參考沈叔平譯，《法的形而上學原理——權利的科學》（北京：商務印書館，1991年）。

38 *The Metaphysics of Moral*, pp. 50-1

39 李梅，《權利與正義：康德政治哲學研究》（北京：社會科學文獻出版社，2000年），頁218-25。

40 參考石元康，〈多神主義的困境〉，《當代自由主義理論》（台北：聯經出版社，1995年）。

41 此處有關康德原文的中文翻譯參考牟宗三譯註，《康德的道德哲學》（台北：學生書局，1982年），頁66-7。英文譯本則參考Kant, I., (1785). *Groundwork of the Metaphysic of Morals*. trans. by H. J. Paton (London, UK: Hutchinson University Library Press, 1947), p. 43

42 Raz, J., *Value, Respect, and Attachment* (Cambridge, UK: Cambridge University Press, 2001), pp. 140-51

43 參考 Bowie, Norman E., *Business Ethics-A Kantian Perspective* (Mass: Blackwell Publisher, 1999), p. 46-8

44 這兩項主張，Bowie 分別以 open book 的管理策略和 Starbucks 的利潤分享（profit-sharing）爲例。參考 *Business Ethics-A Kantian Perspective*, p. 54-60

45 參考牟宗三譯註，前揭書，頁76。英文譯本則參考 *Groundwork of the Metaphysic of Morals*, p. 44-5

46 參考 Thomas F. McMahon, "A brief history of American business ethics" in Robert E. Frederick (ed.). *A Companion to Business Ethics*

(Mass: Blackwell Publisher, 1999), pp. 342-52

47 “stakeholder”有許多的翻譯。基本上是指涉及相關利害關係者之意。本文依據葉保強教授的說法而譯為「涉利者」。參考葉保強，〈涉利者商業倫理〉，《建構企業的社會契約》，第三章（台北：鵝湖出版社，2002 年）。

48 William M. Evan & Freeman, R. Edward, “A Stakeholder Theory of the Modern Corporation: Kantian Capitalism” in Tom L. Beauchamp and Norman E. Bowie (eds.). *Ethical Theory and Business* (Englewood Cliffs, N.J.: Prentice-Hall, Inc, 1993), pp. 75-84

49 參考葉保強，前揭書。

50 Kant, I., *Critique of Practical Reason*. trans. by Lewis White Beck (Taipei: His-Nan Book Co, 1975), p. 134

51 此時康德的上帝和靈魂只是個人主觀的理念，它們都不是傳統上宗教意義濃厚的存有論的概念。

52 社會學者韋伯曾對政治與經濟的關係專章討論政治與經濟的「相互滲透」。不但有經驗事實的說明，也有理論的反省。參見：Max Weber 原著，康樂、簡惠美譯，《韋伯作品集Ⅳ——經濟行動與社會團體》，第一篇，第六章。

53 參看 Hans Küng 著，張慶態主譯，《世界倫理新探》（香港：道風書社，2001 年），頁 341 。不過文句稍作調整。

第四章

人在社會中的自由與局限

徐舜彥

輔仁大學哲學博士候選人

玄奘大學通識教育中心兼任講師

本文將主要探討西方民主下的自由定義與規範的根源，進而結合中國傳統道德觀念為目的。西方關於社會的自由與局限問題上有著獨到且系統的理論，因此針對西方與當前台灣社會問題進行比較探究。其次在中國儒家道德規範作為社會局限核心的問題上，對於中國傳統社會中關於人行為依據準則根源進行探析，也就是透過儒家的典籍來對社會道德規範進行根源性的探索，以期建立社會道德規範對於社會中每一份子的重要性與必需性之價值依據。

第一節　前言

世界上每一個人都是不同的個體，每個人具有著獨立存在的特性，可以依照自我的傾向發展自我，因著不同的理想與目標追求成就自我。在自我成就的發展中，所具有的特質是「自由」，「自由」對於人來說，除了是消極的不受限制之外，另一積極的意涵即是可自我選擇並追求可欲的目標。因此自由對於人的自我發展是絕對必要的要素，如果沒有自由也就沒有個體的差異性，沒有了個體自由，社會也就不會有所進步與發展。

但是就另一個角度來說，人並不是獨自一人生活，人為了生存需要及為了過更好的生活，建構出共同生活的社群或國家，西方哲學家亞里斯多德在《政治學》（*Politics*）中便說到：「人天生是一種政治的動物[1]」，人們之所以建構一個社會共同體，都是為了某種「善」，人的一切行為都是為了其所認為的善而行之。但如此一來問題便產生了：人生活在社會之中，不能離開社會獨自生活，因此只要一出生，就與其他個體有了不同層面的互

動，除了親子、家庭、朋友之外，還包括社會上的種種關係。當每個人因著自由追求自身的目標時，難免與他人產生重疊或衝突，當此之時，我們應該以誰的自由爲準？是毫無限度地繼續發揮我們的自由，還是應該犧牲個人的某些自由，以達到社會整體的和諧與利益？是以，在社會之中，我們便必須談到自由與局限的問題。

過去有非常多的哲學家，針對人類究竟能夠擁有多大的自由，以及該受多少的限制發表過意見，雖然彼此理論有些差異，但大致都肯定自由受到限制的目的是爲了自我更大的利益與保障。爲了使這些關係和諧融洽，不至在溝通交往中產生障礙，因此個人的行爲與自由不能不受到某一程度的規範。

中國哲學中關於自由與局限的理論學說，一般而言比較偏重在局限的規範部分，由於不像西方的民主政治受到希臘城邦民主的思想影響，並且從早期夏、商、周三代的封建共主，一直到秦、漢統一在皇帝的專制體制下過了一、二千年，因此在中國哲學思想中，關於社會中個人的自由方面較少涉及到，除了道家的老、莊學說中所談的精神逍遙自在之外，大部分的重心還是放在探討人在社會中所應具有的規範與本分，甚至認爲，缺乏了如「禮法」等局限約束的社會行爲，必然會導致嚴重不良的後果，造成社會脫序與不安。例如中國先秦儒家中主張性惡論的荀子學說，即是認爲：「從人之性，順人之情，必出於爭奪，合於犯分亂理而歸於暴[2]。」（性惡篇）

也就是說，若順著天生本有的人性毫不加以限制，任其自由順勢發展，對於人的行爲亦不予以任何的規範或約束，這樣的個人自由勢必會影響到他人的自由。所以荀子在書中強調透過禮制與教育來約束人的行爲（即有限度的自由），如此才能使社會和諧運作。

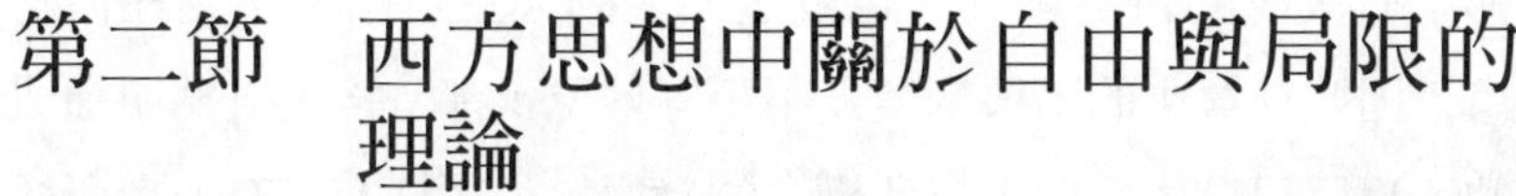

第二節　西方思想中關於自由與局限的理論

關於「自由」一詞在西方世界很早就出現了，中世紀哲學家奧古斯丁（Augustine）在其《論自由意志》一書中說：「人的意志是自由的。」也就是認爲，人可以依照自己的意志來決定自我的行爲，對於一種行爲可以自由地決定去做或不去做。盧梭說過：「人是生而自由的」亦即主張「天賦人權」，認爲人的自由與平等是天生具有的，一旦自由被侵犯或剝奪時，可以用革命的方式爭取個人之自由。盧梭的學說影響了整個西方的民主政治與社會，無論是早期的法國大革命或美國獨立宣言，甚至現在的自由社會主義主張者，都認爲人的自由是必須受到保障與不可侵犯。因此主張極端的自由主義者即認爲「自由是以不侵犯他人爲自由。」若是每個人都講自我的自由、強調自我的權利、不干涉他人的行爲，如此對於一個民主自由社會來說足夠嗎？

針對今日的台灣社會來說，整個社會制度運作深受西方民主制度所影響，當初的台灣社會從保守傳統的農業型態轉變爲開放民主的工商社會型態，爲了改革保守的政治制度，因此強化了西方社會的民主制度，然而在不瞭解西方自由社會的民主意涵之下，反而過度強個人主義的自由，造成社會的公共意識不明，太過強化自我價值，忽略社會的秩序與規範，而喪失原本西方所建構的自由社會眞正目的。

回顧西方的自由社會建構基礎，西方在十七、十八世紀時發

展的「社會契約論」中認爲，在社會和國家產生之前，人們所生活的環境是屬於一種「自然狀態」，在這個自然狀態中，每個人都享有天賦的自然權利，也就是個人的天生自由、不受任何約束，因此社會中的階級制度及不平等地位，都是後天人爲所造成的，只因現實中每個人自我權力的發展，最後終究被有力者所統治，一般人由於懦弱與膽怯，因此屈服於權力者之下，成爲被宰制與奴役的一群。盧梭在其《社會契約論》（*Du Contrat Social*）[3]一書中認爲，人們一旦怯懦於強力者的宰制下，因而放棄了自己的自由，也就是放棄了自己做爲人的基本資格，同樣地也就是放棄人類的權利與自己的義務。所以西方自亞里斯多德所提倡的奴隸制度，是不符合人的天生平等狀態，也就是不自由的狀態；同樣地，貴族政治與君主專制的政權，同樣不符合盧梭的民主社會的要求。唯有生活在社會中的每一個公民享有絕對的自由時，才是符合於人性的民主政治。

但是人生活於社會之中，若是個人的自由太過擴充，難免會與人產生衝突，因此西方民主國家，在建構自由社會中關於人與人之間因自由所產生的衝突時，採取了一種解決方法，也就是：由社會中的人民共同訂定社會契約，使自身原本具有的天生權利，讓渡給予整個社會全體。也就是說，社會中的公民不願意生活在一個強權宰制之中，人們渴望享有自己充分的權利，以自己的能力尋求最適合自己的生活方式，但卻不是生活在沒有秩序之下，因此採取一種妥協的態度，彼此訂定社會共同遵守的規範，也就是盧梭所謂的「社會契約」。

因此，西方的民主制度所以能夠完善地施行，其重點在於「秩序」，因爲社會的每一份子彼此爲了更好的生活，寧可放棄天生所具的權利，只爲了能夠獲得更大的生活保障，一個健全的社

會公民應以尊重法律或規範爲其基本原則。這一點也就是西方民主自由社會的基本精神與核心。

反觀今天我們的社會生活，大家太過強調自我的權利，太看重個人的自由，以爲一個民主自由的社會就是完全不受社會傳統規範約束，甚至將自我價值的意識高過於整個社會的道德法律，對於社會中的許多生活基本禮儀守則，完全忽視甚至漠視。例如：在公共場所須有的尊重、禮讓，生活上的互助、關懷等等，完全都以自我爲考量。這種自由社會的理解，全然曲解了西方自由社會的眞正意涵。

今天對於社會中的自由與局限的問題，最大的差異在於，人們只注重自由而不給予局限，這種「自由」並不是眞正的自由，而只是一種自我「解放」；人與人彼此間只在乎自己，對於侵犯到他人權益時卻不在乎，毫無規範的自由權利擴充造成人與人彼此對立爭執，這也就是爲什麼今天的社會上如此多紛亂與衝突的原因。

林火旺先生在文建會「建立新的生活文化系列座談會」演講中認爲：台灣社會當前最重要的問題在於，我們既然吸收了西方的民主制度，但對西方民主制度背後的價值根本完全缺乏瞭解，「不僅如此，事實上是一知半解，而大家認爲他都懂。譬如談自由問題、道德問題，大家都覺得自己都可以談，而忘了其中有許多深層的精神[4]。」林火旺先生指出：

「今天的台灣，是受了西方制度所造成的影響，因爲西方制度本身允許個人自由，可是我們只發揮個人主義的部分，而對於西方個人主義背後有個解決方式，即在假設個人自由之下如何建立秩序這部分，我們幾乎都未曾著墨。簡單地說，我們享有許多權利，但相應的，對於應得權利而所應負出的責任我們很少重

視，這也就是我認爲爲什麼自由社會需要公共精神的原因。[5]」

所以一個缺乏約束、無節制的自由社會，其所衍生發展的結果將是毫無秩序與規範的狀況，由於人們對於自我的個人自由太過重視，相對的對社會所需盡的義務也就輕視，對於社會所發生的事不切身地關心。對於周遭人的關係完全以自私與冷漠回應，將使社會倒退回到原始狀態，人與人彼此間以競爭、利害的方式相互來對待，這也就如同十七世紀英國哲學家霍布斯在其《利維坦》一書中所說的「自然狀態」。

第三節　爲何要有局限

霍布斯在《利維坦》第一篇關於人類方面中認爲，對於人在天生自然能力來說，基本上是相同的，因爲每個人的能力都差不多，所以每個人想要的的東西也差不多。

「任何兩個人，如果想取得同一東西，而又不能同時享有時，彼此就會成爲仇敵[6]。」也就是說，人類的自我目的都是自我保全，在達到這一個目的的過程之中，彼此都試圖摧毀或征服對方。如果有一件東西，兩個人都想要時，則競爭就會產生了。人們爲了想要得到自己欲求的東西，甚至會想要把對方殺掉。既然我們會想要把別人殺掉，那麼同樣地別人也會爲了他自身的欲求之物來殺害自己，因此擔心害怕別人想要把我們殺掉。爲此，人與人之間互相疑懼、害怕，因此爲了求自保，則只好先發制人，或用欺詐，或用武力，以控制一切他所能控制的人，以消除一切足以危害自身的力量[7]。

這是爲了自保而不得不採取的辦法。然而，人類的征服欲有

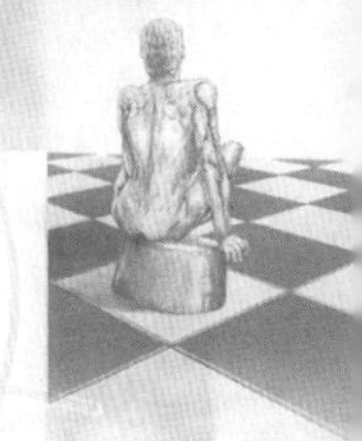

時候會超過自衛的限度，而純粹只是爲了要獲得征服的快感。但是如果不是這樣的話，一個人只是安於現狀，那麼最後一定會疲於防衛，最後還是沒有辦法自保。所以這種征服的欲望其實還是必要的。

霍布斯的人性論學說，對西方自由社會產生很大的影響，人類雖然有如此強烈「自然狀態」的自我保全傾向，以致人與人之間相互衝突。然而人類卻能從中找到解決方法，也就是「自然律」的運用。霍布斯認爲自然律最基本的規定就是：

「每一個人只要有獲得和平的希望時，就應當力求和平，在不能得到和平時，他就可以尋求，並利用戰爭的一切有利條件和助力[8]。」

在霍布斯的這一段話中，可以因此看到兩個部分，一個是尋求與信守和平的方式，一個是保全自己的要求。因此霍布斯講求「權利的讓渡」，也就是在自我保全與和平的方式之中取得最大的個人利益[9]。

霍布斯指出：一個人放棄或讓出自己權利的時候，並不是給予任何其他人以他原先本沒有的權利。因爲事實上，每個人對任何事物皆具有自然權利，所謂「放棄」或「讓出」，無非是自己退讓出來，讓對方不受自己妨礙享受其原有的權利而已。霍布斯從人的利己本性出發，強調「任何人的自願行爲，目的都是爲了某種對自己的好處。」因此，人對於權利的轉讓、放棄，那總是由於考慮到對方也將以某種權利回讓給自己，或者藉此，自己會獲得某種其他利益。

因此回顧我們在社會中的種種局限，譬如禮讓他人、遵守交通規則、排隊買東西等等，一切都符合霍布斯所謂「權利的讓渡」理論。試著推想，若今天在公車或是捷運上，每個人自己都各自

不禮讓老幼婦孺，那麼又怎麼能夠期待別人會禮讓自己年邁、幼小的親友？如果每個人自己在馬路上開車不遵守號誌駕駛，那麼誰又能夠保障交通順暢？ 每個人買東西或上下公車時都不依規定次序排隊，那誰又能順暢的買到東西或搭車？所以社會中的許多規範或法律，都是社會大眾根據彼此間能夠獲得最大利益所設定出來的局限。

如果一個人太過於強調自我權利或自由，則將違反社會大眾所依循的共同準則。因此對於一個自由社會的公民來說，個人如果要享有自由，那麼他就應該知道自由需要受到社會規範的局限，而這局限並非是政府設立來約束百姓，而是爲了維護社會中每一個人的基本自由權利，因此，除了個人須遵守法律規範之外，更應該重視社會上的公共精神，而此公共精神也就是西方自由社會中無形的社會局限。

然而我們今天的社會雖然學習了西方的自由社會制度，在社會中人人懂得保障自己的自由權利，對於自身所處的社會規範也能夠遵守，然而卻只限於自身，對於他人違反社會局限卻置身事外，除非自我的權利受到侵犯外，大部分的社會百姓都是抱著「各人自掃門前雪，莫管他人瓦上霜」的態度。這種態度影響到社會局限的功能，使得許多人自我擴張自由權利，因爲沒有公共精神的力量制裁。林火旺先生認爲：「台灣現今的社會，就是缺乏公共精神的自由社會，於是所有一切違反公共規範之事，我們都期待政府來解決。……一個自由社會應當保障每一個生命都是一樣重要的，但是如何保障這一點呢？就需培養公共精神。然而，在台灣的自由社會，我們似乎沒有想過每一個人都有提升公共精神的責任，以爲自由只要管好我自己就好，而忘了如果沒有公共精神即無法形成公共壓力，那麼犯罪之事可能就會發生在你

的身上。……所以我們對於公共事務或公共精神應當加以重視。若是公共精神不能被加以固守，而破壞公共精神所受的傷害，很可能就發生在你的身上。自由社會爲什麼需要公共精神呢？因爲自由社會非常容易形成個人爲自我利益著想[10]。」

因此對於社會公權力的不彰，我們常指責政府行政體系或警察單位努力不夠，但反觀我們自己對於社會又盡了多少力量？就是因爲自我太過於依賴政府單位來維繫社會的規範，自己又不爲社會局限的公共精神出力，導致政府與警察疲於奔命，效果卻只有非常細微。難怪社會中出現許多的刑案、路霸、違建、黑心商品等等，都是社會每個人縱容的型態下所產生的結果。這些違反社會規範的人，被執法者糾正舉發後，其心態只自認倒楣，並非眞正爲自己的行爲感到後悔，反正社會大眾不關心，所以才會一而再、再而三的發生。眞正原因歸結還是社會大眾本身的問題，我們只會抱怨社會治安敗壞，卻不曾自問爲社會盡了多少力量。林火旺先生說：「一個能爲長遠利益著想的人都知道，即使爲了我個人生命、爲了我個人的安全著想，我都應爲公共規範付出一點力量。我認爲，如果我們能在這方面多注意一點的話，社會上的許多問題可能就都解決了。現今台灣社會的許多問題，大都與一般人民缺乏公共精神是相關的，因爲一般人民只要是與他無關之事都覺得無所謂，甚至於只要能占點便宜的都沒關係。例如你到最漂亮的風景點往下一看，一定都是垃圾，可見得我們人民連最簡單的公共精神都未具備。你喜歡看風景，覺得手上垃圾不方便 ，於是順手一丟，但忘了你下次可能還會再來，從日常生活中的點點滴滴，即可顯示出台灣社會之所以會出問題，由此早就可以預料到的了[11]。」

因此對於個人社會自由上，每個人都懂得如何享有天賦的權

利，對於社會局限上的努力卻還是不夠，尤其是對社會共同契約的遵守。大部分人以爲自己的一點點違反社會局限要求，不會造成多大的問題，然而如果每一個人都是這樣想的話，則將是一個非常嚴重的社會問題。譬如：隨手丟垃圾、吐檳榔汁、並排停車等等，就是因爲社會群眾的縱容，使得違反這些規範的人習以爲常，反而還認爲規勸他的人是多管閒事。也因此使得社會約定的規範被漠視，加上每個人不伸張社會公共精神，造成社會諸多問題的產生，故社會局限在今日的台灣社會更顯重要。

第四節　自由與局限的限度

透過上文我們可以得知，每個人生活在社會共同體中，必須意識到人天生擁有的自由要受到某些局限，如此才能確保每一份子的個人自由。但這之間的權衡又應該有什麼標準呢？爲了社會的正常運作以及安定，我們必須讓渡出多少的自由？又或者說，我們的社會可以對我們的自由限制多少呢？

因此在本段的重點即在於，人在社會的自由與局限到底有多大的範圍與限度？探究社會自由與局限的起源，主要是來自於人天生所本有與要求，人天生就擁有自由，但爲了能夠與社會中的其他人相處，因此必須對於自我的自由加以約束。因此近代英國哲學家約翰·彌爾在其《論自由》一書中主張：社會局限主要來自於社會上生活的公民需要，因此在符合於社會規範下的自由都是可以被允許的。彌爾在書中說：「人類之所以有理有權可以各別地，或者集體地對其中任何份子的行動自由進行干涉，唯一的目的只是自我防衛。這就是說，對於文明群體中的任一成員，所

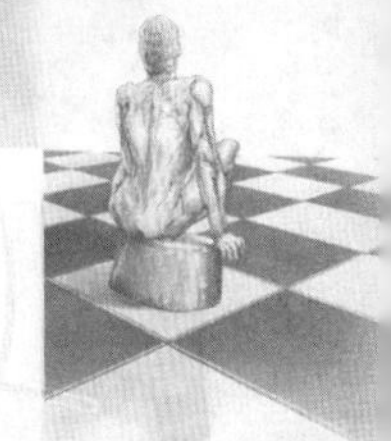

以能夠施用一種權力，以反其意志而不失爲正當，唯一的目的只是要防止對他人的危害[12]。」

這就是彌爾對於社會局限上所主張的「極其簡單的原則」。在關於人的自由與社會的局限問題上，彌爾提出了這樣一個「極其簡單的原則」，原因在於彌爾認爲：「人們不能強迫一個人去做一件事或者不去做一件事，說因爲這對他比較好，因爲這會使他比較愉快，因爲這在別人的意見認爲是聰明的或者甚至是正當的；這樣不能算是正當。……要使強迫成爲正當，必須是所要對他加以嚇阻的那宗行爲將會對他人產生禍害。任何人的行爲，只有在涉及他人的那個部分才需要對社會負責。在僅涉及本人的部分，他的獨立性在權利上則是絕對的[13]。」

在社會中，我們之所以對他人的自由、行爲進行干涉，只能夠基於自我防衛的目的。因此彌爾在此區分了兩種自由：一種是與他人有關的，另一是只與自己有關的。與他人有關的的自由必須受到限制，而只與自己有關的自由則完全不受限。也就是說，當我們的行爲會對社會上其他人造成影響或傷害時，則我們的行爲就必須受到社會的制約；相反的，若我們的行爲只與自己個人相關，而與其他人沒有關連時，則我們的自由便應該受到尊重與保護，譬如說：我們個人天賦所具有的言論自由、思想自由等等。

因此，儘管在社會上某些人的意見或行爲對你而言是非常愚蠢且荒謬的，但是基於他的個人自由，我們並不能對之進行干涉。我們所能做的，僅是提供我們的意見使之參考，但卻不能強迫對方遵照我們的意見去做。彌爾之所以如此主張的理由在於，每個人的意見都有可能會出錯，這個世界並沒有所謂「絕對確定性」這樣的東西存在。所以基於社會中每一個人的個人自由，我

們都應該予以尊重，我們並不能強迫某人去做某事或不做某事。唯一的例外狀況是，他的這些想法、行為等會對別人產生禍害，或是我們為了大眾利益的目的而予以否決。

就上述而言，關於個人的自由與社會的局限之間的分界，其主要考量便在於是否會對社會中其他人造成傷害。如同今日，我們的確有發表言論的自由，但我們卻不可以憑著這個自由的權利而任意誹謗他人；我們有行動的自由，但我們卻不可以任意的做出困擾他人的舉動，我們也不能任意出入我們想要去的場所。這些都是在個人的自由與社會規範之間，我們所應遵循的準則，這也是西方對於社會自由與局限最明確簡單的準則。

然而就中國社會的自由與局限來說，因著社會制度與傳統文化背景的不同，對於個人自由方面較不予以重視，但是相關於社會局限的部分卻是有許多的著墨。由於中國傳統倫理學思想中的道德規範，主要落實在人的實踐上面，因此局限對於社會中的每一個人而言，不單單只是生活的約束或規範，更是一個人格陶養的重要依據，因此社會規範對中國人而言是極其重要的。

第五節　中國社會的規範根源

中國傳統思想尤其以先秦時期最具特色，各種思想理論因周代封建制度的瓦解而蓬勃發展，在春秋戰國時期的各個流派思想中，雖然主張與目標並不相同，然而他們都具有相同的促成要素，即是試圖尋求社會秩序的重建。

春秋時期以前的社會階層有明確的劃分，各個階層因血緣關係奠定自己在社會上所具備的地位與權利，每個階層有著各自不同的責任規範，此種規範探究其本源，我們可以發現是來自於一個具意志意義的「天」，無論是上及天子下至平民百姓，無不受到上天的規範，而此種規範落實在生活之中，也就是倫常禮儀的日常準則，若人的行爲措施違背上天賦予人的準則，除了本身遭受災難之外，在上位者甚至會喪失政權，違背天意所造成的後果是極其嚴重，所以孔子在《論語・八佾》中說：「獲罪於天，無所禱也。」也就是要人謹守自我的本分。

在歷史的考據上可以得知，殷商時期非常注重天所給予的啓示與告誡，許多的政令決策都要取決於天意，現存的甲骨卜詞即是占測上天對於人行爲的意願肯定或否決，殷人對於祖先的崇敬也在於此，透過祖先的神靈來轉達人的祈求，這種敬天、畏天的思想並非只是來自於宗教信仰，更有一種積極的意涵在其中，即是對於人的行爲局限有其堅固不可撼動的根基，符合於人在社會中的行爲準則除了能使社會和諧運作之外，更確保了行爲規範的價值基礎，是來自於上天的律令，人若不遵守規範也就違背上天的意志，上天不再給予保障與祝福，因此這一點也就成了周武王之所以能夠克商的關鍵。

周初的文化傳統基本上因襲殷商的本質，只是更強調人的行爲自主性，對於周人能夠取殷而代之的關鍵點上更是謹愼惕勵，關於這一點我們可以由《易經》、《詩經》與《尙書》中的許多篇章中看到。例如：

「顯諸仁，藏諸用，鼓萬物而不與聖人同憂，盛德大業至矣哉！」（易經・繫辭上）[14]

「易之興也，其於中古乎？作易者，其有憂患乎？」（易經・繫辭下）

「易之興也，其當殷之末世，周之盛德耶？當文王與紂之事

耶？是故其辭危。危者使平，易者使傾，其道甚大，百物不廢，懼以終始，其要無咎，此之謂易之道也。」（同上）

「上天之載，無聲無臭。儀刑文王，萬邦作孚。」（詩經・大雅）

「我不可不監于有夏，亦不可不監于有殷。我不敢知曰，有夏服天命，惟有歷年；我不敢知曰，不其延，惟不敬厥德，乃早墜厥命。我不敢知曰，有殷受天命，惟有歷年；我不敢知曰，不其延，惟不敬厥德，乃早墜厥命。」（尚書・召誥）

由上面幾段原典中所闡述的內容來看，周人對於能克殷之後所感受到的，是深具著一種責任感與求能免過、無咎無患的態度來看待自我的行爲處事，在此種憂患意識的驅使下，周人不在將禍福完全歸咎於天，而轉化於對人事的要求，爲政者每一道政令都要自我負起責任，因此對於自我在政治上的要求也更加嚴謹與要求，而這也就是周初所表現出來的「敬」、「敬德」、「明德」的觀念，亦即由天而來的價值根源逐漸轉移到人自我行爲的謹慎與努力。徐復觀先生在其書中分析《尚書・康誥》篇中指出：「尤其是一個敬字，實貫穿於周初人的一切生活之中，這是直承憂患意識的警惕性而來的精神斂抑、集中及對事的謹慎、認眞的心裡狀態。這是人在時時反省自己的行爲，規整自己的行爲的心理狀態。……〈康誥〉中之『明德愼罰』、『敬哉』，〈召誥〉中之『曷其奈何弗敬』、『王其疾敬德』，乃周初文獻之一貫精神，隨處可以看到。周人建立了一個由『敬』所貫注的『敬德』、『明德』的觀念世界，來照察、指導自己的行爲，對自己的行爲負責[15]。」

因此周人將人行爲的規範由外在的天，轉化而成爲人自我內在道德的要求，人在自我負責的德行之中，一切須符合當時的社

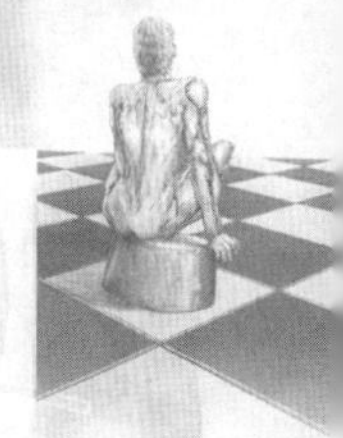

會規範，這也就是重新建構一套適合於當時社會的行爲準則，但此準則並非完全摒棄殷商的道德規範，而是將原有的重心轉化，更加重視與強調人自我本身的作爲，因此孔子在《論語》中說到：

「殷因於夏禮，所損益可知也；周因於殷禮，所損益，可知也；其或繼周者，雖百世可知也。」（論語・爲政）[16]

「夏禮，吾能言之，杞不足徵也；殷禮，吾能言之，宋不足徵也。文獻不足故也，足則吾能徵之矣。」（論語・八佾）

「周監於二代，郁郁乎文哉！吾從周。」（同上）

因此周初是鑑於夏與商的政治與道德規範上的利弊加以改革而來，寄望重新規劃一套更符合的生活準則，在這準則的規範之下，人們擁有其基本的自由與生活，而道德禮儀即是人與人之間在社會生活上的局限。然而周初的這一套規範制度，到了春秋戰國時期因著社會變遷、封建的瓦解導致生活道德規範無法有效約束人的行爲時，各個流派學說紛紛興起，有的學派要修補已過時的規範準則，有的學派想要重新再建構一套新的規範，而有些則是主張廢棄道德規範，回歸人的自然自由狀態，這也就是自由與局限的再次確立，希望在社會生活中重新找尋價值依據。

第六節　中國儒家的社會局限

在講求儒家思想的中國傳統社會中所強調的倫理規範，即是相對應於身處不同身分時，所必要遵守的約束。就字義上來說，「倫」具有條理、道理、順序、綱紀等的意思，指規定人與人之間關係的意思，一般在生活當中會構成的關係，以《孟子》所區

分的「五倫」最簡明也最爲根本，孟子在〈滕文公上〉篇中提到：

「父子有親，君臣有義，夫婦有別，長幼有序，朋友有信。」

這五種人與人之間的關係，即使套用在現代社會當中依然實用。在五倫關係中，首推「父子有親」，其意義是指在家庭中所要遵守的親子關係，無論當父親或母親的人，須有相當的責任與義務來維持與照顧家庭；做晚輩或小孩的同樣要尊敬與孝順父母。這是做人的基本道理，如果連具有血緣的親子關係都無法維持，更遑論是其他各種社會關係，因此《大學》中說：「齊家、治國、平天下」即是以家庭關係，作爲建立社會各種關係的基礎。然而現在社會新聞當中常常有著「父不父、子不子」的消息，兒子打父母親、父母親家暴打傷小孩的事件層出不窮，這些新聞透露著一些背後的原因，也就是對於自我應當具有的本分沒有確切的理解，更何況是其他各種社會的人際關係。因此明瞭人在社會中所處的地位及所應具有的局限，也就是中國傳統道德規範的核心課題。

在社會的局限方面來說，中國社會道德規範的建構起源甚早，在未具文字記載的史前時代，宗教上的祭祀禮儀與生活環境條件，影響了原始社會的秩序建構，人天生的本能與習性就藉由這些絕對的權威來約束，使人與人之間的交往活動能夠有一套標準可以依循。然而經過長時間的社會發展與生活條件的改善，許多社會價值觀與規範也隨著外在條件的轉變而起了內在的變化。徐復觀先生在《中國人性論史先秦篇》一書中，對於宗教與人文關係上談到：「周初宗教中道德地人文精神之躍動，這不應當意味著宗教的沒落，而可能是提供宗教以新的根據，使其成爲世界上最高的宗教型態。……某種宗教的沒落或伸長，完全看它遇著

人類知識的抵抗時，能否從迷信中脫皮出來，以發展超迷信的意義。而周初以天命爲中心的宗教轉化，正是從迷信中脫皮出來的轉化。其次，所謂超迷信的意義，應當是對於現實生活中的人文的肯定，尤其是對於人生價值的肯定、鼓勵與保障，因而給與人生價值以最後的根據與保障。同時也即是以人生價值，重新作爲宗教的最後根據[17]。」

因此宗教從原本具有迷信色彩的，轉而超脫成爲社會規範的價值根源，這也是人類文化從原始逐漸轉變爲文明的象徵，透過宗教的形式，使得人生的價值獲得根據和保障，也就確立了道德規範本具有的社會約束根源，所以一個社會的倫理道德，或者歸屬於人文的行爲準則規範，其最高的價值根源同宗教一樣，都是符應於人生的價值要求，藉由此種方式，使得人在社會中的行爲活動能有次序、和諧地發展。關於這一點，徐復觀先生說：「只有人文中的人生價值，亦即是在道德價值這一方面，才與宗教的本質相符，可以發生積極地結合與相互的作用。沒有人的主體性的活動，便無眞正地道德可言。宗教與人生價值的結合，與道德價值的結合，亦即是宗教與人文的結合，信仰的神與人的主體性的結合[18]。」

然而經過時間的人文發展與社會環境的轉變，一些早期符合當時人文價值的社會規範已無法適用於轉變後的社會環境，但是另一套相應於當時社會狀態的新規範卻還來不及建立，社會的運作在此青黃不接時期，則發生一段規範標準不一的混亂時期，如同現今的社會情況正是處在社會價值觀與社會規範發生轉變，卻還未建立一套合適的道德規範，春秋戰國時期同樣也是如此。關於社會規範價值根源的重新建構這一點上，徐復觀先生認爲，雖然宗教在長久發展之後會因著人文發展或新文化的融入而發生轉

變，但最終還是會保留在人文精神之中，他說：「宗教是任何民族長久的生活傳統，絕不容易完全歸於消失。當某一新文化發生時，在理念上可能解消了宗教；但在生活習慣上仍將予以保持。文化少數的上層分子可能背離宗教，但社會大眾仍將予以保持。最後則常為宗教與新文化的妥協。所以春秋時代以禮為中心的人文精神的發展，並非將宗教完全取消，而係將宗教也加以人文化，使其成為人文化的宗教[19]。」

因此對於春秋戰國時期來說，原本適用並運作於周初的封建社會規範，到後來已不足以應付新時代所衍生的社會問題，舊有以宗教及人文為核心的規範價值權威也日漸衰微，因此就先秦儒家的角度來看，其所面臨的社會規範發生重大轉變時，如何再次將當時的人文精神與社會價值相互融合，即是要積極地再次建立社會的道德價值根源及秩序。也就是說，當時社會所依循的禮儀規範、禮樂之治是周代經過虞夏及殷商兩代所損益改良而來的，透過以往的聖人一再的改良，使周代的禮樂制度達到完善，使生活在社會中的每一份子都能夠在這個規範之下安樂生活。

這種結合傳統價值規範與針對當時社會情況，也就是當時儒家所急於去建構的目標與方式。因此孔子才會再三地強調：「殷因於夏禮，所損益可知也；周因於殷禮，所損益，可知也」、「夏禮，吾能言之，杞不足徵也；殷禮，吾能言之，宋不足徵也。文獻不足故也，足則吾能徵之矣。」另外在《禮記．禮運》篇中亦記載孔子說：「夫禮，先王以承天之道，以治人之情；故失之者死，得之者生。」然而面對當時周禮制度的日趨轉化，相較於周初所制定的完整規範體系，孔子不得不感嘆地說：「郁郁乎文哉！吾從周。」

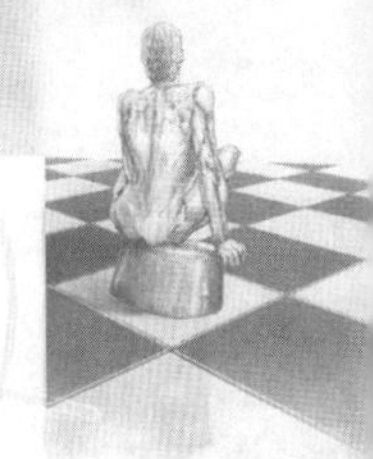

《論語》的社會道德規範

關於孔子所處的時代，透過《史記．孔子世家》以及《春秋左傳》等經典記載，可知其自身正是周代體制變遷下的沒落貴族，其思想雖接受傳統的「士人」教育，但其理論思想已站在一般平民的角度來看待問題，也代表當時社會知識份子對於整個社會規範的自覺與反省。徐復觀先生認為：周初是少數統治者的自覺，《詩經》末期及春秋時代，則擴展為貴族階層中的自覺，孔子則開始代表社會知識份子的自覺[20]。

從孔子在《論語》中的思想，可以看出他對於周代的禮樂制度是給予肯定的，既然如上所述，人文價值規範與宗教的系統相互融合，因此社會規範所具備的禮樂制度精神也就保存於日常的生活祭祀中，所以對於周初所建立的社會規範也隱含在宗廟之中。在《論語．八佾》篇中提及了孔子學習禮過程：「子入太廟，每事問。或曰：『孰謂鄹人之子知禮乎？入太廟，每事問。』子聞之曰：『是禮也。』」

因此就孔子而言，生活在社會中的每個人，除了自我本身內在道德修養發展之外，同樣也有外在的行為局限，這裡所謂的「局限」，指的是生活之中的道德規範，在社會制度上而言，即是儒家所強調的禮樂制度。在禮樂制度的規範之下，人們不但生活有了依循，更是符合人性，是展現人自身所本有的「仁」。因此在這種認識之下，禮樂的社會規範成為一種積極意涵的生活保障，若不透過這一約束，則人的生活將無法進步，社會必將失序。孔子在和其弟子討論的話中提到：「子貢曰：『管仲非仁者與？桓公殺公子糾，不能死，又相之。』子曰：『管仲相桓公，

霸諸侯，一匡天下，民到於今受其賜。微管仲，吾其被髮左衽矣！豈若匹夫匹婦之爲諒也，自經於溝瀆而莫之知也。』」（論語・憲問）

在這段話中，孔子似乎認爲，如果沒有管仲的「尊王攘夷」政策提出，禮樂制度勢必將受到極大的損害，而一旦失去原有的規範，則造成的結果將是「被髮左衽」，成爲沒文化與生活品質的蠻邦異族，沒有社會的禮樂規範後果難以想像。

因此「禮」的概念，對於孔子來說是相當重要的，禮除了是社會規範、行爲法則之外，更是個人品德修養的準則，藉由「克己復禮」的過程達到其中心思想「仁」，並透過「仁」的落實，使個人與生命價值獲得彰顯，並在實踐之中達到理想的人格境界——君子與聖人[21]。關於這方面可以在《論語》幾段篇章中看到：

「顏淵問仁。子曰：『克己復禮爲仁。一日克己復禮，天下歸仁焉。爲仁由己，而由人乎哉？』顏淵曰：『請問其目。』子曰：『非禮勿視，非禮勿聽，非禮勿言，非禮勿動。』顏淵曰：『回雖不敏，請事斯語矣！』」〈顏淵〉

「子曰：『人而不仁，如禮何？人而不仁，如樂何？』」〈八佾〉

然而經過了周初到春秋末期的封建體系瓦解，對於傳統的社會道德規範在認知上已有所改變，知識份子對於禮樂規範的把握與認知也跟周初時期大不相同，因此在《論語・先進》篇中孔子提到：「子曰：『先進於禮樂，野人也；後進於禮樂，君子也。如用之，則吾從先進。』」

從這一段中可以探知，孔子面對當時社會規範失序以及所衍生的社會問題，希望藉由以往周初的制度來掌握，並期望能重新確立禮樂等社會價值規範。在《論語》中，孔子關於禮的落實上有：

「子曰：『道之以政，齊之以刑，民免而無恥；道之以德，齊之以禮，有恥且格。』」〈為政〉

「子曰：『上好禮，則民易使也。』」〈憲問〉

「孔子曰：『不知命，無以為君子也。不知禮，無以立也。不知言，無以知人也。』」〈堯曰〉

鑑於孔子對於禮樂規範的要求與把握，仍舊以周初甚至是三代時期所制定的社會規範為理想標準，其所嚮往的社會環境也就是大道運行無礙、人民安樂和諧的大同社會。在《禮記．禮運》篇中記述道：「昔者仲尼與於蜡賓，事畢，出遊於觀之上，喟然而嘆。仲尼之嘆，蓋嘆魯也。言偃在側曰：『君子何嘆？』孔子曰：『大道之行也，與三代之英，丘未之逮也，而有志焉。』」

因此，孔子所想達到的大同世界，也就是社會規範在良善的基礎上暢行運作，要達致此一目標必須建構一種完整的理想社會人格，透過價值觀的樹立，並依此輔正人們在社會中的行為，在這種社會典範與禮樂制度的教育薰陶之下，人們能把握並依循著外在的社會道德規範，並以發揚自我本有之內在的德性來生活，以期達到「己立立人，己達達人」以及「己所不欲，勿施於人」的和諧安樂的社會。

因此作為道德規範意涵的「禮」，落實於生活之中，也就成了社會知識份子內在道德的表現，這種內外一致、知行合一的展現，正是孔子所標榜的理想社會人格，即是「君子」的基本要求。關於君子所具備的要求如：

「子曰：『君子博學於文，約之以禮，亦可以弗畔矣夫。』」〈雍也〉

「子曰：『君子義以爲質，禮以行之，孫以出之，信以成之。君子哉！』」〈衛靈公〉

「有子曰：『其爲人也孝弟而好犯上者，鮮矣！不好犯上，而好作亂者，未之有也。君子務本，本立而道生。孝弟也者，其爲仁之本與！』」〈學而〉

「子路問君子。子曰：『修己以敬。』曰：『如斯而已乎？』曰：『修己以安人。』曰：『如斯而已乎？』曰：『修己以安百姓。修己以安百姓，堯、舜其猶病諸！』」〈憲問〉

除此之外，孔子對於君子的行爲規範更是有著極高的要求，例如：〈爲政〉篇的「先行其言，而後從之。」、「君子周而不比，小人比而不周。」；〈先進〉篇的「論篤是與，君子者乎？色莊者乎？」；〈顏淵〉篇的「君子以文會友，以友輔仁。」；〈憲問〉篇的「君子而不仁者有矣夫，未有小人而仁者也。」、「君子恥其言而過其行。」；〈衛靈公〉的「君子求諸己，小人求諸人。」、「君子貞而不諒。」、「君子矜而不爭，群而不黨。」、「君子不以言舉人，不以人廢言。」；〈子張〉篇的「君子有三變：望之儼然，即之也溫，聽其言也厲。」、「君子之過也，如日月之食焉：過也，人皆見之；更也，人皆仰之。」；〈里仁〉篇的「君子喻於義，小人喻於利。」「君子無終食之間違仁，造次必於是，顚沛必於是。」、「君子懷德，小人懷土；君子懷刑，小人懷惠。」；〈子路〉篇的「君子和而不同，小人同而不和。」；以及〈季氏〉篇所要求的「君子有三戒：少之時，血氣未定，戒之在色；及其壯也，血氣方剛，戒之在鬥；及其老也，血氣既衰，戒之在得。」等等。

由孔子對於君子的要求上可以看出，其所主張的社會道德規範，是符合於人的本性與生活上的要求，人藉由道德規範在社會

之中的落實，除了可以彼此共同和樂相處之外，更是生活在社會中每一個人在內在道德要求上的準則。只有在完善的禮樂制度約束之下，人們才彰顯最「仁」價值根源意義，藉由社會道德規範約束之下的生活，正是人服膺於社會規範的道德價值高於自我的個人自由利益的表現，一旦生活在社會中的每一份子都能服膺於這種道德規範之下，如此便能共同營造出和諧發展的社會。故而孔子才會在〈里仁〉篇中說：「里仁爲美，擇不處仁，焉得知？」

然而什麼樣的局限是生活在當時社會之下所要遵守的規範？孔子認爲每一個人在不同時間所處的身分與地位來決定個人的規範，也就是「正名」的方式，透過每個人的身分來遵循所應遵守的道德規範，使人和行爲能夠「名實相符」恰如其分。如果人不遵守自我的規範，將使自我無法與社會共同運作，也會危害到社會的和諧運作。關於這一點，在〈八佾〉篇中提到：「定公問：『君使臣，臣事君，如之何？』孔子對曰：『君使臣以禮，臣事君以忠。』」

另外，在〈顏淵〉篇中也提及：「齊景公問政於孔子，孔子對曰：『君君、臣臣、父父、子子。』公曰：『善哉！信如君不君，臣不臣、父不父、子不子，雖有粟，吾得而食諸？』」

因此，社會道德規範對於個人而言，也就是關注人在社會中的行爲展現是否合宜，透過社會每一個體的共同約束與建立，使每個人依其身分來發揮自我生命價值，透過共同遵守運行社會規範，使每個人安樂地生活在社會中，不難看出孔子思想源自於周初道德規範的部分。

《孟子》中的社會規範

同樣屬於先秦儒家的孟子，其面對的社會問題更爲嚴重，不同於孔子所處的時代，孟子所面臨的是更大的社會問題，整個社會秩序混亂，傳統禮樂制度面臨極嚴峻的挑戰。在孟子所處的時代，正是各國諸侯競相崛起，講求富國強兵、以力假仁稱霸天下，在聖人之道無法獲得顯揚之外，各種思想學說紛紛出現，使得社會道德沒有強烈的約束規範[22]，因此強調以達到聖王理想社會規範爲目標的孟子，不得不爲儒家的中心思想再次確立根基。《孟子‧滕文公下》篇中提到：「世衰道微，邪說暴行有作。臣弒其君者有之，子弒其父者有之。孔子懼，作《春秋》。……聖王不作，諸侯放恣，處士橫議。楊朱、墨翟之言盈天下。天下之言，不歸楊則歸墨。楊氏爲我，是無君也。墨氏兼愛，是無父也。無父無君，是禽獸也。……楊墨之道不息，孔子之道不著，是邪說誣民、充塞仁義也。仁義充塞，則率獸食人，人將相食。吾爲此懼，閑先聖之道，距楊墨、放淫辭，邪說者不得作。作於其心，害於其事；作於其事，害於其政。聖人復起，不易吾言矣。昔者禹抑洪水而天下平，周公兼夷狄、驅猛獸而百姓寧，孔子成《春秋》而亂臣賊子懼。《詩》云：『戎狄是膺，荊舒是懲；則莫我敢承。』無父無君，是周公所膺也。我亦欲正人心、息邪說、距詖行、放淫辭，以承三聖者。」

據此可以看出，孟子對於當時的社會秩序紊亂是深惡痛絕，歸咎社會道德規範錯亂的根源，在於各種不以人性爲本的學說到處橫行，完全是違反聖人之道，爲了使社會能夠祥和規律，因此孟子對於這些思想學說採取反擊的態度，冀望聖人之道能夠重新

落實，故孟子在書中為其行為解釋說：「豈好辯哉？予不得已也。能言距楊墨者，聖人之徒也。」因為是要撥亂反正，肩負重大職責的孟子有著「雖千萬人吾往矣」的決心。

就孟子的學說理論根源探究，其道德規範主要是人在生活中的價值依據──仁、義、理、智，孟子所提的這四端是直承於人的本性，是發乎人的本有良知良能，經過開展這四端使之能建立人的行為準則，只要能符合於仁、義、理、智四端的道德規範，則能夠建立安和良善的社會環境。孟子說：「人之有是四端也，猶其有四體也。有是四端而自謂不能者，自賊者也；謂其君不能者，賊其君者也。凡有四端於我者，知皆擴而充之矣，若火之始然、泉之始達。苟能充之，足以保四海；苟不充之，不足以事父母。」〈公孫丑上〉

因此，仁、義、理、智四端是來自於人自身所本有的能力，猶如手腳一般皆是與生具備的，透過本有的能力來擴充推廣，使每一個社會中的人都能夠落實，進而成為人人所能夠遵守也應該遵守的規範，因為來自人性，所以是成為完整人格所具備的根本條件。

「惻隱之心，人皆有之；羞惡之心，人皆有之；恭敬之心，人皆有之；是非之心，人皆有之。惻隱之心，仁也；羞惡之心，義也；恭敬之心，禮也；是非之心，智也。仁義禮智，非由外鑠我也，我固有之也，弗思耳矣。」〈告子上〉

在孟子的思想學說中，惻隱之心、羞惡之心、恭敬之心、是非之心四種人所本有的道德能力，分別作為仁、義、理、智四端的根源，而在這四個根源中，又以惻隱之心最為根本、重要，由此向內找到了孟子的道德思想基礎──性善論。藉由性善學說的推展，孟子建構了一套具人性積極面的社會規範，有別於荀子及

法家的理論。性善論的建立可說是孟子學說的重心，據徐復觀先生看法認爲：孟子在中國文化中最大的貢獻，就是性善學說的提出，而且並非是孟子才開始發展或突然出現，是經過長時期的積累發展所形成。

「自殷周之際開始，雖然已經有了人文精神的躍動，但這種人文精神，主要還是著眼在行爲的實際效果上，由行爲實際效果的利害比較，以建立指導行爲的若干規範。……經過孔子畢生的努力，而自覺到法則性的天命，實根於人自身之中，而將人性與天命融合爲一，使人的生命從生理的限制中突破出來，使抽象地法則，向人的生命中凝結，而成爲可以把握的有血有肉的存在。……『性善』兩字，直到孟子始能正式明白地說出。性善兩字說出後，主觀實踐的結論，通過概念而可訴之於每一個人的思想，乃可以在客觀上爲萬人萬世立教[23]。」

「性善論」的主張提出後，使得客觀的道德規範得以建立，因爲社會規範的根源與人的本性都是一致的，透過每個人所擁有的性善本能加以充實發展，在社會中的每一份子也就能夠行使仁、義、理、智的道德行爲，如此一來社會勢必和諧安樂，社會當時的問題也就同時獲得解決。關於性善學說的充實方面，孟子認爲：

「曹交問曰：『人皆可以爲堯舜，有諸？』孟子曰：『然。』……『奚有於是？亦爲之而已矣。有人於此，力不能勝一匹雛，則爲無力人矣。今曰舉百鈞，則爲有力人矣。然則舉烏獲之任，是亦爲烏獲而已矣。夫人豈以不勝爲患哉？弗爲耳。』」〈告子下〉

「堯舜，性之也；湯武，身之也；五霸，假之也。久假而不歸，惡知其非有也？」〈盡心上〉

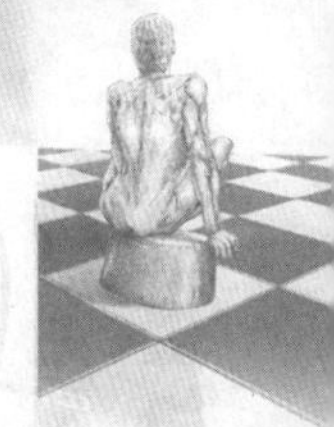

「堯、舜，性者也；湯、武，反之也。動容周旋中禮者，盛德之至也。哭死而哀，非爲生者也。經德不回，非以干祿也。言語必信，非以正行也。君子行法，以俟命而已矣。」〈盡心下〉

既然每個人都具有性善的能力，透過行爲的落實與自我的充實發展，則人人皆具有成爲聖人的可能。這一套道德規範體系，同孔子一樣是由人自身爲外在規範的根源，透過由內而外的開展，使得社會的價値規範與行爲局限都是合乎人自身的本然要求，在這種性善理論的開展下，社會道德規範也就融合了人性與天命的要求，成爲放諸四海皆準的規範與準則。

《荀子》中的社會規範

對中國儒家哲學來說，荀子的學說理論可以說是非常特別的，對於人在社會之中的自由與局限來說，原本以孔子、孟子爲核心的傳統思維強調人自身所具備的實行道德規範的能力，是一種以積極肯定人性光明面爲主的倫理學說，因此對於社會規範方面的思想論述，主要從人的心性論與修養論上來理解。然而荀子卻將重心放在禮義師法等客觀的問題上來探討，從人性的消極面來論述道德規範的必要性。

荀子的學說主要從「性惡論」說起，透過人本有的自然本性落在結果論上說明道德規範的重要性。由於人天生本有的本性是好利惡惡的趨向，因此順著天生本有的本性發展到後來的結果，將是爭奪亂理的狀態，所以主張在人性上須加以約束局限，也就是將道德規範加之於人的本有之性上，因此主張用「化性起僞」的方法來導引人性。關於荀子人性論的看法可從《荀子．性惡》篇來看：「人之性惡，其善者，僞也。今人之性，生而有好利

焉，順是，故爭奪生而辭讓亡焉；生而有疾惡焉，順是，故殘賊生而忠信亡焉；生而有耳目之欲，有好聲色焉，順是，故淫亂生而禮義文理亡焉。然則從人之性，順人之情，必出於爭奪，合於犯分亂理，而歸於暴。故必將有師法之化，禮義之道，然後出於辭讓，合於文理，而歸於治。用此觀之，然則人之性惡明矣，其善者僞也。」

由此可見，荀子從自身在社會中的實際考察，體驗到人從一出生就已有人性的好利、疾惡、好聲色三種傾向，爲了改正這種人性上先天的缺陷，只好藉由「化性起僞」的道德規範來約束行爲，使人能夠遵循「禮法」。荀子在此並沒有揚棄人天生所有的本性，而是利用規範加以改良。荀子說：

「故枸木必將待檃栝、烝矯然後直，鈍金必將待礱厲然後利；今人之性惡，必將待師法然後正，得禮義然後治。今人無師法，則偏險而不正；無禮義，則悖亂而不治。古者聖王以人之性惡，以爲偏險而不正，悖亂而不治，是以爲之起禮義、制法度，以矯飾人之情性而正之，以擾化人之情性而導之也。始皆出於治、合於道者也。」(性惡)

荀子認爲人天生的本性可以透過師法來矯正，也就是運用人爲的道德規範爲人性發展上的約束，透過限制的方式使其能夠趨善避惡，並使人們的行爲符合於社會的要求。因此荀子利用古代聖人所設立的道德規範來「化性」，使所要規範的行爲能夠符合要求，也就是「起僞」的部分。荀子說到：「故聖人化性而起僞，僞起而生禮義，禮義生而制法度；然則禮義法度者，是聖人之所生也。故聖人之所以同於眾，其不異於眾者，性也；所以異而過眾者，僞也。夫好利而欲得者，此人之情性也。假之人有弟兄資財而分者，且順情性，好利而欲得，若是，則兄弟相拂奪

矣；且化禮義之文理，若是，則讓乎國人矣。故順情性則弟兄爭矣，化禮義則讓乎國人矣。」（性惡）

在這一段原文中，可以看出荀子認爲「化性起僞」是由聖人所訂立，原因在於荀子想爲社會道德規範尋求理論的根據，而此根據不能來自於人本身，因爲人性是性惡的，因此局限規範人性的禮義無法來自人自己訂定。排除掉人自己訂立社會規範之後，唯一可能的價值權威只剩下「天」及「聖人」，而荀子學說中的「天」觀念可能意涵，由〈天論〉篇中的：「天行有常，不爲堯存，不爲桀亡。應之以治則吉，應之以亂則凶。彊本而節用，則天不能貧；養備而動時，則天不能病；循道而不貣，則天不能禍。」這一段看來，天乃是一自然之天，是無意志的天。因此唯一能夠成爲荀子學說中社會規範的根源權威就只有「聖人」了。因此荀子說：

「凡言不合先王，不順禮義，謂之姦言；雖辯，君子不聽。法先王，順禮義，黨學者，然而不好言，不樂言，則必非誠士也。」〈非相〉

「禮起於何也？曰：人生而有欲，欲而不得，則不能無求。求而無度量分界，則不能不爭；爭則亂，亂則窮。先王惡其亂也，故制禮義以分之，以養人之欲，給人之求。使欲必不窮於物，物必不屈於欲。兩者相持而長，是禮之所起也。」〈禮論〉

因此社會生活所要求的道德規範，其根源是由人來發動，並藉由人的實踐來落實，人的行爲透過聖人所制定的禮法而達到完善的標準，使得原有的人性缺失得到改善，就如同社會中人的行爲自由必須受到規範所局限一樣，如此才能使社會和諧運行。在〈荀子．王霸〉篇中提到社會爲何需要禮法的局限：「上莫不致

愛其下，而制之以禮。上之於下，如保赤子，政令制度，所以接下之人百姓，有不理者如豪末，則雖孤獨鰥寡必不加焉。故下之親上，歡如父母，可殺而不可使不順。君臣上下，貴賤長幼，至於庶人，莫不以是爲隆正。然後皆內自省，以謹於分，是百王之所同也，而禮法之樞要也。然後農分田而耕，賈分貨而販，百工分事而勸，士大夫分職而聽，建國諸侯之君分土而守，三公摠方而議，則天子共己而止矣。出若入若，天下莫不平均，莫不治辨。是百王之所同，而禮法之大分也。」

荀子認爲禮義法令制度是爲了能使社會中的百姓有所分際，君臣上下、貴賤長幼、甚至一般老百姓在行爲上都有所標準依循，能夠由內心眞正審度自我行爲規範，謹愼遵守自己的本然職分，如此社會生活必然和諧平順，國家政治得到良好完善的治理，這也是禮法規範落實在社會中的展現。馮友蘭先生在《中國哲學史新編》中說：「『禮法之樞要』、『禮法之大分』，都是禮、法並舉，荀況的意思是說，禮和法有相同的中心思想和主要原則（樞要），即規定貴賤、上下等社會秩序。從這個前提出發把老百姓按職業分類，這是禮和法的最大的職分（大分）[24]。」

因此社會必須有一禮法規範來限制人的行爲，如此便能使百姓順著其局限下的自由發展自我。因此禮法是人在社會中的根本守則，尤其對中國傳統社會而言。就禮法的根源來說，荀子採以聖人制定的說法，主要是因爲「聖人」同樣是生活於社會中的完美典範，透過聖人典範所制定的規範，當然是符合於社會中的每一個人，透過人自我的要求約束，使得人更臻於聖人的境界，也就是說，禮法對於社會生活提升是具有可行性的。其次禮法在行爲規範的時間上來說，「禮」是對於行爲禁之於未然，「法」是對於行爲後果施之於已然，經由禮法的約束局限，使得社會中的

每一份子都能在規範之下安和樂利地生活。

第七節　結論

縱觀整個社會的自由與局限問題，西方哲學家主要認爲人的自由是天生具有，是天賦予人的權利，因此在這個前提之下才探究自由的限度，因而有爲危害到他人，以及爲社會和諧並不以違反個人自由的前提之下加以局限，也就是透過之間共同的約定，各自約束自我自由，以求得更大的個人福祉。這種學說理論影響了西方的社會內涵，除了強調社會中個人的權利之外，並爲尊重社會中其他人的權利，而局限自我的自由範圍。

然而中國傳統社會自由與局限方面，主要重視個人在社會中所要遵循的局限，在落實社會局限的道德規範中，個人也就達到自我人格的陶養，也就符合社會中的要求。

因此中國傳統儒家思想的核心問題，在於兩個方向的把握，一是內聖，一是外王。內聖是一種個人人格與精神的提升，使人本性中所具備的道德實踐能力得以發展以臻完善，並透過行爲的落實，彰顯出人的自我規範與要求。外王則不單單是狹隘地局限於政治上的措施，它更突顯了社會的法令規範必須本於人性的要求。

在孔、孟、荀關於社會規範的思想之中，我們可以看到這種道德內化與人性的趨向。因此在社會人際交往當中，落實道德行爲便成爲人所獨特具備之要求。是以，道德規範不再是一種形式上的外在制約，而是內化爲對自我人格的要求。透過道德規範的實現，不僅使人的內在與外在得以兼容，並且透過人的內在道德

性，而獲得其理論的基礎。故孔孟思想實為當今社會輕忽人性關懷與道德規範提供一個可能的進路。

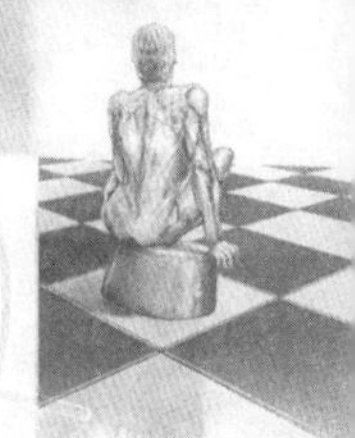

註釋

1 苗力田主編，《亞里士多德全集》，第九卷（北京：中國人民大學出版社，1994年），頁6。

2 原文引自蔣南華等譯注，《荀子》（台灣：台灣古籍出版有限公司，1996年）。

3 盧梭著，何兆武譯，《社會契約論》（北京：商務印書館，2003年）。

4 全文請參閱文建會網頁：http://www.cca.gov.tw/imfor/speaker-5.htm

5 同上註。

6 霍布斯撰，朱敏章譯，《利維坦》（台北：商務印書館，1972年），頁93。

7 余麗嫦著，《托馬斯·霍布斯》（台北：東大圖書公司，1995年），頁154-155。

8 霍布斯撰，朱敏章譯，前揭書，頁98。

9 本段節錄自余麗嫦著，前揭書，頁159-160。

10 同註四。

11 同前註。

12 彌爾著，程崇華譯，《論自由》（台北：唐山西潮文庫，1986年），頁10。

13 同前註，頁10-11。

14 原文引自徐子宏譯注，《周易》（台灣：台灣古籍出版有限公司，1996年）。

15 徐復觀，《中國人性論史先秦篇》（台北：商務印書館，1994年），頁22-23。

16 原文引自謝冰瑩等編譯，《新譯四書讀本》（台北：三民書局，

1990年)。

17 徐復觀，前揭書，頁36-37。

18 同前註，頁37。

19 同前註，頁51。

20 同前註，頁63。

21 參閱李澤厚著，〈仁的結構〉，《中國思想史論》，上冊，頁20-38。

22 參見徐復觀，《兩漢思想史》，第一卷（上海：華東師範大學出版社，2002年)，頁41-43。

23 徐復觀，《中國人性論史先秦篇》，頁161-163。

24 馮友蘭著，《中國哲學史新編》．第二冊（台北：藍燈文化，1991年)，頁398。

第五章
中西環境思想與生活

莊慶信

輔仁大學哲學博士

輔仁大學宗教學系專任教授

繼限塑膠袋政策、垃圾強制分類後，二〇〇五年一月環保署又發布了即將推動「禁保麗龍材質托盤」的消息，此禁令目標在於禁止使用塑膠、保麗龍材質的托盤以及裝蛋盒。這則新聞令全國的環保人士爲之振奮不已，盼望這次的行動能更有魄力，不要又人亡政息。環保署宣布超市中像是用來裝魚、肉、水果青菜、生魚片和壽司各種規格的容器，都在禁止之列，不過，這個消息一傳出，超市業者和塑膠業工會已經反彈，他們的理由是：如果容器更改材質，生意的成本將大幅增加[1]。在這一點上，我們又看到了今天整個台灣在環保上所盡的心力還嫌不足。這些業者會反彈是因爲他們不夠清楚做環保需要相當的付出與犧牲。如果不禁用保麗龍用品，全國甚至整個大自然所受到的傷害就不堪設想。

二〇〇五年三月五日，一則全球環保評比的新聞，台灣爭取已久的瑞士世界經濟論壇（WEF）「環境永續性指標」（ESI）排行榜，今年首度將台灣列入評比，但一排名卻是倒數第二，雖然有多位環教學者指出，評比中有多項資料引用錯誤，但立委與學者仍擔憂國內環境品質日益惡化，批評政府不能就此諉過逃避[2]。由此可見，政府的環保工作和國人的環保生活品質實在糟透了。因此，身爲現代的台灣住民，我們從中國哲人的生態智慧和西方哲人的環境思想當中，學習如何才更合乎環保的觀念與態度？是一個極爲迫切的課題。以下我們分爲中國傳統的環保思想、西方現代的環保思想等兩節來說明。

第一節　中國傳統的環保思想

古代中國人有環保思想嗎？這是一個有趣的問題。有人認爲沒有，理由是環保思想是西方的產物；也有人認爲中國不但有，而且比西方更早更完整。到底那一種說法才正確呢？我們可以從中國環保思想的發展與四大學派、中國環境倫理的基本原則、中國聖賢特別重視的環境素養等三大點來說明。

中國環保思想的發展與四大學派

古代中國的哲學思想十分發達，思想的發展有起有落，學說派別既多且雜，再者，古代中國並未感受到生態危機或環境問題，僅管如此，我們還是從中理出了對於環保思想、環境倫理有莫大貢獻的四大學派，這四個學派就是早期儒家、中國佛教、道家、宋明儒家等。

一、早期儒家學派

早期儒家是指從孔子一直到漢初儒家的環境觀點，其中包括孔子的《論語》、《孟子》、《荀子》、《周易大傳》、《禮記．中庸》等五種重要的早期儒家文獻。這一學派的看法有點類似西方的「人類中心論」。

二、中國佛教學派

中國佛教與來自印度的原始佛教有一點不一樣，中國佛教指的是將原始佛教的教義思想、儀式、組織、藝術等本土化、中國化，以中華文化來詮釋原始佛教，在他們所詮釋的論述裡，含有生態的智慧或環保觀念，其中以華嚴、淨土、天台、禪宗四宗派明顯地呈現出本土化的環境思想。這一學派比較接近西方的「生命中心論」或「生物中心論」。

三、道家學派

道家學派又稱爲早期道家學派，以《老子》和《莊子》兩本書的思想爲主。早期道家與漢代的道家或雜家（如《淮南子》、董仲舒的《春秋繁露》、司馬遷的《史記》等）有所不同，因爲漢代道家已逐漸偏離原始道家的基本理路，而採用結合黃老思想的黃老學或黃老道。早期道家的《老子》和《莊子》兩大名著中蘊藏著極其豐富的環境思想，深受當代歐美環保人士的矚目與青睞。道家學派環境思想非常類似西方的「環境整體論」。

四、宋明儒家學派

宋明儒家，如張載、程顥、程頤、朱熹、陸象山、陳白沙、王陽明等哲學家，不僅自稱自己才是純粹正統的儒家，還批判當時的佛教及道教，但實際上，他們的環境思想已經融合了佛教、道家的思想，並以嶄新的面貌出現。就以張載爲例，他那頗爲出名的《西銘》中的環保思想，酷似西方生態主保聖方濟（Francis of Assisi），將大自然的各種事物看成家人，視爲父母及兄弟姊妹。宋明儒家學派的環境思想頗似筆者所分辨逐漸成形的「西方整合論」，此派不但綜合了中國前三學派的思想，同時避免了前三派的弱點。

中國環境倫理的基本原則

古代中國四大環境思想學派提供了不少的環境倫理原則，本單元僅從各學派裡挑選出一兩個較為特殊的倫理原則，就能窺探古代哲人的生態智慧。這四大學派共有七個倫理原則，分別論述如下：

一、早期儒家學派

早期儒家學派有兩個環境倫理原則最能突顯儒家的特色，一是保護大自然原則，另一個則是仁民愛物原則。

(一)保護大自然原則

在《論語》中孔子的學生描述自己的老師，如果為了生活而去釣魚，他總不會使用魚網，大概是因為他不想一網打盡所有的魚類之故吧！他打獵只在白天，絕不射殺夜晚正在睡覺的鳥兒，為的是不趕盡殺絕，而讓鳥類有繁衍後代的機會。因此，他的學生說：「釣而不綱，弋而不射宿。」（《論語．述而 26》） 雖然如此，有一次，孔子派他的弟子向兩隱士問路，卻遭到兩隱士的拒絕，孔子悵然地說，我們怎麼可以與那些毫無人性的鳥獸在一起生活，並說他若不和世人為伍，要和誰為伍？（《論語．微子 6》） 由此可見他對於鳥獸的態度遠不及他對待人類的態度。這種態度可以從另一次事件得到佐證，有一天，馬廄發生火災而焚燬了，孔子只問「有人受傷嗎？」卻絕口「不問馬」到底有沒有怎麼樣。（《論語．鄉黨 12》）可見他平時雖然知道應保護動物或保護大自然，但與人類相形之下，他更注意人類的利益，而忽略其他動物的利益。

孟子在討論修練心性的脈絡下，打比喻的時候，提及童山濯濯的不當，間接地指出人類應保護森林的草木，不可摧殘草木的生命。此外，他還進一步指出，人類爲了保護野生的動植物，細密的魚網不進入深水池裡抓魚，魚和鼇等魚類就可以不斷繁衍下一代，魚類就吃不完了；砍伐的斧頭如果可以依照時令進入山林裡，材木的資源就用不完了。」(《孟子・梁惠王上3》)

在保護大自然方面，荀子與孟子有類似的主張，荀子認爲草木盛開著花，或正在滋長而碩大時，斧子就不帶入山林砍伐草木，爲的是不使它們的生命夭折了，也不斷絕它們的生長；其次是黿鼉魚鼇鰌鱣等魚類，在它們懷孕或生產的時候，捕魚的魚網和毒藥絕不進入水澤之中，那麼，百姓就有用不完的自然資源了。（《荀子・王制》）以上孔孟荀三大哲人所樹立的典型，今日我們所要做的就是在取用野生動物與植物時應該適可而止、有所節制，讓它們能持續生存、繁衍於這個多樣的自然界裡，且永遠不會消失。

(二)愛物（愛心管理大自然）原則

孟子聽說齊宣王不忍心見人將活生生的一頭牛殺死，而以一隻羊替代，孟子讚賞宣王仁心的表現，認爲有德行的人即使面對有生命的禽獸，也不忍心見到禽獸的死亡，聽到禽獸的聲音就不忍心吃牠們的肉，這就是君子爲何不靠近廚房的原因。（《孟子・梁惠王上》）一個人對於動物、植物甚至無生物的愛心，孟子特別用「愛」字來形容，認爲對萬物只能有關愛之情，而不同於對人的仁心[3]。因爲他站在儒家的立場，凡事都以人類的利益爲主要考量。他將關懷分成三種等級，對待親人的關懷就叫做「親」，對其他所有人的關懷就叫做「仁」，對所有非人類的物種的關懷就叫做「愛」。所以他說：「親親而仁民，仁民而愛物」

(《孟子・盡心上 45》) 簡言之，孟子對於自然生態的關懷只能用「關愛」來形容，而不能以仁愛來稱呼。雖然愛有等級，但是以愛心管理大自然世界則三等級都一樣。

在早期儒家之中，最重視大自然的非荀子莫屬，荀子在〈天論〉篇主張人類對待大自然應有分寸，知道哪些是可以做的，哪些是不可以做的[4]。人類可以做的就是管理自然資源，有控制地使用大自然中的資源，他說：「制天」、「用天」、「官天役物」就是這個意思。至於人類不可以做的是對於大自然所生長的萬物，不任意加以傷害[5]。從孟荀兩人的思想中就可看出儒家主張以愛心來管理大自然。今日我們可以由關愛家人開始，進而關心他人，最後關懷大自然中的一草一木、一鳥一獸，並在各自的工作崗位上，妥善地管理這個大自然，扶持救護各種生物。

二、中國佛教學派

佛教在漢代便傳入中原地區，經過魏晉至唐代盛世，它已逐漸形成具有中國特色的宗教。對於保護自然界裡的動物格外地重視，「護生」和「孝順」的環境倫理，可以說是中國佛教的特點。

(一)護生原則

護生觀是佛教的基本精神，佛教認爲一個人如果殺生而沒有救護動物的生命，來世必得惡報。《華嚴經・十迴向品》中論述的十種修持頗具環保意義，特別是前兩種與「護生」有直接關係，也就是「救護一切眾生相迴向」和「不壞迴向」。佛教的護生是有層次性的，依各人修行所達到的境界，對於眾生的救護會有迥然不同的方式及做法。一則釋迦割肉餵鷹的故事，就是一個典型的例子，釋迦菩薩還是國王的時候，有一次，天帝釋爲試探

他，而化為鷹以捕捉鴿子，鴿子向國王求救，國王正打算救鴿子一命，哪知卻遭受老鷹的抗議，老鷹抗議國王剝奪牠的美食，導致國王陷入對鴿子慈悲就是對老鷹不慈悲的兩難處境，後來，國王以兩全其美的方式，從自己身上割下與鴿子等量的肉以餵老鷹，充分表現了佛教護生慈悲的精神。身為台灣住民的我們，不一定得像國王一樣，犧牲自身割肉餵鷹，但若能力所及，我們可以懷抱著慈悲、仁愛的心腸，保護、拯救自然界的動物。

(二)孝順原則

中國佛教的《梵網經》對於佛教的十重戒與四十八輕戒有清楚的解說。佛教將戒殺、戒食肉（即吃素）、放生戒等視為密不可分的戒規，三者環環相扣。《梵網經》論及十重戒的第一戒「戒殺」時，指出激發出一種「孝順心」，是為「方便救護一切眾生」。如果一個佛教徒有吃肉的習慣，就會經常違犯殺生戒，所以佛教同時主張吃素、戒食肉，使得信徒更容易遵守不殺生戒。至於放生戒是四十八輕戒中的第二十戒，它和前面兩戒也是相連的，一個信徒家中如果豢養著可以食用的動物，就很難長期守住不殺生戒與不食肉戒。為上述這三個休戚相關的戒規，佛教也有它的理論根據，《梵網經》中很清楚地說：「故六道眾生，皆是我父母。而殺而食者，即殺我父母……故常行放生。」換句話說，由於佛教徒相信祖先死後，如果還沒有解脫而進入涅槃，就不斷在六道中輪迴轉生，因此，只要我們殺死任何動物，就有可能殺害自己的祖先。

對於原本重視孝道的中國佛教徒，便十分重視放生，古來在中國社會中放生已蔚為風氣，而且行之有年，雖然偶爾會衍生出商業化的弊端，但嚴格而論，放生的行為是頗富環保意義的。中國佛教所揭櫫的孝順原則，作為一種環境倫理，昔日確實曾發揮了某種程度的的功能。今天國人若不是佛教徒亦然可以學習佛教的慈悲護生心腸，儘可能不殺生，而逐漸改爲吃素，並且不飼養野生動物，若養此類寵物，也立刻學習放生的常識，讓動物回歸牠們的家園——山林。

三、道家學派

道家是整個中國文化中最關懷大自然的學派，所提出來的環境倫理也最爲豐富，若說道家是世界上最看重自然生態的學派也不爲過。本單元因限於篇幅，只臚列順物自然和基本需要兩大原則，以淺嘗道家的生態智慧。

(一)順物自然原則

道家始祖老子非常注重人類生活上的自然自得，不要人爲的掩飾，也不要矯柔造作，對於自然界的事物則要輔助它們以自然的方式生存下去，對於其他人則以讓他們自然地潛移默化爲高招，因此老子說：「輔萬物之自然而不敢爲」(《老子 65》) 及「我無爲而民自化」(《老子 57》)。莊子承接老子的精髓，對於自然無爲的精神加以發揮，莊子從消極的角度強調「無爲」，放棄生活上及大自然中的各種人爲做作的行爲，而將「自然」或「天然」詮釋爲沒有人爲就達成的任何事物，他說：「無爲爲之之謂天」(〈秋水篇〉)。只要遵循這個「沒有人爲的行爲」，才可能做到「自然」的境界[6]。一個人如果想要以人爲的方式干擾自然的事物，就不算是眞正的協助，會有揠苗助長的反效果，所以，莊子在純粹他本人完成的內七篇中，把「不以人助天」(〈大宗師〉)當做是「順物自然」原則的消極原則。

有一隻深山裡的野雉雞，要吃要喝都極其辛苦，需要走十步才覓得一隻小昆蟲吃，走上百步才尋得水源而啜飲一口，雖然日

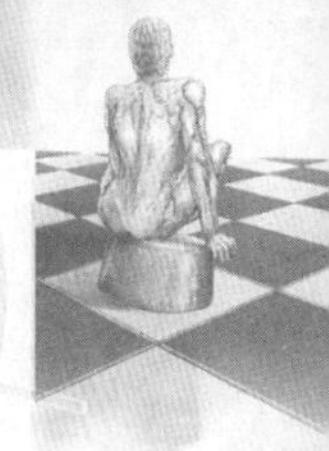

子是如此的艱辛，但牠內心卻總有著一份自然與得意。有一天，有個好心人把這隻野雉雞帶回家裡當寵物豢養，以類似滿漢全席那種最上等的食物來飼養牠，並且讓牠聽與貝多芬交響曲相似的古典雅樂，牠只新奇了一陣子，不久便忍受不了這種不自由的鳥籠生活，牠所要的是自由自在、自然自在、悠哉遊哉的田野生活。另有一隻巴西龜，原來生長在巴西，終日在泥濘裡打轉，似乎永遠都沒有「出頭天」的希望。有一天，有一個正在尋找供物的祭師，看到了便把牠抓回家，供奉在神桌上，四周堆滿三牲五果、滿桌佳餚，有人向牠焚香膜拜，香氣襲人。說到這裡，莊子會問，你／妳以爲那隻烏龜更喜歡那一種生活方式？答案當然是寧願回到泥濘中打轉，當個自然瀟灑的野龜，也不要當個拘束不自在的神龜。這個原則，對今日世界而言，應有如雷貫耳的效果，對於那些喜愛養寵物或飼養外國進口的奇珍異獸，或者對於種植外來品種的花草樹木樂此不疲的人們，是該面對這環境倫理原則而省思的好時機了。

(二)知止儉樸的基本需要原則

老子觀察人生所獲得的智慧，是人的災禍或煩惱大都來自於不知足，人會有過錯大都由於想要得到某種事物的欲望所致。因此，從認知的角度看，一個人知道何時該停止（知止）占有及取用物質的事物，就會「知足」，也就是會常常感到擁有的已經足夠了。從日常生活的角度看，節「儉」是老子的「三寶」之一（《老子 67》），消極地說節儉是由減少私欲著手；積極地說明，節儉是由懷抱樸素的道開始，進而模仿及效法道而過著樸素的生活。所以老子說：「見素抱樸，少私寡欲」（《老子 19》）一個能夠知止儉樸的人，它的物質生活就不會有太過分的地方，也不會太奢華、太安逸（《老子 29》）[7]。老子這方面的思想多由莊子承

接，但莊子又進一步注重靈修境界的提升，修道人不但要儉樸，還要超越所有的事物、遺忘物質東西（外物、忘物）。老莊這種知止儉樸的環境倫理相當於西方所謂的基本需要（basic needs）原則，此原則能接受的只是滿足一個人的基本（活下去所需要的、維持生命所需要的）需要或欲望，對於不是他的基本需要的部分就要割捨，這樣一來，人類就不會貪得無厭地榨取大自然的資源，而危及生態平衡了。台灣原住民的狩獵文化，大抵上就符合這個環境倫理原則，他們大都只捕獵生活上所需要的量就回家了，不會像漢人或西方人大量捕捉動物以便販賣圖利。有的原住民族群還會將所獵獲的獸肉平均分配，與親族分享，如此可減少大量或過量獵殺動物而導致野生動物瀕臨絕種的危機。此外，今日山區台灣的原住民並不是以野生動物肉爲主食，他們的主食過去常是玉米及小米，現在連大米也成了他們的主食之一。他們的副食除了肉類外，多以適量地野菜（如龍葵、昭和草、山萵苣、芒草筍、山蘇、過山貓等等）爲生，過著單純素樸的生活，這種勤儉素樸的精神及環保態度是今日台灣漢人可以學習的地方。

四、宋明儒家學派

宋明儒家融合了儒、釋、道三家環境思想的精華，提出了許多環境倫理原則，其中以「視同家人、伴侶、己身原則」最具代表性，同時涵攝三家的精神。

張載對於大自然的觀點很接近西方的聖方濟，在他那出名的座右銘中同時指出人與大自然有三重關係。他說：「乾稱父，坤稱母，予茲藐焉，乃混然中處。故天地之塞，吾其體；天地之帥，吾其性。民吾同胞，物吾與也。」（《正蒙．西銘》）第一重是家人的關係，天地宇宙是人的父母，是親人中最親近的人，這

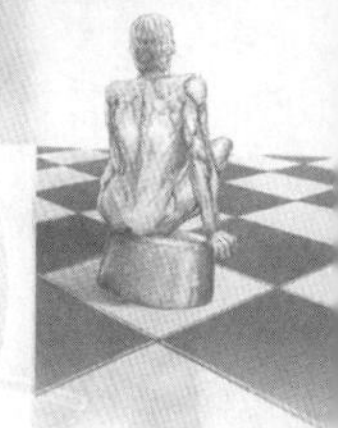

種關係是傳統儒家最為重視，也是今日國人最看重且做得到的一種。第二重是伴侶或同類的關係，人與大自然都是同類甚至是終生伴侶，這點與莊子的「天地與我並生」（齊物論）有異曲同工之效。第三重關係是視大自然為自己的身體、自己的人性，認為人與大自然都同樣是一個身體，大自然都由人性來指引。程顥和王陽明都認為一個有德行的仁者或大人，均「以天地萬物為一體」，也和張載有相近的看法。此種關係源自莊子的「萬物與我為一」及佛家的「一即一切，一切即一」的思想。對今日的我們而言，不容易一下子便拉近人類與大自然的關係，很難同時擁有這三重的密切關係。或許我們可以採用儒家一貫的傳統，由近而遠、推己及人的進路，先將大自然視為家人，進而看成生態中的伴侶，最後才將大自然視同自己的身體或看成同一個身體（一體）。

以上四大學派到底哪一派比較高明呢？其實，「早期儒家學派」偏重人類中心立場，而忽略動植物的重要性，更忽視無生命的大自然（如空氣、山水、金石、火、土等），不是個完美的環境倫理典型。「中國佛教學派」側重生命，尤其是動物的生命，但卻忽略了無生命的自然生態。「道家學派」最重視大自然的價值，它的外延包含了整個宇宙的萬物，但是卻忽略了人類的特殊角色，將無生命與有生命視為等同。道家也不是完美的、理想的環境倫理。宋明儒家就結合了先前的三大學派——儒家、佛教、道家的優點，既關懷人類，也關懷動植物；既關注生命，也關注無生物。可以說是整合古代中國的環境倫理之精華。簡言之，現代人不必執著於某一學派，而是同時兼採四大學派的優點。

從以上四大學派的七個主要的環境倫理原則來看，古來中國傳統的環保思想，並不比當代西方環境倫理遜色。然而古代老祖

宗有這麼豐富的環保資產，就比近代的西方人環保而不破壞大自然嗎？經過西方及大陸環保學者的研究，顯示古代中國對自然生態的破壞比西方還嚴重，尤其是濫墾濫砍，中原一帶的森林迅速消失。足見徒有漂亮的環境倫理，但沒有付諸實踐也是枉然。爲能落實這些倫理規範，我們有必要探索一下，古聖先賢是否曾提供一些環境素養，可以幫助我們更親近大自然、關懷大自然。

中國聖賢特別重視的環境素養

古代聖賢所推出的無欲、無知、無己、修身行仁、靜觀體證等五種素養，有助於國人將上述七個環境倫理的原則付諸實踐。

一、無欲

儒家的孟子提倡「寡欲」，要我們減少私欲，而不是去除所有的欲望，並不否認人類的基本需要；道家的老子和莊子尤其重視「無欲」的素養；佛教消極的規範中講「不貪取」，是指欲望的節制而言。上述三家都有的共識是不否認人類的基本需求，而且自私的欲望不可能一夜之間就消除殆盡，因此需要按部就班地由自私欲望的減少著手，努力一點一滴地超越這些欲望，老莊將這種超越或超克的工夫看成是一種否定，這並不意味對於人的欲望全然地否定，重點在於打破或超越這些欲望的限制[8]。直到宋明儒家講道德修養時，更把「去人欲、存天理」當做人生的要務。在食衣住行的基本需要之外，現在身爲大學生的我們也能超越各種額外消費的習慣嗎？如果做不到這種環境素養，就無法超越自己的私欲，遑論環保倫理的遵守問題了。或許利用假期，至花蓮海濱公園的「鹽寮淨土」[9]，與區紀復大哥一同體驗簡單、

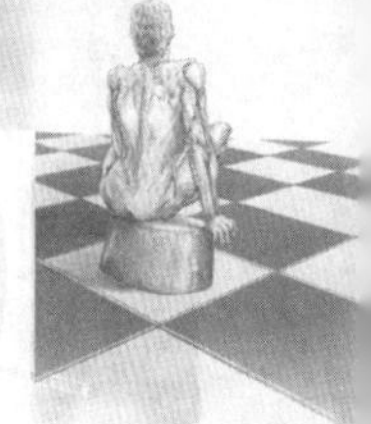

樸素的無欲生活，是培養這種素養的好點子，您不妨一試。

二、無知

老子認爲一個在位領導人的聖人，應該「常使民無知無欲」（《老子 3》），其中「無欲」是環境素養的第一階段，其後，才可升級至第二階段「無知」的素養，這種素養並不是要我們成爲愚昧無知的百姓，而是要我們在追求各種人的知識之後，都能跳出這些知識的範宥，否定這些知識，超克這些知識。換句話說，這種素養是要我們超越自己的「心」或超越西方哲人所說的「理性」，使自己不再局限於心或理性之內。後來的莊子，更用「心齋」、「坐忘」、「去知」、「黜聰明」等不同的詞彙來表達這種「無知」的素養，當一個人真誠地、謙虛地說自己一無所知時，就不會自以爲已摸透大自然，就不會企圖操控大自然及它的一切資源，此時此刻反而會打開自己的心，向神聖者開放、向他人開放、向大自然開放，而做到張載所謂的「大其心，則能體天下之物」（《張子全書．大心篇》）。「無」字在道家詞彙裡常在靈修素養的上下文出現，含有靈修上的往上提升或內在超越的意涵，不宜僅從存有學角度來解讀。在這意義之下，我們的大學生也可以一步一腳印地自我勉勵，挑戰自己走向「無知」的頂峰，不再因人間的知識學問而狂妄自大，並造成毒害大自然的後遺症。

三、無己

孔子的消極素養「四毋」的最後一個是「毋我」，已看出當我們不再以自我爲中心時，才可能顧及別人和大自然。莊子以「吾喪我」、「無己」（〈逍遙遊〉）、「忘己」（〈天地篇〉）來表達這種素養，這是繼老子的「無欲」「無知」之後，自然而然達到

的境界，一個人如果可以超越自己的自私欲望，然後又超越了自己的心和知識，其實他已經進入了「無我」的靈修境界，這不是存有學意義的沒有自我，而是在靈修意義上超越了自我，否定了自我，更好的說法是遺忘了自我，甚至還有高人進入了「忘忘」之境，遺忘了自己已遺忘自我這件事。總之，忘我或無我是一種高層次的環境素養，我們若達到這階段，就不會有任何想要占有大自然事物的念頭，不會榨取或浪費大自然的資源，而覺得自己已經與天地萬物同屬一個身體了。然而今日世界這樣的人實在少之又少，或許只有那些修道人士或隱修士才有可能做到吧。可是這些人的表現已有某種程度的鼓舞作用了，至少它讓我們沒有藉口說「為人不可能」，相反地，這些表現為我們露出了一線希望——人類可以做到「無己」的地步。

四、修身行仁

儒家非常注重道德修養，「修身行仁」是具有儒家特色的環境素養。孔子認為一個修身行仁的人，同時會是智者、仁者、勇者，這樣的君子自然會喜愛大地山水，樂在山水中，他說：「知者樂水，仁者樂山。」孟子的「存心養性」的工夫和「仁民而愛物」的實踐，已清楚告訴我們，一個著重修身的仁者，終會進一步延伸到關懷大自然的事物。〈中庸〉主張修身要從「性、中、誠」的人性出發，經由率性、致中和、至誠等「成己」的環境素養，便可達到「天地位焉，萬物育焉」的參贊大自然的「成物」工程[10]。從以上早期儒家對修身養性的強調，指引國人行仁，由近而遠，最後推展到大自然，因此，在這大家「向錢看」的功利世代，儒家所開發出來的修身行仁的環境素養，歷經兩千多年來無數先聖先賢的實踐證成，身為後代的我們實應步其芳蹤。

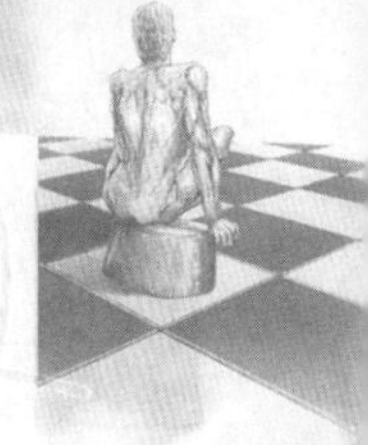

五、靜觀體證

這種特殊的素養有別於人的感官與理智的認知能力，它是一種超理智的洞識（insight）、直觀、智慧，它是由整個人的生命各層面出發，以一種整全觀去觀看大自然或萬事萬物。老子以「觀」字來表達這種靜觀中的體驗，他認為一個道行高深的人「不出戶」、「不窺牖」，不用感官，不用理智推理，就可以知道天下萬事萬物，並洞見天道。因為他不用感官來看見事物，便全然明白、了然於心而得到眞智慧（《老子 47》）。老子在大自然裡體悟出整個大自然，均在回歸眞「道」的過程裡，並將這種體證稱為「觀復」（《老子 16》），這種「觀」不是一般人所說的觀察或看見，而是近似於洞識。由大自然觀道，再由道返觀這個自然界，是老子運用「靜觀」素養的功效，他說：「以身觀身，以家觀家，以鄉觀鄉，以國觀國，以天下觀天下。」（《老子 54》）漢初《淮南子》再次透露出這種神祕主義者慣用的靈修法，而用「以身體之」，表達了人類能以整個生命、整個人去體驗。宋代大哲學家張載倡導「大其心」打開心門，以體驗天下自然界中的萬物（〈大心篇〉）。程明道可以說是中國古來的靜觀大師，他以「覺」、「認」、「識」、「觀」、「體」等字來表達這種靜觀祕訣、體證的深奧工夫，即便是一件芝麻小事如看小雞或把脈，也能體會到大自然中的天性──仁（即天生的生命力），難怪他說:「觀雞雛，此可觀仁。切脈最可體仁。」（《二程集．遺書 3》）以及「萬物靜觀皆自得」之類的話。朱子進一步將小程子伊川所說的大「公」無私、「仁」與大程子明道所強調的「體」證等三者加以區分，指出體證天人一體必在已修成仁德之後的境界，因為「聖人都不說破，在學者以身體之而已矣。」（《朱子語類 6》）後

來陸象山以「知識」來表達體證出來的「智識」或智慧，和今天的知識大不相同。到了明代的王陽明為化解兩學生的爭論，在天泉橋證道時，將體證法區分為四句教及四無教，前者類似漸悟法，後者似頓悟法。總之，一個人除了感官及理智的兩種認知官能之外，古代賢哲又為我們開闢出一條另類的進路，它是人與大自然可以更整全地、更直接地接觸的一種官能與管道，透過這管道，我們更容易看出大自然與人原是一體的親密關係。在資訊科技突飛猛進的當代，它仍然有著特殊的地位，有其存在的價值。

縱觀以上中國環境思想的四大學派所提供的七大環境倫理原則及五大環境素養，正是二十一世紀的台灣甚至整個地球村所需要的環境思想，它可以彌補西方現代環保思想的不足。

第二節　西方現代的環保思想

對台灣民眾來說，一提到環保就會想到資源回收，好像大家都以為環保思想只有一種而已。西方的環保思想果眞只有一種而已嗎？這也是一個挺有趣的問題。在西方環保思想的發展過程中，總共出現了三大學派，由於正在成形中的第四學派日形重要，所以也列入本單元的介紹範圍之內。也許有同學會問，我活得好好的，我為什麼要管生態環境的問題？或者說，就算我想注意環保，到底有哪些重要的環境思想值得我們關注？在此，我們將這一節分為西方環保思想的發展與三大學派、人類需要關懷環境的理由、西方環境倫理的基本原則等三部分來說明。

西方環保思想的發展與三大學派

世界上的環保運動及思潮是西方出現「生態危機」(ecological crisis)之後，思想家開始探索後蔚成的風潮。一九六七年美國加州的歷史學教授林懷特(Lynn White, Jr.)發表〈我們的生態危機的歷史性根源〉一文，宣稱科技帶來的生態浩劫，而指證元凶就是猶太——基督(Judeo-Christianity)宗教，認爲那是因爲聖經的教導，西方發展出工業及科技，破壞了生態。後來經學者們繼續研究而發現：生態危機的元凶根本不能化約爲基督宗教，因爲還有很多其他的原因，其中之一是希臘哲學。過去基督宗教對聖經的詮釋，誤導了西方的學者偏重對科學的研究及取用自然資源技術的探索，導致忽略對大自然生態的維護，對生態危機實應負部分的責任，其實，西方生態危機節節升高，主因之一是基督宗教的衰退，所以基督宗教對生態危機不必負全部的責任。然而，希臘哲學及西方哲學的負面影響也應負部分的責任。首先，古代希臘的原子論認爲世界全部由原子組成的，原子只是物質，不是精神，因此世界上沒有精神，只有物質。其次，柏拉圖主張二元論的觀念論至笛卡爾的二元論，將觀念世界與實在世界兩分，並將人兩分爲靈魂與肉體，影響西方人將大自然與文化兩分，只重文化，輕視大自然的現象。這些西方哲學的精神塑造了近代西方重歸納、物質、量化、機械論模式的原子物質主義(atomic materialism)，終於導致西方不斷開發自然的資源，而有剝削自然的傾向。

基督宗教的聖經中，如創世紀中記載天主要人類治理大地，並沒有要人類去壓榨大自然，而是要人類好好地管理大自然，要

人類做個好管家。在新約中，聖保祿在〈致哥羅森人書〉信中，指出整個大地、大自然將來都要得到救贖，可見基督宗教的經典原本對大自然有某種程度的關懷，而且對大自然的評價也很高。十三世紀聖方濟的〈受造物之歌〉(Canticle of the Creatures ，又譯爲 Canticle of Brother Sun)，將大地看成母親，把大地的萬物（鳥、花、水、日、月等等）稱爲兄弟姊妹，視同家人。聖方濟在謙卑的小蟲（詠廿二 7）中找到了基督，他關心所有的受造物，不論痲瘋病人或卑賤的小蟲，都是他關懷的對象，他那膾炙人口的馴服古比歐（Gubbio）之狼的故事，更突顯出他以兄弟親情及謙敬對待受造物的精神，甚至連抨擊基督宗教的林懷特，也推崇聖方濟爲生態環保的主保（守護者）。十六世紀的天主教聖本篤（Benedict of Nursia）在歐洲各處建立隱修院，隱修士用心改良土地，排乾沼澤地，勤勉耕種田地。這種本篤模式對待地球的態度是尊敬、感激、忠實管理與關懷，而不是濫用、榨乾土地。隱修士僅依賴當地的產品生活而不仰賴外來或進口的資源，呈顯出簡樸的特色。聖本篤的這種託管理論，影響歐洲甚鉅，堪稱爲「地球神學」的開創者。當代的天主教學者如霍克（Mathew Fox）、貝瑞（Thomas Berry, CP）、麥大納（Sean McDonagh, SSC）、熙篤會隱修士牟頓（Thomas Merton, OCSO）等等不斷研究及發表論著，共同關懷自然生態。簡單地說，基督宗教從聖經到當代天主教學者不乏關懷大自然的信徒，對環境倫理也產生一定程度的正面影響。

西方的環保運動眞正的興起，可以從一八七六年起，美國「國家公園之父」繆爾（John Muir）開始推動原野保育及國家公園；一九四九年，美國「生態保育之父」李奧波（Aldo Leopold）的名著《砂地郡曆誌》（*A Sand County Almanac*）出版，主張大自然是個生命社區（biotic community），呼籲世人對大地應懷著一種新的倫理。一九六二年，美國的卡森女士（Rachel Carson）出版了環保經典之作《寂靜的春天》（*Silent Spring*）以後，掀起了全國的環保運動。此後，世界各國政府對環境保護工作也陸續展開。

到了七〇年代，環境哲學及環境倫理學興起後，就進入了百家爭鳴的時期。美國、英國、加拿大、挪威、澳大利亞等國的哲人合作研究環境思想。一九七二年，聯合國宣布「人類環境宣言」。一九七三年，澳洲哲人辛格（Peter Singer）出版《動物解放》（*Animal Liberation*），宣稱人類應平等對待動物；同年，挪威哲人奈斯（A. Naess）更進一步提出「深度生態學」（Deep Ecology），主張大自然中的生物、無生物都具有內在價值的「整體論」。一九七四年，巴克斯特（W. F. Baxter）以「人類中心論」立場發表〈人或企鵝〉一文，主張以成本效益分析（cost-benefit analyses）的經濟進路去處理環境問題。

八〇年代以後，環境學者輩出，例如，美國哲人科倍德（J. Baird Callicott）承李奧波的思想，嘗試爲環境哲學的整體論奠定理論基礎。（一九八二年，我國才在衛生署下設置環保局。）一九八三年美國哲人李根（Tom Regan）站在義務論立場，強調動物（特別是哺乳類動物）權和動物生命的地位。一九八五年，美國環保哲人迪佛（B. Devall）和謝遜斯（G. Sessions）合編《深度生態學》（*Deep Ecology*）一書。一九八六年，美國學者泰勒（P. W. Taylor）出版《尊重自然》（*Respect for Nature*），主張個別的生物都具有天賦價值，人應以環境倫理原則對待一切生物。（一九八七年，我國的環保局升格爲行政院環保署。）一九八八年，羅斯頓（H. Rolston, III）的《環境倫理學》

（*Environmental Ethics*）試圖提出「系統價值」（systemic values）以鞏固環境哲學整體論的基礎。從這年代起，西方環境學者開始注意到東方的道家及佛教中的環境智慧，然而大都僅採用其中的部分見解而無法代表此兩大生態思想的精華。

學者將西方環境思想分爲三種立場，筆者的研究發現第四種立場已儼然成形：第一、人類中心論（anthropocentrism）：如巴克斯特、哈格羅（E. Hargrove）、墨帝（W. Murdy）、挪耳藤（B. Norton）等，它不否認人應保護環境，但關懷自然的主要目的卻在於人的利益，以人類爲中心，認爲人類具有優越性，人是自然的主人，大自然對人只是工具性價值。全世界大約 85 %左右的政府採取這種立場，倡導環境保護及資源回收。第二、生命中心論（biocentricism）：如史懷哲（A. Schweitzer）、辛格、李根、泰勒等，強調有生命的動植物應一視同仁，受到人類的尊重。由於它偏重個別的生命勝於整個生態系統或生命社群（biotic community），又稱爲環境個體主義（environmental individualism）。第三、環境整體論（environmental holism），如李奧波、奈斯、迪佛、謝遜斯、羅斯頓、科倍德、馬秀絲（F. Mathews）等，這學派強調環境倫理應包含整個地球、生命社群、生態系統，甚至整體大自然、整個宇宙。因它側重整個生態系統，所以又有「生態中心論」（ecocentrism）之稱。又由於它極力倡導新倫理應該推廣至動植物以外的無生物，而與人類中心論及生命中心論相形之下，可說是徹底、激進的環境思想。第四、西方整合論，目前有些西方的學者試圖綜合西方各家的環境思想，提出比較整合及平衡的見解，以加恩森（Lawrence Johnson）及貝瑞（Thomas Berry）爲代表人物，這一派對於大自然的神聖性及原住民的生態智慧尤爲重視，筆者特別將這種最新的環境思潮稱爲「西方整

合論」(an integrated Western environmental philosophy)環境哲學。

人類需要關懷環境的理由

至於我們要如何做環保的問題，除了「地球資源有限」這個婦孺皆知的理由之外，還有整體性、內在價值、生態多樣性(eco-diversity)、未來子孫、審美價值、宗教價值等六個主要的理由。

一、整體性

相連性、相依性 (interdependence) 兩者最共同的理論原理是整體性，莊子以道在大自然中，且以氣的形式具體的存在於大自然萬物之中，因而透過「道通爲一」，使整個大自然連成一個密不可分的整體。日後的宋明儒家喜愛以「理」字取代「道」字，而有「理一分殊」的理念，以「道」爲大自然萬物的同一根源，成爲一個整體一般，雖然分出的萬物是萬殊的，卻因同樣出於一個理，具有「同源性」，又有著無法逃避的「一體」性，彼此都有一種來自理或道的氣，因此大自然裡的萬物是相連相通的。王陽明就曾以「故五穀、禽獸之類，皆可以養人；藥石之類，皆可以療疾。只爲同此一氣，故能相通耳[12]！」說明了天人之間的「相依相連性」。

環境整體論由迪佛至馬秀絲，均由宇宙論進路說明人與大自然的相連相依，如嬰兒與母親間的臍帶相連一般，而有大宇宙與小宇宙、父母與子女、直接與間接之區分。馬秀絲認爲有一種「生態自我」貫通著整個宇宙，使人與大自然之間有形上根據，與道家有異曲同工之妙。他的生態子母系統（類似中國的大小宇宙）及「生態相依性」的論述，將宇宙看成整體與部分的關係，整體是父母系統，部分是子女系統[13]。當代西方的環保大師——貝瑞認為大自然有一種「整合的功能性」（integral functioning），使整個宇宙保持一個整體。這種宇宙大自然的整合天性或律則，所施展的功能與宋明儒家所謂的氣，相當類似。他也指出「所有的物種都由同一源頭而來」，肯定大自然萬物的同源性。綜合來看，中西的哲人都不約而同地肯定整個宇宙是一個整體，彼此密切相連、相依，為此，我們應關懷這個大「身體」——大宇宙。

二、內在價值

強調「動物倫理」（animal ethics）的李根，就認為自然界中的動物植物本身天生就有一種天賦的價值（inherent value），他以動物為例，先看清人類中可以分為正常的道德者（moral agent）及道德病患（moral patient），後者如嬰兒、精神錯亂者、衰老者，我們仍要以人來看待他們，而不可以視為人類的工具，任意處置；同理，對待動物時，也應尊重牠們並承認牠們天生的內在價值，具有基本的類似人際倫理道德的權利。整體論者羅斯頓進一步指出不可將內在價值孤立來理解，他主張整體生態的價值是由各層次的內在價值與工具價值交織在一起的系統價值（systemic value），依人類、動物、植物、無生物（如山、水、石）等級的不同，其中的兩種價值就有多寡的區別，如石頭的內在價值少，工具價值多；動物則是內在價值多，工具價值少。如此一來，使得自然生態更具多樣化、更和諧、更美麗。

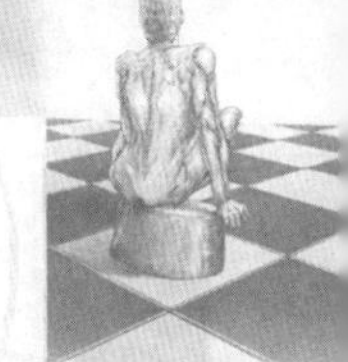

三、生態多樣性

西方整體論者奈斯極爲重視「生物多樣性」(biological diversity)，在他的環境倫理八大基本原則之中， 就有兩大原則提及多樣性，他認爲大自然中有形形色色的生命，這種多樣性(diversity) 有助於這些生命的自我實現。人類除非爲了維持自己的生命，無權破壞這些生命的多樣性和豐富性[14]。但奈斯的觀點，忽略了生物以外千萬種不同無生物的豐富性，我們實在可以「生態多樣性」來修正學界還在流行的「生物多樣性」概念，也就是說，「生態多樣性」這概念所涵蓋的範圍大於生物多樣性，不但包含動植物，也包含人類及無生物。

中國宋明儒家很喜愛「靜觀自然」，他們靜觀窗前的雜草(周濂溪、程明道)，靜觀驢鳴 (張載)，以觀天人的關係及大自然的「生意」；靜觀小雞 (程明道)，以觀大自然與人性的共同點——仁；靜觀小魚 (程明道)，目的是「欲觀萬物自得意」。程明道的詩句道出了宋明儒家的共同經驗：「萬物靜觀皆自得」(《二程集．文集》)，其中隱含著他所靜觀的是生物多樣性之美。相對而言，朱熹偏重於理智，他將張載「理一分殊」的概念顯題化，並融合了周濂溪〈太極圖說〉，將「理一分殊」轉向宇宙論課題，解決了偏重一及偏重多的兩極觀點。朱熹主張太極是宇宙萬物的根源，認爲萬物之間有種種的差異性，但在差異中卻又存在著某種程度的共同點。他在詮釋《易經》生生不息的宇宙觀時，說：「一穗有百粒，每粒個個完全……物物各有理，總是一個理[15]。」總之，不論從西方環境思想家或中國哲學家的思想，可以看出都主張自然生態的多樣性。

四、未來子孫

關於爲未來世代負責，道爾（Nigel Dower）以核能電廠個案爲例，指出核電是眾所皆知，在我們之後所存在的未來後代，他們將面對污染地區、荒廢的核電廠、存放核廢料的所在地等等生態問題。他提出的一個問題是：「如果核能的負面效果爲未來後代眞是一個問題的話，我們還想做嗎？」道爾要說的相當於挪耳藤所提的「現在與未來分配原則」。人類爲了發電、灌溉、航運等利益，而破壞河川（如長江截流築壩），影響動植物的生態，結果對現在和未來的人類不是弊多於利，就是遺禍萬年。簡單地說，爲了後代的子子孫孫，我們實在有責任將自然環境維護好。

五、審美價值

即使只強調人類利益的人類中心論者也承認大自然及其中的動植物、無生物都含有自然美。自然界事物的他性（otherness）與人類之間保持一種距離，而產生一種美感，吸引人類喜歡接近它們，與之重修舊好，如此，人類與大自然的和好本身也是另一種難得的美。朱熹所講的萬物差異性就蘊涵了生物多樣性及其中的美。陳白沙非常愛欣賞大自然，在大自然中可以靜觀「鳶飛魚躍」，可以「浩歌長林」、「孤嘯絕島」、「弄艇投竿」、「賞花望月」等等美景。方濟的言行總是流露出他對大自然多樣性的欣賞與喜樂。他自己不但觀魚賞花，喜愛山水、日月星空，還喜歡與夜鷹、蟬合唱。貝瑞也受到方濟的影響，指出大自然的美在於它的多樣性，由多樣性所組成的天籟美景，千變萬化，啓動了我們的神聖感，亦可激發我們的情感、想像力、洞識[16]。他強調教

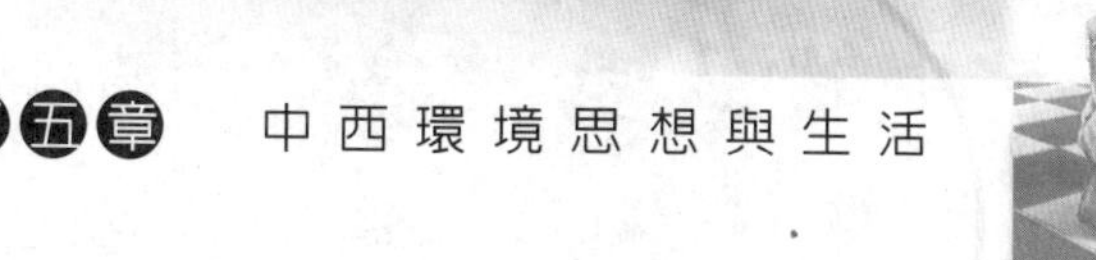

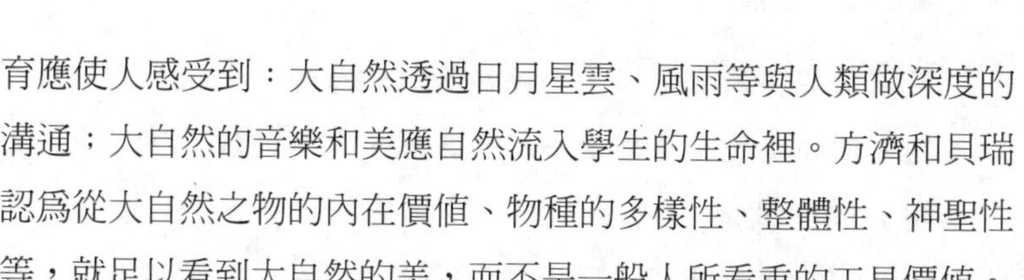

育應使人感受到：大自然透過日月星雲、風雨等與人類做深度的溝通；大自然的音樂和美應自然流入學生的生命裡。方濟和貝瑞認爲從大自然之物的內在價值、物種的多樣性、整體性、神聖性等，就足以看到大自然的美，而不是一般人所看重的工具價值。

六、宗教價值

美國的貝瑞特別研究美洲原住民——印地安人的環境觀，發現印地安人有著偉大的靈性傳統，就像印度的神聖超越性、中國的密契（舊譯爲神祕）人文主義（mystical humanism）、歐洲歷史中的神聖救世主等神聖感。美洲的印地安人則有一種獨特的自然神祕主義（nature mysticism）。他們透過整個宇宙次序體驗到神聖的臨在，並在族人間建立了整合的靈修方式。宇宙、人類和神聖者等三者以一種獨特的方式彼此臨在（presence）[17]。印地安酋長寫的信中表達了：「大地是神聖的」，大地上的每一事物（如松針、薄霧、草地）都是神聖的。

羅斯頓特別提到，一個人接近大自然也會提升他的宗教靈修層次，因爲自然荒野（曠野）提供了一個教堂似的背景，不但能鍛鍊人類的體魄，也可以歷練人類的精神生命，大自然中的荒野似乎可作爲人類逃避都市或世俗的聖所，也可作爲接近和體驗終極實在的場所。再者，人類把麵包、酒、水、道路、山、河、火光等自然象徵當作聖事（聖禮）中最神聖的成分。甚至，連那些無法適應教堂寺廟中刻板儀式的人，在大自然中也能找到終極實在，或增進宗教修持工夫[18]。羅斯頓還特地寫了一首〈森林是教堂〉的詩，詩中說：

> 森林就像一座教堂，樹木的枝椏鑲嵌於碧空，就像大教堂的尖頂劃過藍天一般……森林的頂冠挺拔聳立，俯視

其下的芸芸眾生，因此，森林和教堂一樣，邀請我們超越人間的處境，深刻地去經驗寬闊、包容的境界。（陳慈美譯）

羅斯頓的這首詩充分表達了森林或大自然充滿著神聖性，具有無限的宗教價值。由此可見印地安人原本很關注大自然，而西方的環境思想家則有日漸注重大自然的宗教價值的趨勢。

總之，由上述西方哲人的六大理由，足以推知人類具有保護生態的天職。大自然的存亡取決於人類對大自然的維護或破壞。

西方環境倫理的主要原則

西方已然成形而且公認的三大學派，加上逐漸成形的整合論共四大學派（即環境倫理的四大立場）中，所提出的環境倫理原則很多，其中有些大同小異的原則，筆者將西方各學派中精選出較有特色的十大環境倫理原則，以此十大原則來省思中國哲人的生態智慧，對今日身爲知識份子的我們，頗具啓發的作用。

一、人類中心論

西方人類中心論的環境思想均以人類利益爲最終考量的標準，它提出兩個廣爲世界各國政府所採行的政策的理論基礎，亦即持續性原則和生態旅遊原則。

(一)持續性原則

此立場所倡導的持續性（sustainability）或持續發展（sustainable development），後者在台灣常被人誤譯爲「永續發展」，奧地利籍的谷寒松多次公開指正這種錯誤，他擔心這術語的錯誤翻譯會帶來錯誤的環保概念。持續性原則是針對經濟與環保的問

題而發的，主張發展理論與政經制度同時顧及經濟成長與環境保護，以可行的策略回應全球性的生態威脅。「國際自然保育與自然資源聯盟」與聯合國的世界野生生物基金會等國際組織，正式以「持續」概念來表達環保與經濟成長之間的理想未來。一九八七年「布蘭德蘭報告」(Brundtland Report)，即環保經典《我們共同的未來》(*Our Common Future*)所推動的「持續發展」概念，它強調要「滿足現代人的需要，且不損害未來人類的需要[19]。」並呼籲窮國與富國爲了拯救全球生態，在講求經濟起飛之際，要注意生態的保護，才有「持續的發展」的可能。可是，第三世界看到西方國家已發展了工業科技，享盡了富貴生活的好處，他們先把生態給破壞了，反倒要求窮國限制污染的指數以維護生態，因此第三世界的反應極爲冷淡。可見持續性原則理論很好，然而實踐上卻有其困難。此外，它與早期儒家的「愛心管理大自然原則」同樣屬於「溫和人類中心主義」的立場，也同樣主張重視經濟發展之際，不可輕忽環保工作；儒家講「制天用天」的經濟發展以及「其生不傷」的環境倫理，和西方的持續性原則很接近，由於集思廣益，如今後者已有日漸完備之勢，今天它儼然成爲人類中心論的特色。可是，因它只以人類的經濟利益爲優先考量，在這原則之中卻欠缺了儒家那份對大自然的關愛之情[20]。所以，我們的政府及學界，除了應該儘早將「永續發展」改爲「持續發展」之外，還可以將儒家的生態智慧融入這個原則中，進而積極地修正我們的環境教育及政策。

(二)生態旅遊原則

台灣學者陳章波將「生態旅遊」定義爲：「以自然原鄉環境爲基礎，建立在保育、管理與教育之上，並結合文化與產業，使地區得以永續發展的旅遊方式。它不僅滿足了我們對探索、研究

和欣賞的需求，也教育了我們熱愛生命及維護棲地的行爲。」觀光客追求經驗、生活的品質與旅遊點的環境保護之間如何取得平衡是不可輕忽的。強調休閒所含的個人「自由、自主和選擇」之概念，其中環保問題的關鍵在於旅遊業，在它的廣告技巧之下，人可自由到什麼程度而能自主和選擇？因此要評鑑休閒倫理，不是由觀光客著手，而是旅遊業開始。旅遊休閒的開發（如觀光區、休閒區、別墅區、高爾夫球場、遊樂園區等等）與過去化工的開發不同，表面上建設了美麗優雅的環境，充分利用空餘時段，似乎不會產生公害，其實仍由服務業的大企業大財團所包辦，正大規模地破壞大自然[21]。這問題需由產、官、學三界的協力合作、集思廣益，並眞誠地改善既有的政策及旅遊整個過程的企劃，本原則才能發揮它的實際功效。

二、生命中心論

西方生命中心論的環境思想均以地球上有生命的動物和植物，特別是瀕臨絕種的動植物列爲首要保護的對象。在這學派中，以泰勒的環境倫理思想最爲周密，它最具特色的原則有尊重自然、誠信、優先等三個原則。

(一)尊重自然原則

生命中心論比人類中心論更深入、更詳盡地指出尊重大自然的原則，從史懷哲、辛格、李根到泰勒，越來越清晰表述這個尊重生命的原則。史懷哲含蓄地談論尊重生命的概念，辛格模糊地提出尊重動物的原則，李根正式拉開尊重原則的序幕，但偏重對動物的關懷而忽略了植物，泰勒則進一步提出尊重生命原則，不但關心動物，也關懷植物，這也是羅斯頓稱泰勒的原則爲生命中心原則的原因。泰勒以書名表達了這原則及態度的重要性，如今

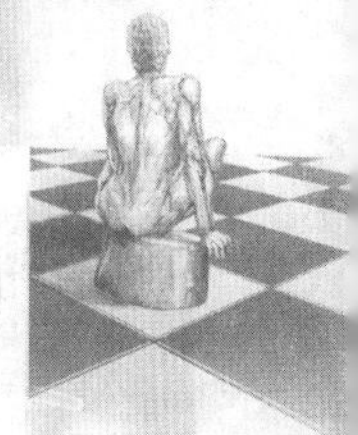

已深獲世人的迴響，功不可沒。尊重生命或尊重大自然消極地說就是不傷害生命或不傷害大自然。環境整體論者羅斯頓將這種原則稱爲普遍仁慈原則，但人類沒有義務協助迷路的動物返家，人類關心生命，但更應關心物種的生存及無生命的生態系統[22]。此原則要與西方整合論的「物種等級」原則合著看，按自然中物種的等級，「平等而公平」地對待大自然，才是眞正的尊重大自然。

(二)誠信原則

誠信（fidelity）原則，來自尊重自然原則。信賴我們的野生動物，雖然不能與我們人類簽約，但我們仍應該以誠信對待牠們的忠實，不可以失信於牠們，更不可以誘獵、設陷阱、釣魚來欺騙野生動物。獵人打獵常用欺騙野生動物的手法，如打鴉獵人以假鴉並模擬野鴉聲音，打海鳥獵人常以一受傷海鳥爲餌吸引眾海鳥，打烏鴉獵人以錄音誘拐眾烏鴉，這些欺騙行爲均不合乎這個規則。又如置陷阱和釣魚都用類似手法，先以誘餌取得野生動物的信任，接著立即背叛牠們。雖然獵人常自稱自己尊重動物，但欺騙動物爲的是對欺騙者帶來某種利益。違反此原則的人，必同時違反不傷害原則與尊重自然原則[23]。如果這個原則的內容我們可以接受，那麼我們還要去釣魚或至山產店吃烤野鳥嗎？相信我們不會回答說「還要」，因爲在人際之間，一個沒有誠信的人在社會上是站不住腳的，同理，種際之間的道理也一樣。

(三)利益衝突時的優先原則

有些人以爲所有環境思想家既古板又固執，對他們而言，一定沒有例外，其實不然，因爲既然稱爲原則，就表示有時可能會有例外情況發生，爲處理這些特殊情況，生命中心論者泰勒提出了優先原則，它是由五個小原則所組成的。泰勒以銳利的分析方

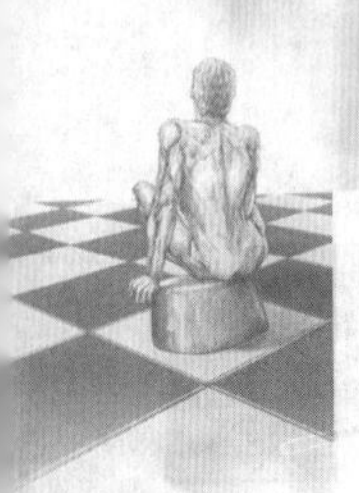

式提出五種特殊情況的處理原則[24]，我們也可以把它們看成五個彈性原則，這是當人類遭遇到兩難的環境倫理問題時的考量準則，也就是說，在進退唯谷的困境下，我們應先問自己的行爲是否爲了人類的基本利益，答案若爲「是」，然後就可以採行下列任何一個優先原則。

1.自衛原則

泰勒認爲道德者爲求保護自己，必要時可以殺害那正要傷害人類的生物，這就是自衛（self-defense）原則，使用這原則的時候，要注意以最小的傷害來阻止此生物。有危害道德者的顧慮是指此生物的行動威脅人類道德者的生命及最起碼的健康而言，而且道德者已經盡力預防各種可能的危險。泰勒還論及此原則適用於非人類的生物，當非道德者（如精神錯亂或重度智障者）危及非人類時，非人類可以殺害危及牠們的這類「非道德者」[25]。

2.相稱原則

當人類要追求與尊重自然不相容的非基本利益（不是爲生存的需要），而與動植物的基本利益起衝突（如殺大象取象牙製造器物，或殺鱷魚取皮製皮鞋，或釣魚、打獵當休閒活動）時，就違反相稱（proportionality）原則。此時的態度屬於「壓榨」型，只把野生物當做達到人類目的之工具，否認牠們的固有價值，這在環境倫理上是錯誤的，因此，根據泰勒的看法，在比例上，非基本利益的行爲不可超過基本利益（後者的比重應高於前者），前者應受到約束或禁止，製皮鞋、釣魚、打獵等行爲應受到限制。

3.最小錯誤原則

泰勒主張最小錯誤（minimum wrong）原則，認爲當人類要追求與尊重自然相容的非基本利益（不壓榨動植物），而與動植

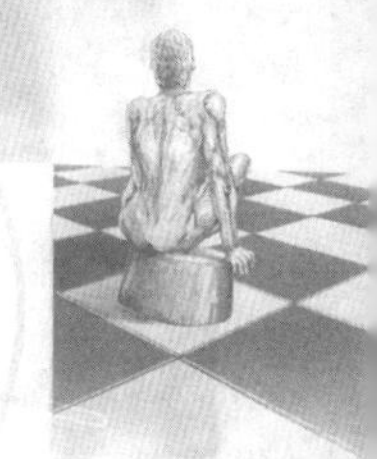

物的基本利益無可避免地起衝突（如蓋藝術博物館或圖書館、建造港口或發電用的水壩，而毀掉野生動植物的居住地，並污染環境），若毫無選擇餘地，或無其他可替代的方案時，則許可人類對不害人的野生動植物做最小的錯誤，而損害野生動植物的基本利益，但遵循這原則時，還要以補償正義（restitutive justice）原則來補足。以現代獵人爲例，獵人似乎遵守此最小錯誤原則而符合環境倫理。實際上，打獵若只是一種娛樂時，它就是人類非基本利益，依泰勒的理念是低於動物的基本利益，而且也不見這些娛樂性的獵人有明顯的補救措施。泰勒這原則本來立意良好，但一遇到與人類利益有關的倫理判斷時，它就掉入物種主義的陷阱，所以，這原則最好修正爲：如果人類爲追求自己的基本利益，而會傷及所有（不僅是野生的）動植物時，應採取最小錯誤的處理方式，事後還得做相當的補償措施。例如，爲一個不釣魚就活不下去的海釣客來說，釣魚不是他的生活基本需要，他可以或更好說應該將釣魚鉤的倒勾剪掉，以免將上勾的魚擲回原來的水中時，無法倖免於死亡。這種剪倒勾的行爲就是依循本原則的佳例。

4.分配正義原則

分配正義原則是指人類與其他生命社群（biotic community）的成員，平等（公平而正義）地共享同一地球的資源。當我們遇到人類與無害的動植物之間有了利益衝突時，這原則就提供了一個拿捏正義分配的準則。由於地球上各地的自然資源分配不均，有些特殊環境，如原住民或北極人，只靠打獵及打魚爲生，或獵殺鯨魚和海豹，或者捕殺野山羊，他們實在是爲了生存，不得已而殺害野生動植物，此時便適用分配正義原則，這些特殊行爲在環境倫理上是容許的。至於在一般情況之下，人類的基本利益

（如營造建築物以維生）而與野生物的基本利益衝突時，人類應該考量野生物永久棲息地的安置及其完整，或者採取輪替（rotation）使用自然環境（如採礦區、臨時工寮、採收蠔蚌之濕地等）的方式，使野生物有足夠復原的時間。最後，要注意的是這原則也應採用補償正義原則來補救。因此，有條件地開放部分野生動物給台灣原住民，以解決他們的生活所需及宗教祭典的供品來源問題，是亟待處理的問題。

5.補償正義原則

泰勒所提出的補償正義原則，不但關懷動物也兼顧植物的補償。他認爲這個原則是最小錯誤原則與分配正義原則的補充，其實也是自衛原則的補充。人類在環境倫理層面上，犯了最小的錯誤，或在分配資源時，傷害了無害的動植物以後，爲了恢復生態正義的平衡，就得靠這個原則來補強。在做補償工作時，得注意補償「善行的數量」要與所做的「惡行總數」相當，它的基本概念是「傷害越大，補償就要越大。」補償工作儘量以整個生態系統或生命社群的健全及完整爲主要考量，不是狹隘地照顧某種動植物而已。因此，設置某些自然棲息地，例如在寶島的海濱或河畔復育紅樹林，或者投入野地的保育，好比近幾年來，台灣荒野協會接二連三地，在國內設法購置及照顧政商要開發的一些沼澤地，這些都是補償正義原則的最佳典範。

上述五個泰勒精心規劃的優先原則，是人類在環境問題上遇到進退兩難問題時最好的參考，雖然其中有些不盡完備，但我們可以逐步來修正它，使得明日的大自然更完整、更平衡、更美。

三、環境整體論

不但關心人類，而且關切生物，環境整體論更進一步從整個

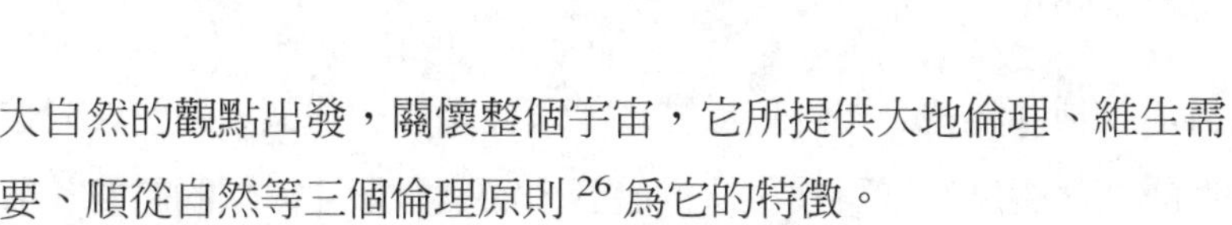

大自然的觀點出發，關懷整個宇宙，它所提供大地倫理、維生需要、順從自然等三個倫理原則[26]爲它的特徵。

(一)大地倫理原則

李奧波是全球第一個正式提倡大地倫理原則的人，他提醒我們不要再把使用土地適當與否的問題僅想成經濟的問題，而要從道德和審美的觀點來考量，要以大地倫理「完整、穩定、美」的原則作爲評量大自然的標準。換句話說，李奧波認爲人類做任何事物若傾向於保存生命社群的完整（integrity）、穩定（stability）及美（beauty），就是道德的，否則就是不道德的。

幾年前應邀來台演講的科倍德，曾出版《爲大地倫理辯護》一書，就把李奧波的大地倫理，詮釋爲「生命社群的善（the good）是道德價值的最後標準」，他格外強調大自然、生命社群整體的價值，而不太重視個別生物可否獵殺的問題。在某些地區，爲了保護生態環境免於因鹿群總量爆炸所引發的生態瓦解，而獵殺一些鹿，這是整體論環境倫理所容許的。最近（二〇〇五年）澳洲政府開始撲殺過剩的無尾熊就是這種理論的實際應用。又如家羊在某地方帶來傳染病，造成植物社群的生存威脅，依照大地倫理，殺害這些家羊也是容許的。嚴格地說，「大地倫理」在理論層面的原則是絕對不變的，但在現實層面的具體實踐上，它是相對地，容許我們因爲時間、地域的差異而有所調整。

(二)維生需要原則

奈斯首倡維生需要原則，認爲除非爲了維生的需要（vital needs），人類實在無權傷害大自然的豐富性及多樣性，維生需要可能會因著時間、地點、社會文化的不同而有所差異，如機器雪車對今日的愛斯基摩人而言是維生的需要。在物質豐富國度的人們無法一夜之間就減低需要，但也不能一再拖延而不理睬，因爲

目前物種瀕臨絕滅已百倍於往昔。因此整體論強調人類要與大自然認同、適度發展科技、持續發展，而反對把「人類的需要、欲望、利益」視爲高於非人類的生物，並批評消費主義、高度經濟成長、人口增加等。

再者，以打獵爲例，環境整體論者認爲除非打獵傷害自然環境，我們實在沒有理由禁獵，如果打獵對生命社群有利、有貢獻時，打獵就成了有道德的行爲。此主張與生命中心論者李根的個體主義（individualism）反獵的立場有天壤之別。科倍德則爲大地倫理辯稱，它無意爲救瀕危物種而毀掉人類，只呼籲把生命社群包含在道德生活內。也就是說，不但要我們承認自己生活在人類社群中，爲自己團體外的人應該做適度的犧牲；同理，也要承認我們人類生活在生命社群中，爲保護大自然也應做些適度的犧牲。

羅斯頓一針見血地指出，並不是所有人類的欲望都是「自私的欲望」，有些是維生的基本欲望。所以「在文化中的人類常會攝取或轉變自然價值——生物體的、物種的、生態系統的價值，這是許可的、需要的，但要有正當的理由，比重上要合乎自然界價值的損失，而這換來的是文化的價值。」

科倍德也同意羅氏所講的生態系統的環境倫理，也不禁止人類使用環境資源，而要求注意環境整體論及個體主義兩種倫理的限度。環境整體論要求人類使用環境資源時，應儘可能增進其生命社群的多樣性、完整、穩定及美；而個體主義對於人類使用自然資源（如個體的動物、植物、石頭、河川）時，要求人類爲了吃、住而取用自然物的時候，都要有人道地處理它們，並懷著尊重的心態。科倍德的見解頗似羅斯頓，但他多了一份人道的尊重，更合乎人性，更有愛心。

綜合來說，環境整體論者大多強調人類爲了生存需要，有正當的理由，可以有節制地、有人道地取用自然資源，甚至打獵也可容許，但不可誤以爲他們贊成打獵，因爲那是另一回事。

(三)順從自然原則

從消極面來看，順從自然原則就是「不干擾原則」。李奧波所講的「大地金字塔」（land pyramid）就是一般所說的生物金字塔，他認爲我們要先瞭解土地的生物機制，才可能以倫理來對待土地。從歷史與今日生態學的證據顯示：「人爲的改變越不激烈，則在金字塔中，成功的調節的可能性越大。」換句話說，李奧波的看法含有不要干預大自然的原則在內。後來的奈斯也認爲現代人類對大自然的干擾太大，使得生態急遽地惡化。他宣稱「不干擾」並不意味人類不該修飾生態系統，人類反倒應該繼續參贊大地的化育工作；至於人類可以干擾到什麼程度，則沒做清楚的交代。羅斯頓認爲在生態系統裡，痛苦是無法避免的，而且根據全面普遍仁慈原則，人類本來就有以仁慈對待動物的義務，但千萬不可以爲了幫助牠們脫離痛苦而干預牠們的生活。就算人類有不得已的苦衷而必須干擾自然野地時，也應該對野地的美懷有一份敬意。

從積極面來看，整體論者強調人類應該順從大自然的本性，照萬物的本來樣子對待它們。爲這觀點，奈斯強調保護荒野，認爲當今大部分野地的保護，範圍仍然不夠大。爲保存荒野地，人類應該多多提供動植物成長、發展的場所，他甚至主張人類有責任恢復受害大自然的原始風貌。頗具影響力的詩人施尼德（Gary Snyder）贊成奈斯的立場，進一步期望縮減90％的人口，以恢復自然環境的原始面貌，甚至宣稱應強迫人類撤離大部分的居住地。這種偏激的看法，導致後來的生態法西斯主義（Eco-fascism）

的崛起，並犧牲了人類其他的各種價值，其中似乎帶有自然崇拜的色彩。羅斯頓對於「順從自然」（following nature）這個環境倫理就沒有這麼極端，在他的名著《環境倫理學》中，指出我們人類沒有辦法「絕對地」順從自然律則，也不可能以純粹人爲方式去順從，只能「相對地」順從。所以，他將「相對地順從」又區分爲四種：

1.生態穩定意義下的順從自然

由於人類的福利在於生態系統是否穩定，所以當我們關心人類福利時，也要顧及生態系統穩定。甚至科學也不例外，它必須「選擇一條可以利用自然律來增進我們福利的順服自然之道」，因爲「我們研究自然，終究仍是爲了順從自然」。

2.模仿「人際倫理」意義下的順從自然

自然本身不知「道德」爲何物，縱使大自然中有知覺的動植物或生態系不是道德行爲者，卻很可能具有道德價值，我們並不是要以「人際倫理」來順從自然，而是應依照「種際倫理」（interspecific ethics）的標準來順從自然，例如，我們發現突如其來的洪水沖走馴鹿時，就順其自然地讓大自然去淘汰這馴鹿，不必去救這隻鹿。

3.價值意義下的順從自然

當我們看到一隻老鷹迎風翺翔而心曠神怡時，並不是因爲我們發明了這價值，其實，人類只是發現這價值而已。所以，當我們從「實然」的大自然進入自然有善的「應然」領域時，我們與自然之間就形成一種類似人際的道德關係了。基於這種關係，羅斯頓說：「一個終老一生於水泥地而未曾涉足於泥土的純都市人，畢竟只是個單面向的人；只有加上鄉野氣息的人，才能成爲三面向的人。」他的意思是：人類走入大自然，走進鄉野，走在

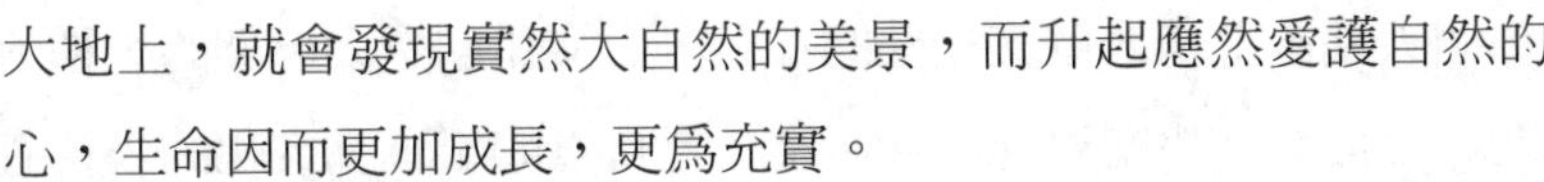

大地上，就會發現實然大自然的美景，而升起應然愛護自然的心，生命因而更加成長，更爲充實。

4.教導意義下的順從自然

宗教經典及宗教節慶教導我們人類應該怎樣效法大自然及順從大自然。自然生態也一直教導著人類，每個生命都是由四周環境所造就的，而不是自生的。大自然就是一個扮演著生老病死、苦樂、春秋的場域，大自然經常透過宗教層面的進路，使我們人類從大自然的外表看到它有兇殘、冷酷、爭鬥的一面，又從它的內在洞察它也有穩定、完整、美麗的另一面。所以我們應向無言的大自然學習生命的功課，才能與自然和諧共處。

羅斯頓所謂的「自然」，只限於野生的動植物及野外的山水，至於家禽及家畜就不算「自然的」(natural)，而是人爲的(artificial)。對動物解放運動者如辛格來說，家禽、家畜就是自然的動物，但對整體論者而言，野生的動物才是自然的，才是他們要保護的。事實上，依照整體論的順從自然原則，動物解放運動所重視的家禽家畜與整體論所偏重的野生動物及山水都是人類應該關心的對象。所以，人類在對待家禽或野生動物時，均應依照其自然天性去對待牠們，如此一來，順從自然原則才算名符其實的環境倫理原則。顯然整體論的弱點在於忽略人爲「馴養的」動物。

此外，在整體論裡如何看待「自然與文化」的關係呢？羅斯頓認爲自然與文化的關係是一個辯證的事實，自然是正，文化是反，在自然中的文化則是合。他肯定人類文化可以改善原野及大自然，而帶有儒家參贊天地化育思想的意味。雖然如此，他卻反對以科學管理荒野的方式，因爲這「就像在動物園中的野生動物，在概念上一樣地不可能」。馬秀絲也有類似的見解，她主張

每個人基本上是一個文化性的存有，而文化則是大自然的一種流露。也可從文化的表達來看，文化是自然的工具，文化的表達確保人類充分地與大自然整體相連。簡言之，整體論者羅氏和馬氏都認爲最後文化與大自然可以和諧共存。

總之，環境整體論的「順從自然」原則，一面從消極面呼籲人類萬萬不可隨便以人爲方式去干擾大自然，一面從積極面強調人類應該順從自然，雖然它的一些看法偏激了些，但羅斯頓從生態穩定、種際倫理、價值、教導等四種意義的相對順從，指出人類無法做到絕對的順從，同時又指出文化與自然並非勢不兩立，而可以是密切和諧、相輔相成的。

四、西方整合論

加恩森及貝瑞不完全贊同上述三學派的論點，因爲他們都執著於某個觀點，人類中心論執著於人類，而無見於動物和植物，也不夠尊重無生命的山和水等自然事物；生命中心論固守著有生命的動植物，而看不到無生物的內在價值；環境整體論雖然顧全了宇宙中的一切，卻將人與大自然的價值及地位視爲相當。而以加恩森及貝瑞爲主的西方整合論就兼含了三學派的優點，並試圖去除三派的的弱點。

(一)物種等級原則

加恩森主張平等原理，同時又主張物種之間有等級的差別。他認爲所有自然物（含個體、群體、物種、生態系統）具有天生的內在價值，雖然彼此份量、利益或程度有所不同，但人類都應該依照它的份量適度地對待它們。換句話說，有些生命的價值比其他生命更有價值，如黑猩猩比變形蟲更能依自己的權利過生活，但是人類「對每一條變形蟲和一隻黑猩猩都應以他原來是什

麼的方式來考量」。大自然裡物種間利益的差異，是存在著不同的等級，只要依其程度對待它們，就不違反平等原理。當物種與個體只能二擇一時，西方整合論會選擇物種，因爲物種的存亡，關乎生態系統運作的正常與否。這種「物種等級」（species ranking）的看法有助於人類對於不同事物給予適度的關懷，才不至於殘害大自然。

除了加恩森之外，貝瑞也是「物種等級」原則的支持者，他反對人類獨大的階層制，而是以每種自然物本身的特色去談論階層制。他以專章討論傳統的「父權制」（patriarchy），認爲那是過時的思維，未來女性的重要性將逐漸嶄露頭角。再者，貝瑞把「人類中心論」一詞看成「階層制」（hierarchy）的同義字，同時也反對平等主義（egalitarianism）把一切事物硬拉成平等的說法。

(二)視同家人原則

方濟會的聖方濟是個極愛大自然的人，他曾在寒冬裡餵麻雀和蜜蜂，也曾爲小羊贖身，不忍心砍伐樹木，看到路上的小蟲，就彎腰把它撿起來。他在病危前所寫的〈受造物之歌〉詠讚大自然，在詩中他以家庭的親情關係來描繪人類與大自然的關係，把自然界中的太陽、風、空氣、火等稱爲兄弟，而將月亮、星星、水、大地、甚至死亡稱爲姊妹。自然裡的萬物對方濟來說，同樣都是上帝的受造物，都是同一個根源，同一家人，將小生命看成同等的兄弟或姊妹。

貝瑞曾受到方濟和德日進的影響，認爲人類就像孩子，地球像母親。人類經歷數十億年才在生命團體裡出現，這是個「創生的母性過程」。如今，在長期父權掌控之後，地球好像已經開始保衛她自己及她的子女。其實，貝瑞並不全然反對父性，只是他

更強調母性。他說：「我不介意一個天父，那還好。但我喜歡地母，而且我也喜歡跟樹說話。」他非常喜歡地母的理由是地球是我們根源的母性原理（maternal principle），他希望今日的我們能恢復對「宇宙的母性感」。可見，貝瑞承接方濟的大地之母思想及德日進的創化進化觀，而視大自然爲母親，人類爲兒女，彼此共爲一家人。

綜合以上的論述，中西的生態智慧總共有十七個具有特色的環境倫理原則，其中中國的順物自然、基本需要、視同家人伴侶己身等三個原則，幾乎與西方環境倫理雷同，另十四個原則是當代較爲完備的環保標準，或許有朝一日它將成爲新新人類修鍊的標竿。

第三節　結語

總的來說，今日台灣使用塑膠容器的浮濫，以及在全球環保評比台灣處於「弔車尾」的窘境之下，可見國人所處的生態環境已日漸惡化，不得不令人憂心我們的不經心將導致自然生態的浩劫。幾年來，台灣連續發生了如九二一大地震、賀伯及納莉颱風所造成的土石流等災難，可說是大自然的反撲，也是給濫墾濫挖的人士一大警訊。因此，爲了維護生態環境不再繼續的被破壞，做爲現代知識份子的我們，有機會能接觸到類似本環境思想的單元，現今首先該做的是，用心融合中國傳統的生態思想和西方當代的環境理論，改變我們的環境意識及態度。也就是說，先以西方比較完備的人類需要關懷環境的理由，改變國人的環保觀念，再透過中國聖賢所重視的五種環境素養，爲我們的綠色生活鋪

路。

其次，要痛下決心「改變我們過去的飲食習慣」(如拒用免洗餐具等等)、「改變我們過去的衣著習慣」(如不穿皮草或皮衣等等)、「改變我們過去的住家習慣」(如不用不環保的清潔劑等)、「改變我們過去的交通習慣」(如以腳踏車代步等) 四大項目爲主，而以拒用（refuse)、減廢（reduce)、修復（repair)、再用（reuse)、回收（recycling 再生）等 5R 爲輔，並以中西的生態智慧一共十七個環境倫理原則（其中三原則雷同）一爲衡量是否合乎環保的一把尺，如此就可能在我們的日常生活（包含個人、家庭、學校、社區、企業界、國家、宗教團體等等）中實踐出綠色的生活方式，扭轉環境惡化的頹勢，那麼，生態理想國(ecotopia) 的實現就不會是遙不可及的夢想而已。

註釋

1 見雅虎新聞網站 http://tw.news.yahoo.com/050113/44/1dph3.html 。

2 見雅虎新聞網站 http://tw.news.yahoo.com/050305/19/1k1eh.html 。

3 孟子說：「君子之於物也，愛之而弗仁」(《孟子・盡心上 45》)。

4 荀子說：「知其所爲，知其所不爲」(《荀子・天論》)。

5 荀子說：「其生不傷」(《荀子・天論》)。

6 《莊子》書上說：「無爲，才自然矣。」(〈田子方〉)。

7 《老子》有關知足及儉樸的原文俯拾即是，如，「禍莫大於不知足，咎莫大於欲得，故知足之足常足矣。」(《老子 46》)，「知止可以不殆」(《老子 32》)。「我有三寶，持而保之：一曰慈，二曰儉，三曰不敢爲天下先。」(《老子 67》)。「見素抱樸，少私寡欲」(《老子 19》)「是以聖人去甚、去奢、去泰」(《老子 29》)。

8 老子說：「聖人欲不欲」(《老子 64》)，「常使民無知無欲」(《老子 3》)。又參見莊慶信，《中西環境哲學》(台北：五南出版公司，2002 年)，頁 63 、103 、143 、169 。

9 關於簡樸生活的體驗，參見區紀復，《鹽寮境土》(台中：晨星出版社，1995 年)。區紀復等人建立的「鹽寮淨土」歡迎團體或個人前往體驗，電話爲 (038) 671-065 ，地址爲 974 花蓮縣壽豐鄉鹽寮村福德 (坑) 二號。交通方面，可搭「花蓮客運」往豐濱、靜浦、成功的班車，約三十分鐘抵達，食宿費用完全自由捐獻。

10 參見莊慶信，前揭書，頁 105 。

11 同前註，頁 174 。

12 王陽明，《王陽明傳習錄》下卷，收在王陽明著，黃省曾錄，《王陽明全集》，第三版 (台北：考正書局，1972 年)，頁 83 。

13 Mathews, F., *The Ecological Self* (London: Routledge, 1991).

14 Devall, B. & Session, G., *Deep Ecology* (Salt Lake city: Gibbs Smith, Publisher, 1985).

15 朱熹，〈粟之穗粒喻〉(見《朱子語類・卷 94》)，轉引自曾春海，〈從「理一分殊」觀朱熹易學與環保哲學〉，《哲學與文化》，第二十七卷，第九期 (2000 年)，頁 820-821 。

16 Berry, T., cp, *The Dream of the Earth* (San Francisco: Sierra Club Books, 1988), p. 165.

17 Ibid., p. 184.

18 Rolston, H. III, *Environmantal Ethics: Duties to and Values in the Natural World* (Philadelphia: Temple University Press, 1988), p. 25-27.

19 World Commission on Environment and Development (WCED), "Our Common Future." (1987) in Lori Gruen and Dale Jamiseson (eds.), *Reflecting on Nature: Readings in Environmental Philosophy* (New York: Oxford University Press, 1994), p. 188. Our Common Future 一書原稱〈布蘭德蘭報告〉(Brundtland Report)。

20 參見莊慶信，前揭書，頁 208 。

21 同前註，頁 207 。

22 同前註，頁 205 、 247 、 255 、 296 。

23 同前註，頁 262 。

24 同前註，頁 247-251 。

25 Taylor, P. W., *Respect for Nature: A Theory of Environmental Ethics* (Princeton, N. J.: Princeton University Press, 1986).

26 莊慶信，前揭書，頁 292-301 。

第六章
從生命倫理談生死的抉擇

游惠瑜
東海大學哲學博士
醒吾技術學院通識教育中心專任副教授

「生」與「死」原是生命自然成長和衰亡的現象，是人無法自主選擇的。然而，隨著生命科技的發展，人既可以進行「優生」的選擇，也可以進行「優死」的選擇。「優生」包括了人工生殖與無性生殖等借助人工與科技以非自然的方式生育；而「優死」的選擇包括安樂死與墮胎等，認爲選擇死亡是對待生命更好的方式[1]。

如何以倫理的方式來看待科技下對生死抉擇的爭議？要如何以倫理的態度或者是用價值的角度來看待生命呢？生命倫理的議題提供我們反省生命的價值與存在的方式[2]。生命倫理思考以下三個問題：WHAT ——受爭議的生命與生死問題有那些？WHY ——爲什麼它們是有爭議的？HOW ——生命應該如何被對待？

第一節　「優生」的倫理難題

所謂「優生」的選擇就是利用科技，對人自身的生殖、繁衍方式或內容進行選擇，即按照人的意願，選擇自然或人工生殖的方式，或選擇優良品種進行繁殖，以提高生命的品質，改變了傳統順其自然的生育方式。

人工生殖

越來越多的人想要而且藉由人工生殖的方式來解決不能懷孕或不想懷孕的問題[3]。所謂的人工生殖，是透過人工的方式，讓精子與卵子沒有透過兩性的接觸而受精，傳統的受精方式一定要經由性器官的接觸，現代的科技則可以透過實驗室與人員的操控，注射精子入女性的體內，或從女性的卵巢中取出卵子，然後和男性的精子結合，再放回女性的子宮裡面。不孕的問題其實有很多情形，可能是精子的問題，也可能是卵子的問題，或者是輸卵管有問題等等，傳統治療不孕症是從這些問題去解決，但是目前的科技可以直接借以人工生殖的方式來處理不孕的問題[4]。

人工生殖技術從女性的身體當中取出卵子跟男性的精子結合，再放回女性的子宮裡著床，爲了使成功率更有保障，通常會殖一枚以上的受精卵，即設法讓受孕婦女產生多胞胎，多胞胎一旦都成功著床之後，就要減胎，會把其他過多的胚胎墮掉[5]。

在人工生殖科技裡，輕易的且必要的把植入過多的胚胎都墮掉（減胎術），當我們在思考胚胎本身是一個生命的潛存，應該受到重視時，現代的科技卻已經跳躍過這個問題，只要是人工生殖中多餘的胚胎就會被墮掉，而爲了避免浪費這些被墮掉的胚胎，就有人將這些反正要被拋棄的胚胎拿來做實驗，甚至更有人出售與購買這些被墮掉的胚胎來做實驗，或是被當成商品交易給任何需要的人。

除了多餘胚胎該如何被處置出現倫理問題之外，人工生殖因爲透過人爲操控的方式，更衍生性別篩選、代理孕母與精卵子可由他人供應等技術，帶給人們更多「優生」的選擇，但更多的倫理問題也應運而生。

一、性別選擇

人工生殖的技術不只可以解決不孕症，還可以被應用在對性別的篩選，例如既然可將精子注入女性體內或將卵子從女性的身體當中取出來與男性的精子結合，則可以人工操作的方式做精子分離術來作受精卵的性別篩選，如此即是人爲的選擇性別，以達

到控制性別的出生率。

人工生殖帶來很大的利益，它不只幫助了不孕者，而且當精子卵子可以被取出來用人工的方式受精時，也可以作性別選擇的篩選，將來我們都可以如願選擇自己想要生的性別，甚至訂做想要的小孩，這樣是不是很好的事情呢？人工生殖完成我們訂做下一代的願望。

好處在於能因篩選性別而避免某些來自性別的遺傳病。缺點則是人爲的操控容易造成兩性的不平衡與性別歧視，並間接影響到有限資源可能分配不當的問題。

二、代理孕母

人工生殖技術中的受精卵既然可以在體外受精，則亦可以植入不同的孕母身上，人工生殖的倫理問題也從試管繁殖的問題延伸到代理孕母，代理孕母是否可行？這已經不是技術的問題，而是倫理與否以及價值的問題。可以有給付的代人生小孩嗎？代理孕母可不可以隨時終止懷孕，如果有人爲了錢幫別人懷孕，卻突然不想了就去把胎兒墮掉，這只是商業買賣契約終止的問題，還是人命關天、傷害無辜生命的問題？這樣的胎兒有沒有任何生存權？我們很容易也很輕易的就可以這樣傷害一個生命嗎？或者如果代理孕母反悔不想將小孩歸給委託人，法律或契約式的條文可以分割與釐清血緣的關係或孕育的情感嗎？究竟給卵者、給子宮孕育者以及法律契約者，誰最有權利擁有小孩？小孩是其財物？而如果當這小孩有問題時，誰又最需要負起對小孩養育的責任？

台灣已通過人工生殖的草案[6]，很多人希望將代理孕母合法化[7]，來取得合格醫師的協助，可是更多人反對，擔心將來會延伸更多的問題[8]，例如代理孕母隨時想終止或是後悔，或者費用

談不攏變卦等，以及可不可以去製造訂做自己要的小孩，因為人工生殖的體外受精，不需要去跟任何人有性接觸就可以擁有自己血緣的小孩。甚至可以用別人的精子和卵子，也不用自己生，可以找別人幫忙生，將來小孩和自己沒有任何血緣關係，但是在法律卻是合法的，那可以隨時終止和這個小孩的法律契約嗎？

贊成代理孕母者認為，代人懷孕是實現仁愛原則的「助人行為」，應該受到歡迎，法律不應該禁止；反對者認為代人懷孕是「商業行為」，促使人去代人懷孕是將胎兒、代理孕母視為工具，是將婦女的子宮工具化、胎兒的生命商品化。所以代理孕母不只將婦女的生育經驗分裂成提供卵子、懷孕與養育（致胎兒最多可以擁有三位不同功能的母親），更將婦女的身體工具化，使其喪失自主性，成為商品。

在討論代理孕母究竟可不可行時，也有人質疑我們需要花那麼多錢來做人工生殖技術方面的研發嗎？人工生殖的花費很昂貴，究竟醫療資源的合理分配是要去幫助更多的醫療研究，還是說應該要去發展這樣的生殖科技？因為人工生殖與代理孕母均花費不少，有錢人才可以這樣做，將來是否更增加貧富的不平等對待與人種優劣的人為操作？

代理孕母究竟為誰工作？是否為婦女生育自主權的展現？是否為平等的商業活動？女性主義認為代理孕母是對婦女身體的剝削，尤其當富有的人雇用貧窮的婦女來滿足自己生育的需求，使經濟上居劣勢的婦女為富有的人提供生育的服務。代理孕母商業化與小孩生命商品化的疑慮，將是施行代理孕母最困難的倫理難題。

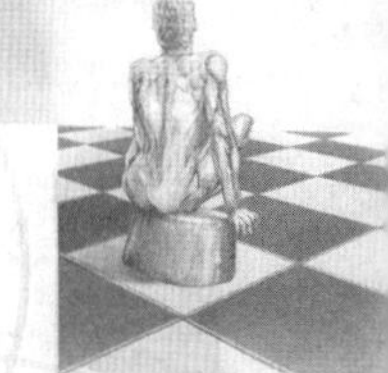

三、精、卵子銀行

倫理上有所謂的滑波論據，即一旦開放了一個缺口，就會導致更多無法控制的後果。比如說：墮胎合法後，即可以無慮地把人工生殖多餘的胚胎都墮掉，但我們眞的可以這樣任意的處置胚胎嗎？所以在代理孕母的議題之後，接下來則是卵子、精子可以買賣的議題。

人工生殖的技術不只可以作性別篩選、代理孕母，還可以搭配第三者的精卵子。人工生殖不只解決不孕症，更可以達到優生的選擇，第三者的精卵子（非出於夫妻的精卵子）之提供，不只可以幫助不孕者，還可以出於優生的考量，例如選擇基因健康或智商優良者的精卵子，目前爲了防止精卵子被商品化，人工生殖所需第三者精卵子的來源是要以捐贈的方式提供所需者，若精卵子只能限於捐贈，那能否給予精卵子捐贈者報酬？

因爲市場需求的商機與利益，已有人在販賣自己的精卵子，或成立精卵子銀行進行冷凍、儲存和買賣、交易等。精卵子爲什麼不能作爲商品買賣、交易？這除了會引發倫理的爭議之外，精卵子一旦商品化，是否會爲了利益隱瞞遺傳病史？或者爲了競爭而忽略品質？甚至因爲追求優良品種致後代的基因變得單調而缺乏多樣化？影響人類基因自然而多樣化生態的平衡？

從墮胎的合法化到人工生殖研究逐漸被接受，傷害胚胎是否是傷害生命的爭議已經滑過模糊的界線，當我們覺得可以任意自行處置一個胚胎的時候，那這個胚胎可以怎麼樣的被運用，已經超過我們的控制與想像。墮胎是因爲胎兒不被期望要被捨棄，但是不孕是胎兒過度被期望的。在人工生殖的技術中，胚胎被殷切的需要，當你很想要有自己的胎兒，可是卻沒有辦法自己懷孕，

於是需要求助人工生殖的方式。

這個科技需要投入大量的資源、努力與經費，婦產科醫師都覺得這其實蘊涵很大的商機，與其研究不孕本身的辛苦過程，不如發展人工生殖與所謂的試管嬰兒，在試管裡培育胚胎，未來一定有很大的需求量，因爲不孕是這一個世紀很大的病症，所以這項科技的發展也預期獲利很大。

這個本來是醫療上很好的仁愛行爲與幫助人的科技，卻會導致胚胎被拿來做實驗，亦會在體外任意的被處置操控性別與優生等，而它在實驗的過程當中究竟又是怎麼被對待的？生命科技與生殖技術的發展，更在這一個世紀裡造成了一個更重要的問題，即複製的問題。

無性生殖

當胚胎可以任意的被使用，它所帶來的未來遠景是什麼呢？在醫療上移植器官需要靠器官的捐贈，有人想到複製器官的概念，當我們的器官老壞、衰敗的時候，可以換一個器官，讓生命延續，這是未來的願景。就目前爲止，我們對器官的需求其實是蠻大的，尤其是腎。在醫療上每天洗腎的人很多，但是洗腎不是治腎衰竭很好的方式，最好的方式就是換一個腎，可是又不是有很多腎可以換，而且也不能買賣，那怎麼辦呢？如果可以複製一個自己的腎，也比較不會造成器官之間的排斥性，不是可以解決問題嗎？

科學家已經在動物身上實驗器官的培育。比如說在老鼠的身上去培育耳膜，來治療失聰或者聽覺上的障礙，如果培育耳膜成功，就可以讓人恢復聽覺。科學家希望在動物身上培養更多人類

的器官來提供人類對器官的需求，也許未來就會看到很多動物的身上可以培育出人的器官。複製器官有它的需求性，將來每個人只要有錢都可以花錢來購買器官，即使不能從其他人的捐助取得器官，也能從動物的身上複製器官。

一、從複製器官到複製人的技術

在動物的身上複製器官移植到身體時，有時會有排斥性，如果器官移植非常需要時，科學家更想發展的還不止是在動物身上複製人的器官。當我們需要很多的器官時，乾脆就直接複製一個人出來，需要器官的時候，就可以從那個人身上拿，而且複製的是自己的身體，移植時就更不會有排斥性。動物的複製生殖技術目前已經在進行實驗了[9]。

如果我們不認爲胚胎可以被任意的實驗與被處置，是否有理由不讓這些科學家做這樣的實驗？很多科學比較先進的國家，都共同簽署一份不能做胚胎實驗的合約與約束，而在很多的科學實驗裡，都有倫理的規範與倫理的條約，科學的實驗要受到價值性的約束，也就是說人類不是能力可以做的都可以去做，而是要問：在道德上可以這樣做嗎[10]？

就像複製的概念，我們已經在動物的身上做了，目前那隻複製羊衰老的很快，我們可以就在人的身上做這樣的實驗嗎？現在先從複製羊開始，然後觀察牠整個成長的過程中會碰到怎樣的生命發展狀況。如此就可以複製人嗎？複製一個人然後觀察他可能會遭遇的狀況嗎？就像在科幻的電影裡，可能會複製很多出來，裡面還有失敗的產品，但是失敗的也是生命，不是說不成功的就不是生命。

目前很多的國家共同簽署的一個合約，就是不能拿人來作爲

實驗，這也是間接的否定複製人的實驗，也就是不能做複製人這樣的實驗，複製某部分的器官可以，不過複製人是不可以的。科學家若無法在簽署合約的國家裡研究，就到別的國家去做實驗，例如到中南美洲的國家去做，爲什麼他們還是要做這樣的實驗？一方面因爲他們擁有這樣的技術，另外一方面是因爲有人想要資助，有很多有錢人都希望能發展這樣的科技。如果這樣的科技已經成熟存在的時候，我們是否可以透過這樣的科技，擁有對生命的決定權與主控權[11]？

複製人究竟算不算是人？究竟跟被複製的人的關係如何？而在這一個過程當中究竟要有多少的實驗呢？會出現多少的生命問題？究竟在這一個過程中，被我們製造出來的複製人我們要怎麼去對待他呢？眞的可以這樣嗎？只因爲有這樣的科技，只因爲有錢的資助，就可以這樣做研究嗎？被複製出來的又究竟是有怎樣的生命權利呢？我們可不可以隨時終止，或是隨時不要呢？因爲它其實是實驗室的一個對象。

二、複製羊誕生的意義

一九九七年二月，複製羊桃莉直接由已成熟動物的身體細胞複製而來，身體細胞並非卵子、精子、精卵等生殖細胞，而是取自身體的器官或組織的細胞，桃莉即由一頭六歲母羊的身體細胞（乳腺細胞）複製而成，因此牠誕生的過程與公羊毫無關係，也就是說桃莉是在未經受精過程的「無性生殖」下誕生的[12]。

由身體細胞即可複製動物，爲治療疾病帶來很大的希望，但也帶給全球的人前所未有的不安及恐懼感。因爲這項技術是否也會或也可以應用在人的身上，而誕生所謂的「複製人」？

無性複製技術的發展可分爲兩種類型：一種是「生殖性複

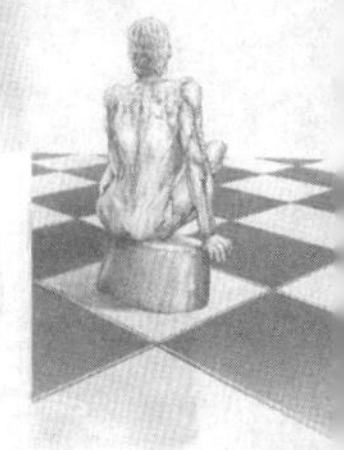

製」，即無性複製人的研究；另一種是「治療性複製」，即從無性複製胚胎中提取幹細胞，然後培養成人們所需要的各種人體器官。從倫理學上講，無性複製人的行為明顯違背了自主權原則，又有技術不成熟的疑慮，禁止無性複製人幾乎成為全球普遍共識[13]。但治療性複製則未被禁止使用。

如果我們需要骨髓移植，必須祈禱父母、兄弟姐妹或孩子中，有人骨髓細胞與我們在基因上相容，若是沒有骨髓能相配合的親戚，就要上網去搜尋與骨髓相容的自願奉獻者，但是這種機率非常渺茫。如果科學家可以複製骨髓細胞，就有了一批與自己的骨髓完全相容的新骨髓了。又假如我們需要一個肝、一個腎，甚至一顆心，則可以用複製的技術在複製豬的身上，培育後摘取含有人類蛋白質的器官移植到人的身上[14]。

三、幹細胞的研究

幹細胞是指尚未發育成的細胞，它具有再生為各種組織、器官的潛能，醫學界稱其為「萬用細胞」。很多的疾病如心肌梗塞、糖尿病、帕金森病等，均涉及細胞的死亡。如果醫生能將幹細胞分離並使它們向特定的方向分化，就可以用健康組織替代病變組織。另外組織和器官的損傷或功能衰竭是人類健康最大的難題之一，如果可以在體外培育所需的細胞、組織、器官，以取代病人體內損壞的細胞、組織、器官[15]。

對人體幹細胞的研究不僅推動了醫學的迅速發展，也帶來巨大的商機，受到世界科技強國的重視，從政策到資金上的強力支持，但是倫理的問題卻是研究胚胎幹細胞時面臨的最大困擾[16]。

二〇〇四年三月十二日韓國首爾大學黃禹錫（Woo Suk Huang）醫師和文信容（Shin Yong Moon）醫師，利用細胞核轉

移，成功地創造出第一個人類胚胎幹細胞，發表於《科學》雜誌。二〇〇五年五月十九日，兩位學者發表新成果，細胞核轉移成功效率增加十倍。此戲劇性的成果，透露出兩點重要訊息：第一、複製人類胚胎幹細胞移植治療疾病並非遙不可及。第二、未來胚胎幹細胞研究於倫理上的爭議將更劇烈。

複製可分爲生殖性及治療性複製，前者自一九九六年桃莉羊複製成功後，科學家更極盡所能複製牛、老鼠及瀕臨絕種等動物。韓國學者則朝治療性複製，複製人類胚胎幹細胞，將捐贈者的體細胞核，植入另一捐贈者去核的卵子中，胚胎一旦成長發育後，胚胎內層組織產生許多和捐贈者體細胞相同的幹細胞，進一步分離並培養成幹細胞株後，可用於研究疾病的根本原因及修補受損的組織。這項技術意味未來將可創造個人化的幹細胞系，不僅可以製造體內的組織來供自己移植之用，另外更可避免掉免疫系統的排斥問題。但治療性複製胚胎幹細胞，目的在治療病人，而非複製人類[17]。

隨著生命科技、複製技術日新月異的驚人發展，雖然各國先後都立法禁止複製人，但是仍有不少科學家興趣濃厚，暗中在進行。究竟這樣的科技是創造人類未來的福祉嗎？隨著利益的誘惑，所形成商業的競爭與逐利風氣，將會爲人類帶來什麼樣的未來願景呢？

第二節　「優死」的倫理難題

什麼樣的情況會想要結束生命呢？結束生命是對生命的傷害，我們可以傷害生命嗎？如果傷害生命是不對的，既然不能傷

害別人的生命，那可以傷害自己的生命嗎？如果我們對人生或對生命感到失望，就以一種傷害生命的方式來逃避問題，究竟要結束的是痛苦，還是生命本身？但是，難道我們無法擁有對自己生命的自主權嗎？究竟怎樣做才是對生命比較好的一種對待方式呢？

可以傷害生命嗎

人們常常爲了感情、經濟、各種壓力，或者是生活不如意、不快樂而自殺，從失業、失去情人、失去親人等種種原因而自殺的狀況來看，所有經濟的、情感的、心理的問題，都成爲自殺的理由。這些問題足以構成讓我們去自殺的充分理由嗎？爲了這些理由結束生命有價值嗎？我們應該選擇自殺嗎？這樣的自殺道德嗎？自殺的議題是否構成倫理的問題？

自殺意味著生命自主決定權與生命生存權的衝突。所謂自主權是表示自己決定自己行爲的能力與權利，即自我決定的一個權利和能力，也包括我們應該要爲自己的行爲負責，所以生命的自主權最重要是我們對自己生命的權利和責任。我們應該負責自我決定所要做的行爲，但是死亡可不可以由自己來決定與負責呢？死亡本身意味著一種傷害，如果不是自然或意外死亡的話，我們可以傷害自己、作主結束自己的生命嗎？自己擁有傷害自己的權利嗎？

傷害的理由

傷害人是不對的，道德理論中有一條「不傷害原則」的倫理

原則[18]，可是我們常常看到傷害人的情形，例如處罰。處罰不也是一種傷害嗎？能夠用一種不傷害人的方式來處罰一個人嗎？若不造成傷害能叫做處罰嗎？能夠說我要對你很好，來表達我對你的處罰嗎？

處罰意味著傷害，有傷害才叫處罰。但是我們不是要遵守「不傷害原則」的倫理原則嗎？我們不能對生命造成傷害，所以不能傷害別人的生命。那爲什麼能讓這種處罰式的傷害存在呢？所以處罰一定要有理由根據，使得這樣的傷害有理由存在，也就是處罰要有正當性，讓我們有理由可以證成這樣的傷害[19]。因此可由處罰的理由看到傷害人的正當性。

一、公平正義的理由

在處罰的理論、理由當中，最常常看到的就是報應論或報償論，比如說殺了人就要被判極刑，這是應得的，因爲要償還被傷害的人，才能讓受害者被公正的對待，這也就是報償，或者說這就是傷害人的報應[20]。如果不這樣施行處罰與傷害的話，這社會就缺乏公義，所以若沒有處罰做壞事的人，就難以維護社會的公正。

在刑罰裡我們可以處罰一個人，是因爲它有報應論跟報償論在支持它，而報應論與報償論，其實是訴諸公正原則的支持，人若違反了規定就要接受處罰，如此才合乎公正的原則。報應論認爲，唯有透過處罰，才可以實現公正，所以實施處罰是爲了公正，要維護公正，就要施行處罰，如果每一個違反規則的人都沒有受到處罰，這個社會就會呈現不公正或是不公平。

公正原則成爲我們可以處罰人的理由和道德根據，公正原則證成了我們可以對他人傷害的正當性，所以我們才可以對人施以

處罰，也就是我們才可以倫理地做出處罰這樣的傷害，使此傷害的行爲是應該的、對的、合適的。報應論者就是以公正的原則證成了處罰的正當性，也就是以公正作爲處罰的倫理根據。

二、功利效益的理由

報應論的刑罰認爲殺人者死，認爲可以用死刑的刑罰來處罰和處置一個傷害別人生命的人，即剝奪一個剝奪別人生命的人的生命，因爲這樣是公正的。但是台灣過去曾有一段日子，結夥搶劫是會被判死刑的，一個人搶劫還不會被判死刑，如果結夥的話，即使沒有殺人也可以判死刑。

爲什麼可以這樣？那不是不公正嗎？通常除非剝奪別人的生命，才需要賠償自己的生命，可是若沒有剝奪別人的生命，只是搶人錢財，爲什麼還是可以判處死刑呢？這是處罰的嚇阻或預防理論：爲了防止重大的犯罪事件，實行亂世用重典，因爲重刑才會有嚇阻作用，才能預防重大的犯罪。這背後預設了效益的原則，也就是採用效益與功利的計算，來保障社會的安定[21]。

根據效益原則，處罰會產生正面的效果和利益，作爲支持處罰理由，使處罰可以成主。主張處罰會嚇阻犯罪，使其害怕或因爲正被處罰中無法再犯。而死刑不只阻止了罪犯再犯，亦能達到嚇阻與預防其他人犯罪的效果，因此可以避免重大罪行對社會可能造成的重大傷害，而保障了多數人的利益。所以處罰的成立與否，是根據衡量處罰所帶來的效益與否，考慮多數人利益的需求來決定。

一般所說的殺雞儆猴，就是應用功利理論與效益原則的典型例子，爲了嚇阻與預防的作用，殺一隻雞警告猴子不要蠢蠢欲動，來達到預防的效果，可是這樣是不公正的，因爲被殺的那隻

雞負擔了猴子可能會犯罪的罪刑，為了要預防和警告猴子而殺雞，雞成了代罪的羔羊。

或者因為考量多數人的利益，即使犧牲少數無辜，可以避免多數人極大的危害，基於大多數人的最大利益，處罰無辜者是可以被接受的，所以根據效益原則的處罰行為常會導出不公正的疑慮。

公正原則強調要造成一定程度的傷害，才能夠施以某一個相當程度傷害的處罰，所以公正原則所支持的報應論，是不管處罰的結果是否帶來任何的預防或嚇阻的效應。可是效益原則所支持的預防理論中，所思考的是怎樣去達到最佳的效果。例如死刑會被爭論，有人認為就是要有死刑才會公正，這是屬於報應論，或者是說一定要死刑才能夠預防或是嚇阻重大犯罪，這是屬於效益原則，一旦研究顯示死刑不能預防或嚇阻犯罪，就不能施以死刑。因為依據效益原則，是指要能達到預防犯罪的功利效果，如果達不到就應該放棄。

當然也有人質疑公正原則，公正原則主張罪與罰之間一定要有相當的公正性。但是究竟如何才能達到公正？殺一個人賠一命，那殺兩個人呢？也只有一命可以賠，可是如果是強暴別人的人，所謂對等的、公正的對待，是不是就可以去被強暴呢？造成別人殘廢，自己是不是就應該被傷害成殘廢呢？公正原則對處罰的論證，還是會受到爭論。

三、仁愛的理由

在刑罰裡，我們常會引用的是報應或報償論與預防或嚇阻論，可是從小到大我們都有過被父母處罰的經驗。父母處罰子女，也許不是因為要公正，不是為了要維持家裡實行公正的原

則，也許可能會是出於預防或嚇阻的理由，也就是考慮效益的原則，另外還有更多可能是出於管教或教育的理由。

爲什麼父母可以處罰子女呢？父母處罰子女的正當理由是什麼呢？常常不是公正原則，也不是效益原則，其實是引用教育的理由或保護的原則。比如說：做錯事被父母處罰，可能有嚇阻或預防再犯的作用，可是更多的意義是他們在施行保護與愛護的政策，這是一種仁愛原則的實施[22]。

在刑罰上也有主張仁愛原則，認爲不該蓋太多的監獄，因爲監獄只會把人越關越壞，主張我們應該設立心理輔導所，把犯罪的人都找來作教育與輔導，讓他們都能改邪歸正，這就是持仁愛原則的處罰理論。

但是心理輔導所或是教育的改造，需要花很多的時間、人力和經費，而蓋監獄或是執行死刑卻簡單省事多了。而且以仁愛原則，是說我們應該對別人好，應該幫助人、做好的事情，而這樣對待犯罪的人，又要怎麼去對待好的人才公正呢？而且有限的經費與資源要如何分配？要多分配去教育這些人，還是應該分配給其他需要的人，如高等教育的計畫，或是基礎教育計畫的經費？或是分配到其他的醫療資源？還是社會上弱勢的團體呢？

所以在造成任何會有傷害的處罰的時候，都要有理由，都要有正當性，讓這樣的傷害是有道理的。但是想要結束自己生命的自殺所造成的生命傷害有它的正當性嗎？一個人用一種傷害自己的方式對待自己的生命是可以讓人接受的嗎？這樣行爲能有正當性嗎？

傷害生命是不對的，除非有正當的理由，否則我們不應該傷害生命，當然也不應該傷害自己的生命。但是每個人對自己的生命都擁有自主權，我們究竟應該尊重別人行使他對自己生命的自

主權，尊重他對自己生命結束的處理，還是應該幫助一個人不去傷害自己的生命，以延續他的生命？

當他人想要傷害他自己的生命時，我們是不是應該剝奪他的自主權、阻止他的行爲呢？阻止才是一個好的方式還是應該尊重他對生命的一種權利的實現？看到一個想自殺的人，覺得應該阻止他並救他，可是就他表達對生命意願的一種方式的時候，我們是否該給予尊重呢？

倫理學的原則與理論幫助我們作思考，提供我們思考的架構。究竟人傷害自己的理由是什麼？基於公正、效益，還是仁愛？自殺的人往往有需要解決的問題，可能是因爲失業的問題、可能是經濟的問題，也可能是情感的問題，或者是種種的理由，要解決的似乎是這些問題，而不是解決生命。

可是我們還是要問究竟有沒有理論上的理由，讓自殺有它的正當性，也就是讓其合理的理由？其實是沒有的。所以我們認爲：「我們應該阻止要自殺的人。」因爲這一個人並不是眞正想要結束他的生命，他不是眞的想要傷害他的生命，他想到的是結束他的痛苦，結束他難以面對的問題，所以傷害自己在這種意義之下是不構成理由的，也就無法幫助這樣想自殺的人。

安樂死

但是安樂死呢[23]？從自殺的議題延伸而來的就是安樂死問題，面對生命的品質或尊嚴很差的狀況，而想要結束生命時，究竟我們應該幫助嗎？還是應該阻止呢？要怎麼看待這種想結束生命或結束傷害的要求？以上討論自殺式的自我傷害是不對的，這種傷害自己生命的自殺是無法基於倫理原則讓人贊同的。但是安

樂死呢？我們可以接受嗎？

當有人覺得選擇死亡會更好，比如說：癌症末期的人或重病的人，他覺得他的生存不止帶給自己很大的痛苦，他沒有辦法去超越這一個痛苦，而且帶給家裡更多的負擔，或者要消耗很多社會的醫療資源，這些人在效益原則的思考之下，覺得自己應該要結束生命，來造福別人，或者是為自己解除無法治越的疾病的痛苦，是否可以要求死亡呢？甚至要求他人的協助呢？

討論自殺議題時，我們認為不能用傷害自己生命的方式來解決問題，可是想安樂死的這些人呢？我們究竟應該接受生命的自主權，主張自己決定生命的權利與義務，還是說應該禁止任何會傷害自己的方式，不管是安樂死或是自殺？安樂死就是某一個意義的自殺，我們說為了感情、經濟、心理而自殺者，通常都不是眞的想要結束生命，所以不能接受他們自殺的理由，但是當末期病人因為生命極度的痛苦，甚至生命活得沒有尊嚴，只能靠儀器維生的困境時，或是失去知覺的狀態，也不能結束生命嗎？

支持安樂死的人，認為安樂死為人自主與自由的選擇權利、是解除病患痛苦的仁愛行為、減輕病患家屬負擔與社會醫療資源的效益原則；反對者認為安樂死輕視生命、易造成家屬或醫生對權利的濫用、成為殺人的工具。台灣目前尚未通過安樂死的法案，但為因應需要有「安寧緩和醫療條例」[24]。

如果證成安樂死並合法化後，會不會使得這些徘徊在自己值不值得活的人更有理由覺得自己不應該活下去？因為擔心自己造成別人的負擔，而不敢或沒有勇氣活下去？因為當生命的自主權支持人「有權利決定死亡」，則基於效益原則，是否會使「死亡的權利」轉變成「死亡的責任」[25]？如此是否會造成大家將生命

的價值看的很輕淡，覺得生命痛苦就想要輕生，而更加輕視、不珍惜生命？

墮胎

談到生命死亡的倫理議題，除了安樂死之外，還有一個常常要碰到的議題是墮胎，有怎樣的理由，可以剝奪一個胎兒的生命權呢？胎兒不是人嗎？如果胎兒是人，既然不能傷害生命，則我們不可以任意去傷害、剝奪一個胎兒的生命，如果它不是人的話，則我們是不是傷害它就不算是傷害生命，但是如果胎兒是人，則我們不能傷害它，因爲我們不應該傷害人的生命，除非有正當的理由。

有些人認爲胚胎只是一個細胞而已，所以墮胎與殺害一個生命不一樣。但是胎兒是一個動態的發展，從懷孕一個月到九個月，不同的階段與歷程涵蓋著不同的意義。懷胎前三個月，比較不能算是人，因爲重要器官都尚未形成，但是它也不只是普通的細胞，雖然我們每個月會排掉卵子和排掉精子，但是胚胎不止是一些精子卵子，它是一個著床的受精卵，雖然這個受精卵本身還不算是一個完整的生命，但是它會發展成一個生命。當它漸次發展時，會越來越具有生命的條件。

但是如果要尊重胎兒的生命，那母親的權利呢？母親的自主權呢？如果母親想終止懷孕可以嗎？墮胎碰到母親自主權與胎兒生存權的衝突，自殺與安樂死的生命自主權與生存權同時都在自己身上。墮胎的問題，是母親的自主權與胎兒的生存權如果有衝突時，母親一定有這個責任與義務去懷孕十個月而生下一個生命嗎？傳統與宗教的思維認爲胎兒的生命應該被保護的，現在因爲

女性主義與婦女自主權思維的重視與強調，婦女被認為擁有自己的尊嚴與對自己身體和生育自主性的權利[26]。

不健全與不被期待的胎兒常是理由最充分的墮胎理由[27]，可是瑞典有一位很有名的聲樂家——蓮娜瑪莉亞（Lena Maria），她生下來就是一個重度的殘障者，她沒有雙手，雙腳還一腳長一腳短，可是她因為擁有她父母對她的愛以及她的努力，成就了她不平凡的生命。她是瑞典人，當時被生下來的時候，社福人員建議讓她到專門的養育所裡，因為她這樣一個重度殘障的人會造成家庭很大的負擔，可是她的父母堅持要親自把她帶大[28]。

現在有精細的產檢，胎兒在還沒有出世之前，就可以知道有沒有殘障，就可以決定胎兒的生命。引用優生保健法，如果是殘障的胎兒，就可以理由正當的墮掉；其次是未婚女性的懷孕，亦可以延用優生法，讓未婚女性可以把胎兒墮掉。另外比較受到爭議的是，沒有心理準備下懷孕的，即使已經結婚了，只要不想要懷孕都可以終止，這會讓墮胎的情況變得太氾濫。

雖然我們不會因為台灣有優生保健法，就去任意懷孕而墮胎，可是總覺得不應該讓墮胎太氾濫，因為這種對待生命的態度會讓我們對生命的存在與否變得無所謂，會覺得生命可以且很容易被傷害或是被剝奪，這會造成大家對生命比較輕視的看法。墮胎間接導致大家對生命比較不珍惜、也不夠尊重，而且對墮胎氾濫的態度，也會導致我們輕視和漠視對生命與胎胚做人工生殖的實驗。

從墮胎到安樂死，甚至人工生殖與複製人等，我們碰到了生命自主權與生存權衝突的問題。自主權意謂著我能夠決定我自己生命的權利，還包括可以決定其他人的生命權利，例如墮胎、人工生殖或是複製人的科技。生命權的部分，包括自殺、安樂死是

生命生存的權利，或者是墮胎中胎兒的生命權利，以及複製人被複製的生命權利。

生命不應該任意受到傷害的，任何的傷害都是要有理由、有正當性，更何況新科技帶給生命的傷害是我們沒有辦法預知的，擺盪在能做與不能做兩者之間，我們應該怎麼去作選擇呢？

第三節　倫理的思考

倫理原則幫助我們去思考生命議題所碰到的道德難題，幫助我們去做出合乎倫理的生死抉擇。

合乎倫理的抉擇

合乎倫理的抉擇和決定最常從道義論（deontological theory）與效益論來思考[29]。道義論者主張從行爲者或是行爲本身的責任與義務來衡量行爲的善惡與否。例如康德以行爲的道德與否，是判斷其行爲所依循的道德法則是出於義務（out of duty）而行，而這樣的道德法則是可以普遍化，並以人爲目的自身與出自自我立法的，所以有三種形式[30]：分別爲普遍化原則（the principle of universality）、目的原則（the principle of ends）與自律原則。效益論者則從行爲結果的效益來衡量對錯。例如彌爾認爲一個行爲能夠達到最大的效益，造成最大多數人的幸福，或者是對最大多數的人有利的，就是善的事，此即倫理學上的效益論。能夠產生最大的效益，尤其是能創造快樂的，避免痛苦，就應該去做它，此即爲效益原則[31]。

例如安樂死，如果考慮不結束自己的生命，將會帶給家人很大的經濟負擔，這是從效益來衡量應不應該自殺；若以道義論來衡量，生命不可以被傷害的，傷害生命是不應該的，我們對生命是有責任的，不管行爲的後果會產生的效益爲何，應該堅持生命有絕對的價值，不應該自殺和安樂死。面對生命的議題，我們的決定最常會擺盪在這兩種考慮之間。

道義論常常只提供我們大方向與原則，而沒有辦法提供實際上該如何決定的依據，例如：站在道義論者的立場，他去看待核能發電廠，認爲只要是會造成人存在的威脅就不應該去蓋它，可是我們需要電，怎麼辦？那持效益論的人就要去評估後果，我們用電或是不用電，要蓋或是不要蓋的後果，它在考慮決策會造成的效果利弊得失上比較有效率，因爲它考慮了結果與效益。

可是考慮效益常常會造成不公平。例如說：好！我們決定要蓋了，但是廢料要放到哪裡去呢？放到蘭嶼好了，因爲蘭嶼的人最少，可是台灣的人享受用電方便的成果，可是卻讓少數人（蘭嶼人）去承擔後果，依據效益論就造成了不公正，雖然它是採用效益原則的道德理論。但是卻無法符合公正原則的要求與檢證。應該是誰用電誰來承擔這一個後果，不過，核廢料不能放在人很多的地方，所以依據道義論會滿足公正的原則，可是它沒有辦法去考慮功利與效果。效益論可以達到功利與效益，但可能會造成傷害與不公正，我們就要在這兩者之間做調整與折衷。

另外亦有人從德行論（virtue ethics）來思考。道義論與效益論關心「行爲」與「原則」，可被稱爲行爲倫理學（act-ethics），或原則倫理學（rule-ethics, ethics of principles），以其爲重視行爲的責任或義務（ethics of duty）與行爲結果的利益；而德行論則重視「行爲者」，稱其爲行爲者倫理學（agent-ethics）或德行倫

理學[32]（virtue ethics）。德行論者認爲思考與實踐：我應該成爲怎樣的人？（What sort of person should I become?）非常的重要，德行論者致力於成爲優秀品德與性情的人，這種優秀的人能根據善而行爲得很好並同時成爲鼓勵他人的典範[33]。

德行論者認爲以行動或原則爲中心，行動者是以被動、消極的態度實踐道德，缺乏較強的行爲動機。以行動者爲重心的倫理要求不只重視專業倫理的守則與規定，即在對道德原則作理性分析思考時，也要同時重視道德習慣與品格的養成，亦即不只遵守外在行動的規則，也要涵養行動者內在的操守與實踐的智慧，更重視行動者在道德兩難脈絡情境下所呈現的品德價值[34]。

關懷論（care ethics）則以女性在倫理學上的觀點與立場發聲，認爲除了重視倫理原則的分析與德行直接的教導之外，亦要重視道德情感與道德關係的培養與建立，並努力創造出關懷的環境與能力，使人可以從中學習與實踐而得以成爲有道德的人。例如諾丁（Nel Noddings）自述其倫理學不同於以行爲者爲主（agent-based）的德行倫理學，亦不同於康德與效益論以行爲（act-based）或原則爲主（principle-based）的倫理學。諾丁強調道德是在情境、脈絡與關係中發展與建立的，而非建立在教導普遍的、抽象的原則或特定的、簡化的德行，諾丁藉由以身作則、對話、實踐與肯定的方法來建立、發展與維繫倫理的關係。

關懷倫理講求「關係」，而當我們談論「關懷」這個詞時，諾丁認爲我們說的就是關係，因爲關懷是在關係中進行的。「關懷」一詞常被用來說明那些習慣關懷他人的人，這些人很習慣照顧與回應他人，並發展出關懷他人的良好能力，更因此形成與建立出關懷的關係。諾丁的關懷倫理最重要的是要建立關懷的關係，人在關懷的關係情境中才能讓人更好，所以倫理學要重視使人能學習與發展互相關懷的能力，即要能同時有關懷與被關懷的關係，才是眞正生活在關懷的關係中[35]。

諾丁認爲人存在於關係中，無法逃於關係之外，而理想的人際關係即是關懷的關係，諾丁所重視的關懷情感與關懷關係，主要是存在於關懷者與被關懷者的關係中，所以關懷是一種在關係中對人全心投入關注的行爲，而關懷的關係即是關懷情感實現的場域。人在關懷的關係中，才能自由地存在[36]，也才更能承擔責任[37]。而「關懷」代表一種全心投入的情感狀態，或是對某事的掛慮，關懷是對他人承擔責任的情感。諾丁不認爲要先由理性推演設想抽象的普遍法則，作爲行爲的指導，而是要以「感受」、「全心投入」的情感去對關心對方。「我必須」成爲一種欲望、傾向和感情，而不是責任。

藉由諾丁對道德情感、道德關係與道德態度的強調與重視，亦讓我們得以重新而多元的審視生死抉擇中當事者與關係者所面臨的道德困境，能以「傾聽」、「接納」與「關心」的方式照顧到相關者的情感與需要，並致力於建立關懷以改善關係來解決問題[38]。

倫理分析的原則與應用

我們可應用道義論、效益論、德行論與關懷論提供我們思考判斷之外，我們亦可應用道德原則來作倫理的分則。例如波徹姆（Tom L. Beauchamp）及柴德斯（James F Childress）主張以「原則爲基礎的道德理論」，即以「原則」作爲倫理分析思考的基本結構，提出四個倫理原則[39]，此四原則爲：

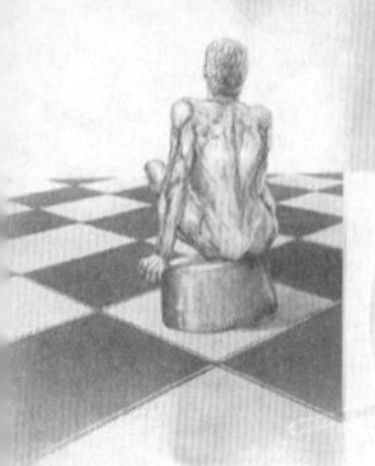

1.自主原則：尊重有自主能力的個體所做的自主的選擇，即有決定能力的人有權利選擇與決定其行爲。

2.不傷害原則（the principle of nonmaleficence）：保障每一個人可以不被傷害的狀況，避免傷害的風險與不違反不傷害的義務。

3.仁愛原則：在不被傷害的情況下，進一步關心並致力提升他人的福祉與幫助他人，即致力於行善。

4.公正原則：要給每一個人都應該得到的權利與待遇，以公平的基礎執行與裁量道德的義務，使各種利益、資源與負擔能公平合理的分配。

這四個原則幫助我們在面對生命議題的時候，思考與分析各種倫理上的考量，幫助我們判斷合乎倫理的決定與否。例如處罰的例子，處罰的理論正好各自可以訴諸於公正、仁愛兩個倫理原則，而讓處罰有成立的理由，加上尊重自主權與不傷害原則，這是原則主義主張的四個基本原則。這些原則還需要視情況作討論，也就是在具體情境中若相互衝突時，還要再衡量與分析，就像是在天秤上面要去衡量。

例如自殺爲什麼會有問題？因爲人對自己的生命既有一個自主的決定權，可是生命本身又有生存權，兩者發生衝突。墮胎也是，我們應該要尊重一個母親自主的權利，甚至很多人要求科技的發展，都是出於對自己生命自主權的主張，可是我們更要遵守的是避免傷害，除非這一個傷害是有理由、有正當性，不然不能隨意的去造成生命的傷害。

所以自殺與墮胎的議題，就是擺盪在自主原則跟不傷害原則之間，如果沒有很正當可以傷害生命的理由，那不傷害原則必須

要高於自主原則，也就是不能傷害生命的原則高於對生命自主權原則的主張，因爲自殺很多時候是把生命工具化，其實想結束生命是爲了達到另外的目標，爲了達到逃避或解決問題的責任。或者因爲課業壓力太大而自殺，或者因爲感情困擾而自殺者，其實要結束的是面對壓力或失戀的痛苦，而不是要結束生命，在這種情形下，生命的自主權應該要被剝奪，因爲這些理由不能證成應該去傷害自己的生命。

甚至於我們說的複製人，在考慮要不要做複製人的時候，複製一個人是出於仁愛原則嗎？是一個行善嗎？是幫助人去解決器官需求的問題嗎？還是其實對生命造成了更大的傷害呢？甚至是違反了「不傷害的原則」？

當生或死不再只能聽任自然的擺佈，當人有更大與更多的自主與自由的選擇權時，如何有智慧、有倫理的做出生與死的抉擇，這已經不是科技能或要解決的問題，這是屬於人類如何看待生命價值的問題。

第四節　生命應有的價值與尊重

生命應有的價值是什麼？我們要如何從價值的層面看待生命？或者說我們要怎麼去看待生命的價值？我們最重要要避免的事情，就是不要讓人在科技的發展中被工具化[40]。

自殺常常就是把自己的生命工具化，把結束自己的生命當成是解決問題的一個工具，而沒有把生命當成是目的，而是當一個工具在使用，即把生命工具化。

我們也要避免在墮胎中把胎兒當成工具化，胎兒被需要就能

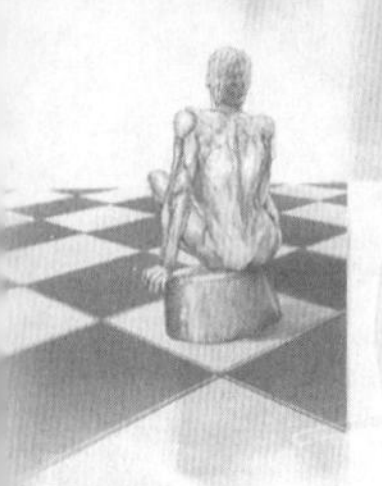

生存下來，不被期待就被墮掉，甚至不能把它拿來做實驗，但是當胚胎是不是人的界線還是很模糊，當胎兒究竟算不算是人還在爭論不休時，現在的科技已經突破這樣的界線，發展出人工生殖，而在這項科技中被墮掉的胚胎已經不計其數了。

在這一世紀還有更偉大的科技是複製人的研究，複製人的研究為什麼需要、為什麼存在，我們發展的科技，眞的是為了增進生命的美好？爭議不休的安樂死，都是為了讓生命更美好的被對待，科技的發展與用心也是如此嗎？

科技使我們的生命變得更有價值、更美好嗎？選擇這些科技就是選擇更有價值的未來與生命嗎？是對待生命更好的方式嗎？還是只是把生命更工具化呢？

人在科技中被工具化

隨著科技的快速發展，人被工具化的情形也越來越嚴重。人的生命常常處在被操縱、控制的狀態之下。人在做胚胎的實驗，不就是把胚胎拿來操控、利用嗎？科技並沒有發展生命眞正的目的，卻是在控制和操弄生命，在這樣的情況之下，人也同時被決定與操縱。當我們在決定胚胎、決定複製人的生命時，就是在操控這些生命，下一步就是人的生命是可以被取代和交易的，例如這個複製人不好就把他取消，好的那個就可以留下，而且甚至可以進行買賣。

當人被使用、被利用或者受到被決定、被主宰，可以被取代、被交易時，其實人就像是物品一樣，失去了生命的自主權，只有使用的價值，並且可以隨時被取代。當人被物化時，即無異於處在一種奴隸的狀態。奴隸其實就是人以物的方式存在，奴隸

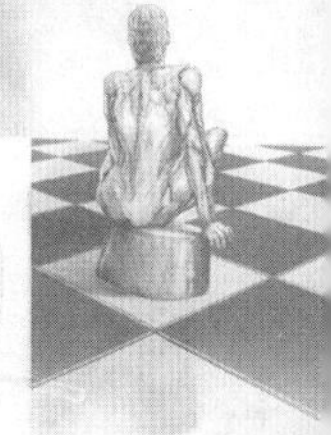

就是物品、工具。

奴隸的時代雖然是過去式了，但是奴隸的形式還是存在，它的存在雖然不是有形的，卻更有控制的力量。當生命需要某物而反過來被其所束縛時，就會成爲此物的奴隸。例如當人需要感情而被感情束縛時，就成爲感情的奴隸，可以爲了感情，讓感情占據了生命的自主性，讓感情主宰、決定人與其生命，甚至拿生命來交換感情。當人因爲失戀而自殺的時候，因爲失戀而去傷害自己或他人的時候，其實都是把生命當作工具，而當生命這樣被對待的時候，就是把自我和生命當成感情的奴隸。而當人需要錢來改善生活、增進生命的美好，卻反而讓錢操縱與控制生命時，變的被錢控制，不斷要去追求錢，甚至失去生命，那人就成爲金錢的奴隸。

人被物化或工具化的結果，是人會對自己與他人生命形成一種輕視，輕視不一定是卑視的意思，而是對待的方式與看法是很淡、很輕的，會覺得生命的結束好像沒有什麼大不了的，天天都有人自殺，將來可能天天都有人被複製，生命沒有什麼，大不了複製一下，大不了自殺而已，結束生命或是製造生命等生死問題變得不重要，對待生命的態度變得無所謂，生命變得很輕淡、生死的價值也非常的模糊，生命會開始被濫用。

生命的價值被看淡了，每個人都會受影響。當人漸次都這樣看待生命，都把別人當奴隸或是把別人當作物品，也就是一旦把他人視爲工具、物品的時候，自己的生命也無法避免地同時淪落成爲一種工具的狀態。如何避免將生命當成工具的性質或物品的狀態呢？

物的最大特色就是物具有相同性，因爲是工廠製造出來的，每一個都是一樣的，統一的規格與樣式才方便於被使用、操縱跟

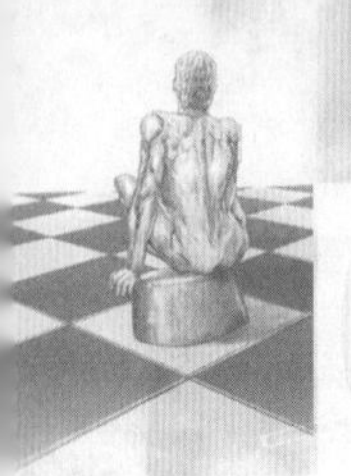

控制。更重要的是它沒有自主性，它有的是實用性和工具性，這種實用性就是它可以被買賣、交易，可以買賣、交易，是因爲它可以被取代，壞了就可以更換，因爲每個都是相同和一樣的。

人的獨特性、自主性與自為其目的

人爲什麼不可以這樣子呢？因爲人是唯一、獨特的，每個生命都是唯一性、獨特性存在的，每一個生命本身都應該被獨特的對待的，是不能被取代的。不是像物品一樣壞了就丟了，然後可以再去買一個來替代。

人的生命除了有獨特性，還有人是有自由意志、自主性的，沒有人可以或能操縱我們、控制我們。當我們被人主宰的時候，都是處於一個奴隸的狀態，即使受父母保護的小孩，也不是父母的所有物，所以小孩也不應該是父母能操縱或是控制的。

另外，人還是一個目的性的存在，人自身的生命就應該被當成是目的，人絕對不能被商品化，不能被做成買賣。生命的價值就在於它是一個獨立的個體，生命的自身就是一個目的性，不應該再把生命當作爲了達到另外一個目的的手段，這樣會造成價值的混淆或者是對生命的不尊重。

生命存在的狀態

佛洛姆（Erich Fromm）認爲人的生命有兩種不同的存在方式[41]。一種是以「有」（to have）的方式存在；另一種則是以「是」（to be）的方式存在[42]。以擁有工具或是物品存在的方式，其實是用一種「有」的方式存在，例如我們常說我有車子、

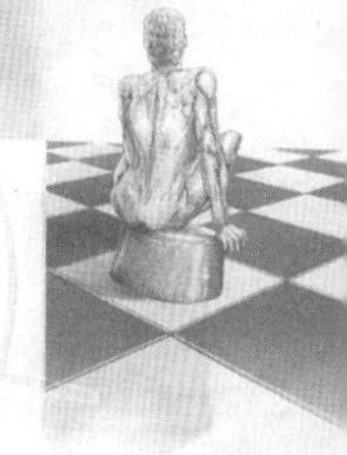

我有房子、我有錢，而且常用這個方式來生活，也就是把生命當成是要去追求這些東西的工具似的，然後也用這種方式來看待生命本身，當你有了車子、有了房子就滿足了，你的生命價值好像都在這方式裡，其實房子、車子只是一個改善我們生活的工具，可是我們卻把這一個工具變成了目的了，變成生命的目的。這些東西其實都會變化，是暫時的、是會失去的，這些是「生不帶來，死不帶去」，這些東西無法成爲生命的內涵，而且這些東西還會變成操縱控制我們的對象，讓生命受到這些東西的操縱與控制。

人以爲人在主宰掌控科技，主宰生化科技或者複製人的科技，其實卻是人被科技所主宰。我們以爲我們在使用電腦、操控電腦，但究竟是我們在控制電腦，還是我們被電腦宰制？因爲我們已經無法失去電腦，我們依賴著電腦，只要人依賴科技，人就容易會被科技操縱與控制，因爲人會失去了自主性、失去主控權、失去生命的獨特性、自身的目的性也都被控制與被操縱，都失去了，都被這些外在的因素控制，人也會漸漸失去了尊重眞正獨立生命應該擁有的價值。

人若想要擺脫這種「有」的方式存在，擺脫被「有」物化的生命狀態，不能只是從「有」的方式來思考，不能說我們擁有科技，擁有複製人，以爲「有」可以解決問題。要用另外一種「是」的方式，眞正生命是有價值有尊嚴的，讓生命擁有自主權與獨特性，生命擁有其意義目的。透過對生命議題的倫理的思考，不把生命當成得到某種目的的工具，讓生命的本身就擁有它應該被尊重的價值，生命不應該隨便被當成滿足自己欲望的工具。

人要如何才能享受科技的成果卻又能不被科技所主導宰制呢？人要自覺、自主且自由地設法不要被科技牽著鼻子走，是人

在使用與駕馭科技，人要能在科技的競逐中仍保住其爲人的價值，人要瞭解眞正使用科技的意義和目的，才不會賠上人類自我與生命的價值。

註釋

1 生命科學爲人類原本只能聽任自然的生死問題帶來更多自主的選擇，不僅讓人們可以延續生命、改變生命，甚至結束生命等都有更大的自由。張世珊，《科學法學、科學倫理學》(台北：淑馨出版社，1995 年)。

2 探究生命的議題與倫理的爭議，一方面訓練倫理的分析思考能力；一方面作爲生命價值的反省與批判，藉以建立生命價值的信念。游惠瑜，〈生命倫理學在通識教育的教學〉，《應用倫理研究通訊》，第二十九期 (2004 年)，頁 50-57 。

3 「人工生殖」或「人工受孕」是指在男女性交之外導致受孕的技術方法。依成孕方式一般分爲：(1)人工授精 (artificial insemination) ──利用針管將男性精液注入女性子宮內以導致其妊娠；與(2)體外受精 (in vitro fertilization-IVF) ──在婦女體外完成精卵結合後，再將胚胎植入母體 (即胚胎移植 embryo transfer: babies) 的成孕方式，由此獲得的嬰兒，便稱爲試管嬰兒 (test-tube babies)。若依精卵來源，則分爲：同體 (homologous) 人工受孕──採用夫精妻卵；與異體 (heterologous) 人工受孕──採用的精卵至少有一個來自第三者的捐贈。如此，依成孕方式與精卵來源合併觀之，則有四種人工生殖形式存在，即：

第一、同體人工授精：使用夫精妻卵，一般稱爲配偶之間人工授精 (artificial insemination by husband-AIH)。施術當日醫生將採自丈夫當天的精液，或者將丈夫早已儲存在精子銀行的精液予以解凍後，注入妻子的子宮腔內。

第二、異體人工授精：技術上與同體人工授精相同，但使用的精子不是來自丈夫，而是來自第三者的捐贈，一般稱爲非配偶間人工授

精（artificial insemination by donor-AID）。

第三、同體體外受精與胚胎移植（homologous IVF-ET，即同體試管嬰兒）：採取不孕夫婦本身之精子與卵子來施行體外受精，即在培養皿中使精卵匯合受精，然後繼續培養二至三天再施以胚胎移植術植入妻子體內，使其著床成孕。

第四、異體體外受精與胚胎移植（heterologous IVF-ET，即異體試管嬰兒）：技術上與同體試管嬰兒並無不同，但採用之精卵至少有一個是來自第三者的捐贈。

參見倪慧芳等主編，《21世紀生命倫理學難題》（北京：高等教育出版社，2000年）。與艾立勤，〈人工授精與試管嬰兒〉，http://210.60.194.100/life2000/professer/ilichin/i8.htm。

4 自從一九七八年七月二十五日在英國誕生了全世界第一個經由試管受孕（in vitro fertilization，簡稱IVF）而產下的試管女嬰——路易絲布朗（Louis Brown），試管受孕或體外受精即成爲被激烈爭辯的題目。見李瑞全，《儒家生命倫理學》（台北：鵝湖出版社，1999年）。七年後，台灣也於一九八五年四月十七日在台北榮民總醫院的婦產科誕生了台灣的第一位試管嬰兒——張小弟。從第一例試管嬰兒至今二十週年（二○○五），榮總已孕育出兩千四百多位試管嬰兒，台灣也累計有一萬兩千人，全球試管嬰兒則已破百萬。二十年來，台灣試管嬰兒的成功率從12％，提升到35％，卅五歲以下婦女成功率更高達45％，台北榮總婦產部生殖內分泌科主任張昇平說，這個成績可說是傲視全球。「比起廿年前，今天的技術進步太多了。」張昇平表示，最大的不同，就是當年取卵時，婦女必須全身麻醉，在身上打三個洞以腹腔鏡手術取卵，如今只要在陰道超音波引導下，用取卵針經陰道取卵即可，不但成功率提高，時間也大幅縮短，廿年前要花一個小時，現在只要十分鐘。藥物方面也有

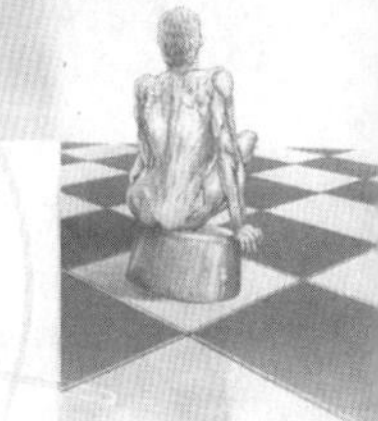

很大進展，以前的排卵針是從尿液中粹取，現在則有基因工程藥物可供選擇；當年胚胎的培養液也是土法煉鋼，醫師自己買藥粉來泡，很容易因爲細菌污染導致受精失敗，今天只要買現成的，好用又安全。此外，過去醫師總得用大量精蟲去受精，如今發展出了「微滴法」，只需要當年所需精蟲量的1％，不但受精率提高，胚胎也更健康；而當年取卵時，總得「追著卵子跑」，趁著卵子一成熟就得趕快「收成」，如今靠藥物就能控制卵子成熟時間。二十年來，試管嬰兒技術不斷進步，但價格卻始終沒變，雖然技術成本越來越低，進行一次療程的費用，一直維持在十萬元上下。參見〈台灣試管嬰兒技術傲視全球〉，自由時報，2005/04/17，http://www.libertytimes.com.tw/2005/new/apr/17/today-life1.htm 與〈首對試管嬰兒二十歲喜相逢〉，自由時報，2005/04/17，http://www.libertytimes.com. tw/2005/new/apr/17/today-life2.htm。

5 人工授精與試管嬰兒的確爲許多不孕夫婦完成生兒育女的心願。而且隨著相繼開發出更多更精細的人工生殖技術，將會使更多更難解決不孕問題的夫婦也能一圓爲人父母的心願。但並非所有不孕夫婦都能接受這些手術，尤其就試管嬰兒的花費看來，更可說是索費不貲，目前每次約需新台幣十二萬至二十萬不等。而平均來說，每對不孕夫婦又大約需嘗試三至四次才成功，故需花費六十萬至八十萬左右。其次，試管嬰兒的整個施術過程非常耗力，尤其女性還必須一次次承受藥物刺激所帶來的副作用折磨，及取卵與胚胎移植所帶來的痛苦及危險。此外，夫妻雙方在整個施術過程中，還需不斷調整心情以面對不孕的自責及一次次失敗的打擊。

而人工生殖技術中最明顯的是對胚胎（最弱勢的無辜生命）的不尊重與傷害，爲了達至生育的目的，大量的胚胎被製造、篩選、冷凍、實驗、最後予以丟棄……等。這樣的景況眞是充滿諷刺——爲

了「生」所從事的行動竟反造就「死」的事實（加強了當代墮胎文化的肆虐）。這些方法常違反尊重生命的原則，因爲它們大部分必須在體外受精，而體外受精的死亡率很高，許多合子不到桑葚胚的階段就會死去。臨床上爲保證成功率，往往培養過多的受精卵，再從中「優生」挑選好的胚胎植入母體，或者將「不夠健康」的丟棄。植入之後若存活的胚胎仍太多，還會施行「減胎」手術將「不必」要的胚胎加以移除。這些技術很顯然是會傷害初期人類生命的人工生殖方法，不夠充分尊重胚胎的生命。參見孫效智，〈代理孕母的倫理與法律問題〉，http://210.60.194.100/life2000/professer/johannes/articles/5.surrogatemotherhood.htm 與艾立勤，〈人工授精與試管嬰兒〉，http://210.60.194.100/life2000/professer/ilichin/i8.htm 。

6 行政院院會於二〇〇五年五月十八日通過「人工生殖法草案」，確保不孕夫妻和人工生殖子女的權益，該法明訂人工生殖以治療不孕爲目的，不得爲人類品種改良之實驗，或爲商業目的。草案禁止親屬間精卵結合及採無性生殖，也不得使用特定人捐贈的生殖細胞，違者處五年以下有期徒刑，得併科一百五十萬以下罰金。爲避免人工生殖淪爲商業行爲，草案規定意圖營利而從事生殖細胞、胚胎買賣、交易或居間介紹者，處二年以下有期徒刑、拘役或併科新台幣二十萬元以上、一百萬元以下罰金，所得財物並予沒收。鑑於代理孕母涉科學、倫理、法律、社會道德等各層面問題，行政部門決定將代理孕母和人工生殖法脫鉤，不在草案中規範。另外，取出夫之精子移入妻體內的人工生殖，因施術簡單，且精卵來源及懷孕分娩方式與一般夫妻自然生殖無異，也不納入規範。參見〈人工生殖法草案〉，中國時報，2005/05/19 ，http://news.chinatimes.com/Chinatimes/newslist/newslist-content/0,3546,110503+112005051900060,00.html 。

7 陳昭姿，〈翹首期盼代理孕母合法化——等待生命的轉捩點〉，《應用倫理研究通訊》，第四期（1997年）。

8 陳美華（1999），〈物化或解放——女性主義者關於代理孕母的爭論〉，《月旦法學》，第五十二期（1999年）。

9 轟動一時的桃莉羊是第一隻被公開的複製羊，就像是電影「侏儸紀公園」，信心滿滿的科學家製造了很多的恐龍，它的原理與複製羊一樣，用蚊子身上取出的恐龍的DNA，製造出恐龍來，因爲恐龍是很大的生物，擔心無法被人控制，或者未來會無法管理這些恐龍，所以認爲只要培育出單一性別的恐龍，例如讓恐龍都是公的，或者都是母的，恐龍就無法自然的繁殖，所以每一隻恐龍都必須要從實驗室培育出來，這樣人類就可以完全的掌控恐龍的繁殖與否。在科技的發展史上，科學家總是很有自信的，就像「鐵達尼號」一樣，科學家非常有信心的說要蓋一艘不會沉的船，現代的人在挑戰所謂的生化科技時，也認爲只要有信心就可以達成任何的計畫，但是我們並不知道將來我們要複製的這些東西會不會失控，超出我們的想像。

10 例如我們可以製造核彈，但是我們應該做嗎？又例如核能發電廠，我們是有能力蓋，但是我們是否要蓋呢？它的核廢料要怎麼處理呢？將來的後續問題怎麼辦呢？我們要有整套的配套措施，我們不應該只是爲了一時的需要，就讓科技無限度的發展。

11 楊桂美，〈基因革命——邁向完美或自我宰制〉，《哲學與文化》，第三十卷，第一期（2003年），頁53-64。

12 根據報告，總共做了二百七十七次的核移植，才得到二十九個正常的胚胎，而將這些胚胎植入母羊的子宮內，才誕生了桃莉。二百七十七分之一的出生率，占不到0.4％。這個實驗證明了一般的身體細胞可以是「全功能」的細胞，亦即細胞可變化成任何器

官，只要藉由細胞分裂，便可形成完整的個體。參考輕部征夫著，宋昭儀譯，《惡魔的科學》（台北：新雨出版社，2000 年），頁 17 。

13 聯合國教科文組織於一九九七年就通過關於禁止進行無性複製人類實驗的世界宣言，見裴雪濤主編，《幹細胞技術》（台北：五南出版公司，2003 年）。

14 見科拉塔（Gina Kolata）著，洪蘭譯，《基因複製》（台北：遠流出版社，1998 年），頁 13 。

15 裴雪濤主編，前揭書。

16 一九九八年，美國與以色列的科學家合作從試管嬰兒多餘胚胎培育出人類多功能性胚胎幹細胞株。二○○○年，新加坡與澳洲科學家也合作培育出人類胚胎幹細胞株，並分化爲神經細胞。二○○四年，南韓的科學家應用健康卵丘細胞核轉殖培育出一個幹細胞株。二○○五年五月十九日，同一個南韓研究團隊報導他們從傷病患的肚皮細胞核轉殖培育出十一株幹細胞，在這次的報告中，有一位三十三歲的女性脊椎傷患，利用她本身已除去細胞核的卵與自己的肚皮細胞核轉殖所培育出的幹細胞株，經過分化及分離出純神經細胞，就可以用來醫治自身的脊椎傷害，完全沒有免疫排斥的問題。因此，不久的將來，脊椎受傷女性中，年輕者可用自己的卵，而年長者也可借用女兒、外孫女、姊妹或外甥女的卵，經由受傷者本身的表皮細胞核轉殖來進行治療。台灣目前有幾個實驗室已培育出國人之人類胚胎幹細胞株，但都尚未完成特性分析並發表在國際科學期刊上。李水龍，〈治療複製 vs.生殖複製〉，自由時報，2005/05/25 ，http://www.libertytimes.com.tw/2005/new/may/25/today-o2.htm 。

17 許英昌，〈爲病患複製健康〉，自由時報，2005/5/25 ，http://

www.libertytimes.com.tw/2005/new/may/25/today-o1.htm。

18 Tom L. Beauchamp & James F Childress, *Principles of Biomedical Ethics* (New York: Oxford University Press, 1979).

19 游惠瑜，《刑罰理論的倫理學基礎》，中央大學哲學研究所碩士論文（1991年）。

20 處罰表現對做錯事的譴責態度，做錯事的人應受到譴責，這是其應得的，也是道德上合適的（moral fit）。見 Martin P. Golding, *Philosophy of Law*, chapter 5 (New York: Englewood Cliffs Prentice-Hall Inc. 1975), p. 85.康德亦認爲處罰要「不多不少」於其所引起的傷害，因爲「不多不少」的傷害才能使做錯事的人與受害者彼此承受的傷害平等，也因爲透過這個「平等原則」來處罰，才能彰顯公正，實現正義。見 Immanuel Kant, *Metaphysic of Morals Part I: The Metaphysical Elements of Justice*, trans. By John Ladd (Indianapolis: Bobbs-Merrill, 1965), p. 100-102.

21 效益原則參考，Mill, John Stuart, *Utilitarianism* (New York: Bobbs-Merrill, 1957).

22 處罰不見得是要打人，有時候言語上的責備，造成心靈上的傷害，都可以是處罰。而以保護或教育的目的作爲處罰的理由，所持的是仁愛的原則。

23 安樂死（euthanasia）源自希臘文，原意指「好的死亡」(good death)。《韋氏字典》(*Webster's Dictionary*）的定義是「安寧而輕鬆的死亡」(a quiet and easy death）或是「導致安寧而輕鬆的死亡行爲。」(the action inducing a quiet and easy death）安樂死可分爲「消極」(passive）或「積極」(active）地導致死亡。即可以消極地停止治療或以積極的行動致死。同時亦可分爲經由病人同意地出於「自由意志」(voluntarily）的與病人無法表示意見地即出於

「非自由意志」(involuntarily) 的。波伊曼 (Pojman, Louis P.) 著，江麗美譯，《生與死——現代道德困境的挑戰》(台北：桂冠出版公司，1995年)，頁67。與波伊曼 (Pojman, Louis P.) 著，魏德驥等譯，《解構死亡》(台北：桂冠出版公司，1997年)，頁147。

24 爲尊重不可治癒末期病人之醫療意願及保障其權益，「安寧緩和醫療條例」經八十九年六月七日公布施行，又經九十一年十一月二十二日修正，第三條爲：本條例專用名詞定義如下：

一、安寧緩和醫療：指爲減輕或免除末期病人之痛苦，施予緩解性、支持性之安寧醫療照護，或不施行心肺復甦術。

二、末期病人：指罹患嚴重傷病，經醫師診斷認爲不可治癒，且有醫學上之證據近期內病程進行至死亡已不可避免者。

三、心肺復甦術：指對臨終、瀕死或無生命徵象之病人，施予氣管內插管、體外心臟按壓、急救藥物注射、心臟電擊、心臟人工調頻、人工呼吸或其他救治行爲。

四、意願人：指立意願書選擇安寧緩和醫療全部或一部分之人。

即屬上述之病患，得預立意願，選擇在臨終或無生命徵象時，不施行積極地救助，而任其自然的死亡。見http://www.hospice.org.tw/relax/list_main.htm。

25 支持安樂死的人認爲，有能力請求殺死自己是人最後對其生命的自主行爲。不論他們的動機是出於解除痛苦或爲家庭或社會減輕負擔，他們會說他們爲自己的命運做了自由的選擇，他們聲稱，他們負責並決定什麼對自己是最好的。鄂爾 (Orr, Robert D.) 等著，章福卿譯，《認識生命倫理學》(台北：校園書房，1997年)，頁157。

26 可參考以下文章：陳文珊，〈墮胎倫理的爭議〉，《第四屆生命倫

理學國際會議論文集》，第二冊（2004年），頁F1-15。中壢：中央大學。與李素楨，〈台灣女性的生育自主權之問題與權利分析〉，《應用倫理研究通訊》，第三十一期（2004年），頁15-22。肖魏，〈母親與胎兒關係的倫理爭議〉，《應用倫理研究通訊》，第三十一期（2004年），頁2-6。

27 如果是不健全與不被期待的胎兒，在台灣因爲有優生保健法，可以合法與有理由墮掉。優生法裡規定懷孕的婦女只要有下面六款情形，都可以施行人工流產，亦即墮胎，即以人工的方式阻止懷孕。第一款情形就是危害優生的、有遺傳疾病的懷孕可以施行人工流產。第二款情形也是指有遺傳疾病疑慮的懷孕情形。第三款情形是只要在懷孕的過程當中，或是分娩的過程當中會對母體造成傷害的，爲了保障母體的安全也是可以施行人工流產。第四款情形就是當胎兒被診斷是不健全的，就可以墮胎。第五款情形是被強暴而懷孕者，被強暴的人是非自願性懷孕的人。第六款情形也是受到爭議最大的，也就是因爲懷孕或生產，將會使母親受到心理健康或影響家庭生活者可以墮胎，這裡被認爲是爲墮胎廣開大門，幾乎所有的理由，只要你覺得對身心理有影響的就可以施行墮胎。因此，第六款引起最大的爭議。參考優生保健法第三章第九條，http://www.twch.gov.tw/genetic/服務資訊/優生保健法.htm。與釋昭慧，〈揮之不去的父權夢魘——評述「優生保健保」修正案之爭議〉，《應用倫理研究通訊》，第三十一期（2004年），頁23-35。

28 蓮娜瑪莉亞從小學游泳，獲得很多獎杯，後來又在聲樂這方面發展出很好的能力，成爲知名的演唱家。她目前三十六歲，還結婚了，可以從她的故事裡面看到我們剛剛說的，痛苦使人的生命格外的堅強，她什麼事情都自己來，她會自己開車、烹飪、打毛線衣，當她被問到，她是否覺得有缺乏時，她說她沒有缺乏，因爲她可以做到任何她想做的事，手並不是她覺得生命當中最重要的，她覺得愛才是最重要的。這樣一個重度殘障的生命，其實讓我們看到的是一個豐盛生命的展現，當然這樣的成長歷程是很辛苦的，可是因爲這樣的一個歷程，會激發我們更多對生命不一樣的潛力與態度。蓮娜瑪莉亞著，王家瑜譯，《一無所缺的人生》(台北：傳神出版社，2001 年)。

29 倫理學的基本理論分爲道義論與效益論，可參考：Feldman, Fred, *Introductory Ethics* (N. J.: Prentice-Hall Inc, 1978). & Frankena, W. K., *Ethics* (N. J.: Prentice-Hall Inc, 1963). & Pojman, Louis, *Ethics: Discovering Right and Wrong* (Belmont: Wadsworth, 1995).

30 Kant, Immanuel, *Groundwork of the Metaphysic of Morals*. trans. by H. J. Paton. (New York: Harper & Row, 1964).

31 Mill, John Stuart, *Utilitarianism*. (New York: Bobbs-Merrill, 1957).

32 行爲倫理學是以義務、規則、原則、正確 (rightness)、客觀的善(objective goods)、有意志力和自律的與普遍化的原則爲主；行爲者倫理學是以品行、德行、傾向、好 (goodness)、主觀的善(subjective goods)、道德的個體、超意志力的與以個別的特性(character) 爲主的。

德行論認爲思考人格或品行，重要的是人所具備的德行，這關乎一個人爲人如何，即他是怎麼樣的人比他用什麼樣的原則作判斷來得重要。所以原則論 (道義論與效益論) 思考行爲者所做出來的行爲與所依循的原則，重點在所做的「行爲」；德行論則以「成爲怎麼樣的人」爲關鍵。見 Roger Crisp & Michael Slote (ed.), *Virtue Ethics* (Oxford: Oxford University Press, 1998), p. 3 ，以及 John Laird, "Act-ethics and Agent-ethics," *Mind*, vol. LV (1946), pp.

113-132.與游惠瑜，《從友愛到幸福——對亞里斯多德倫理學的一個詮釋》，東海大學哲學博士論文（2001 年），頁 85 。

33 德行論可以古代的亞里斯多德與當代的麥金泰爾（MacIntyre, Adasdair）爲代表，前者論著以《尼各馬科倫理學》（*The Nicomachean Ethics*）爲代表，後者論著以《德行之後》（*After Virtue*）爲代表。見 Aristotle, *The Nicomachean Ethics*, trans. by W. D. Ross, revised by J. L. Ackrill and J. O. Urmson (Oxford: Oxford University Press, 1980)與 MacIntyre, Adasdair, *After Virtue*. Notre Dame (Indian: University of Notre Dame Press, 1981). Bernard Mayo 曾提供了一個亞里斯多德觀點的現代表達，對比義務論者與目的論者的「做」(doing) 的倫理學，亞里斯多德的是「是」(being) 或品行的倫理學。Mayo 認爲聖人和英雄表現重要的生活典範，而非僵硬的規則。我們從觀察這種人的生命比從一些原則中學到更多。Bernard Mayo, "Virtue and Moral Life," in Louis Pojman (ed.), *Moral Philosophy-A Reader* (Indianapolis: Hackett, 1998), p. 260.

34 游惠瑜，〈德行爲主的專業倫理教學〉，《哲學與文化》，第三十二卷，第八期（2005 年），頁 127-145 。

35 關懷倫理強調的關懷能力，包括關懷他人與接受他人關懷的能力，亦即被關懷者亦要學習如何回應關懷者努力給予的關懷，讓關懷者與被關懷者均能感受到彼此的關懷與互相支持的關係，才能眞正形成互相關懷的關係。

36 關懷的關係是一方面我們可以自由地作決定，一方面我們仍然知道和他人是不可取消地關連在一起，這種基本的關係是我們最核心的存在。Noddings, N., *Caring: a feminine approach to ethics and moral education* (Berkeley: University of California Pressm, 1984), p. 51.

37 伴隨著關懷的關係而來的是喜悦，感受到來自關係中的喜悦，會增進對道德理想的承諾。Ibid., p. 132.

38 儘管關懷倫理對原則倫理與德行倫理提出的批判，並不足以否定傳統倫理學的價值，也儘管關懷倫理仍存在諸多問題，但是借由女性的角度與思維，提出對主流倫理的反思與建言，卻能讓倫理思考有更多元與更開放的面向與空間，以開拓我們更宏觀的視野與觀點。見游惠瑜，〈諾丁的關懷倫理學及其問題〉，《哲學與文化》，第三十二卷，第三期（2005 年），頁 93-106。

39 Tom L. Beauchamp & James F Childress, *Principles of Biomedical Ethics* (New York: Oxford University Press, 1979). 與蔡甫昌、李明濱，〈當代生命倫理學〉，《醫學教育》，第六卷，第四期（2002 年）與李瑞全，《儒家生命倫理學》（台北：鵝湖出版社，1999 年）。

40 醫療與科技的實踐有著多元的價值，例如科學、經濟與倫理等價值，其中倫理的價值應該是最基本與最重要的價值，否則醫學與科技就會成爲人類探索未知與滿足好奇心的手段，而生命科學面臨的道德困惑，其核心還是要以尊重人的生命、尊重人的人格與尊重人的權利。所以生命倫理學的根本問題就是探討生命科技發展中的人的價值的問題。以上見施衛星等著，《生物醫學倫理學》（杭州：浙江教育出版社，1999 年），頁 8-9。

41 弗洛姆（Fromm, Erich），《生命的展現》（*To have or To be?*）（台北：遠流出版社，1994 年）。

42 重視「是」的存在狀態的社會，評價人主要是根據看到的「是什麼樣的人」；重視「有」的生存狀態的社會，評價人的標準在於「擁有什麼樣的物」。前者重視「是」是以人爲中心，後者因爲追求「有」，事實上已經進一步轉化成以「物」爲中心的價值觀。林鴻信，《邁向覺醒》（台北：禮記，2001 年），頁 243。

第七章

生命的安頓

辜琮瑜

文化大學哲學博士

醒吾技術學院通識教育中心專任助理教授

人生哲學的探索，不只靠知識的學習，更重要的是透過實踐，體證種種方法、觀念的效果，並深入探索其中得以與自己生命或人格相對應的部分。唯有如此，才是對應生命的課程，而非速食的教案，不只是端出來可遠觀而不可入口的美食。

強調人生哲學的實踐性，還有一項重要的意義，便是在擾攘不安的生命歷程中，透過課程尋找生命的安頓與出口。

第一節　人生哲學與生命的安頓

面對人生中諸多課題，我們無法如數學般運算公式，找出固定的法則，處理三角函數用這個方法，處理代數用另一組。人生的問題變化萬端，隨客觀的時空環境，以及主觀的身心反應等等條件，都會使問題或因爲加入或因爲減少變數，而產生不同的結果。

因此在進行的次第上，還是要先回到自己身上，亦即先進行深刻而清楚的自我認知。一般人總以爲自己最瞭解自己，於是對自己的認知與體察常最輕忽。平常忙忙碌碌，很少有機會停下腳步感受一下自己與外在事物相對應時，到底產生了什麼樣的身心反應。

因此第一步就是練習對自我的覺察，進一步自我認知，甚而自我管理。如此才能在遭逢不安、困頓時找到出口與解決的可能性。

覺察的線索可能來自生理感官、肢體動作、情緒反應以及想法念頭，覺察的方式可以透過靜坐後的安定狀態，逐一檢視身心反應，也可以嘗試與自己熟悉親近的人，對自己的言行進行觀

察，再藉以反觀。除了自己與自己的互動，也可以從自己與他人的互動中窺知線索。

發現自己深層的思維模式、不自覺的行爲模式之後，你將更清楚的知悉自己的需求是什麼、煩惱或痛苦些什麼，乃至於不足之處、苦痛來源，更進一步才能加以強化或解消。

因此想要透過自我探索與建構的歷程安頓生命，不妨試著從自我的理解之旅開始，也許，你會發現這趟行程趣味橫生，其中甚至可能蘊藏著連你自己也不知道的生命密碼。

第二節　生命何以無法安頓？——煩惱與不安

處在紛紛擾擾的人世間，總會遭逢人生的困頓，有的是外境的不如意，有的是內心的惶惑，這些都會造成生命無法安頓、無法自在。不安已讓人難爲，煩惱更常如影隨形，因此，想要安頓自己，便須省察這兩項讓我們惶惶不可終日的狀態。

因此我們特別把範圍鎖定在人所面對、遭遇、體會深切的「煩惱」與「不安」上。因爲煩惱與不安的感受是最普遍而強烈的，也是每一個人都曾經體驗過的生命經驗。所以只要先檢查自己煩惱與不安的感受，就能循線找到自己面對人生的一些觀念與想法，或者自己之所以痛苦的緣由。這樣的切入點，可以是知識面的理解，知道煩惱、不安的過程與原因，知道如何面對、因應；同時也是實踐性的，直接會觸發生活中的點滴，甚且可能改變生活習慣或思考型態。

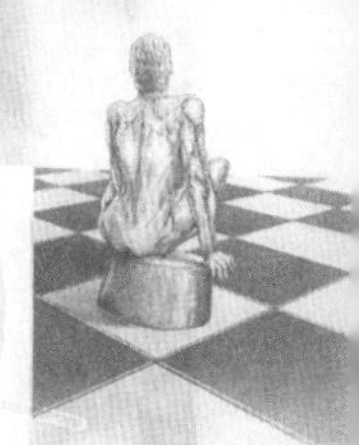

第三節 煩惱與煩惱的解除

人總有種種情緒，百般感受。這些情緒與感受可以分析出什麼？如有人心中起了貪念，便可以再問，貪的是什麼？名還是利？還是一種象徵或是權勢或掌控事情的地位？如果在感受或情緒出現時，我們一路追問，會發現好像緊迫的波流正不斷趨於平緩，小溪般地只剩下潺潺流過的清涼。

很多時候我們的處境像毛線球一樣的纏繞，但多半是因爲自己不知道怎麼回事，找不到線頭，自然無法理出頭緒，也會被拉扯、牽動，又無力處理，只有任這樣一條混亂的波流橫衝亂闖了。

佛教的唯識學則對煩惱進行耙梳，說明一個個煩惱其實其來有自，也都可以透過自我的理解與分析、聆聽，找到自己內在微細的變動與自我求救系統的啓動。就像發燒，是爲了表達「我應該是病了」；心裡的煩惱流一漂動，也正是要向自己說，心裡面有不平衡，該要檢查一下了。

人如果長期不去理會心濤的波動，就會失去第一時間發現問題，甚至找出解決辦法的最佳時機。那時，煩惱逐漸變成習氣，就很難斷除了。我們可以透過這樣的自我檢測，看到自己的習氣，找出自己習氣的趨向與習焉不察的反應，這會是煩惱解套的第一步。

佛教把一般人容易遇到的煩惱分成兩大類：第一種爲根本煩惱，指的是最難解決的問題，包括貪、瞋、癡、慢、疑、惡見等；其中的貪、瞋、癡三個煩惱，因爲特別嚴重又普遍，所以常

被稱爲「三毒」。惡見又可以依它們的特質，分爲五種，分別是「我見」、「邊執見」、「邪見」、「見取見」、「戒禁取見」等。

第二種是隨煩惱，指的是隨著根本煩惱而生起的煩惱，與根本煩惱有主、從關係，又分爲三小類，分別是小隨煩惱，包括忿、恨、覆、惱、嫉、慳、誑、諂、害、憍等十組；中隨煩惱，包括無慚、無愧兩組；以及大隨煩惱，包括掉舉、惛沈、不信、懈怠、放逸、失念、散亂、不正知八組。

下列的討論包括了見地上、觀念上、生活上以及態度上所可能發生的一些情境與身心反應、特質，在生活中的現象，對生命的長期影響，以及對這些煩惱可以如何去思維等面向。

煩惱的種類與樣態

一、根本煩惱

根本煩惱爲貪、瞋、癡、慢、疑、惡見（我見、邊執見、邪見、見取見、戒禁取見）茲介紹如下：

(一)貪煩惱

貪來自對自己、對外境、對別人、對美好形色起念，感官知覺像雷達般不斷伸出觸角，而勾起心的覺受枝椏，這個也喜歡，那個也感動，忍不住就被牽引而去。

情愛常是貪念啓動的觸發鈕，戀人間往往從吸引彼此的外相、條件勾出因緣，所以是眞愛還是貪形色、條件，常常混淆難解。親人眷屬間，則對關係的相續不斷難捨難離。財富的貪更難掌握：夠了是多少？滿足、必要的標準又何在？

聲名的貪最怕被理念攀附，是好名，還是要透過聲名顯揚傳

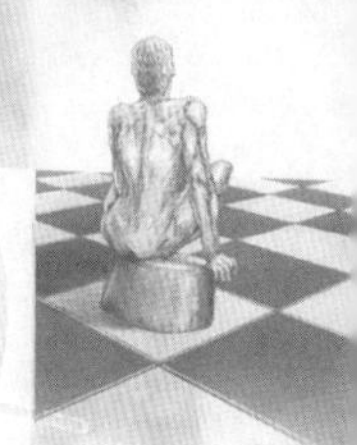

達美好理念？有時不一定期待大好名聲，只是對他人稱許、讚美、肯定等的小小期待，來的適時適事，美好鼓勵就是前行的力量，但如果成習慣，或依賴這樣的方式才能啓動，就成了討糖吃的孩子，得不到還會鬧彆扭。

高位的貪，往往是習於威權者最美麗的誘餌與糖衣，擁有決策權可以藉此實踐理想，但腐化的速度往往又快又狠。恭敬的貪，是另一種微細而難察覺的心思，有時我們只是要求禮貌的尊敬與對待，但如果不是來自他人的自發行爲，也可能變成壓迫。

貪的發起常透過三段過程一步步深化：它會先讓你生起期待、希望或渴慕，就像見到獵物，眼睛發亮。然後，朝思暮想，希望擁有、占有。接著開始行動，或定計畫或伺機而動，奪取的意念攻占心頭，甚而影響腦袋的運作。

原本可能只是一個小小的，對美好人事物的感動，到此正式成爲煩惱讓心淪陷。誘惑的開端美麗而難以察覺，就如痛苦當下給一顆鎮定劑、止痛丸，多數人難以抗拒，因爲不知道開始吃第一顆，就會需要第二顆、第三顆，乃至於不斷加重份量卻難以離脫。

就像魚兒上鉤，明明有經驗的魚告訴你那串香餌是毒，你還是忍不住迎向前囫圇吞下，會痛會苦，以後再說。全心全意被牽動著，從路邊攤吃到小館子，然後是高級料理、上等餐廳，最後，非珍奇美味不吃，完全忘了最初只是餓了。

可是，如果把自己從欲望束縛中解開，重新省思：吃食不過爲了治療飢餓，喝水只爲了除渴；披上衣裳爲了卻風寒，躺臥下來則是用睡眠治療惛沉。走累了所以換車騎乘，站久了靠在椅子上歇歇，身子蒙了灰塵所以沐浴清洗。這些都只是爲了解除生活中的不舒服、不方便。

偏偏往往忘了最初的動機，無論是吃、喝、穿衣、睡覺、臥具、車騎種種可以最單純的生活所需，都成了貪欲下手的對象。

(二)瞋煩惱

只要是人，幾乎沒有不生氣的。雖然都知道生氣是負面的，但生氣似乎又最難克服，然而生氣所引發的煩惱、痛苦，乃至於傷害，可能又是最直接最嚴重的。瞋恚如火，不但熾熱難擋，還會進一步把很多東西燒爲灰燼，其中最大的損傷，就是自己的心。

這把火有時是被違逆的不順事所激惱，有時是從自己心裡發出，想不開的人，便可能只在思量、回憶起世間怨懟、憎惡的人事物之際，就忍不住激起內在潛藏的怒意，而一發不可收拾。還有的，則來自諍訟、好鬥的個性，認定自己的想法最好，所以只要別人不以爲然，就會激起火花。

生氣時心裡擾惱不休，對外則不斷想著怎麼回報別人，即使原本只是一時氣憤，與對方也沒有大恨大仇，一但起火就可能越燒越烈，心思焦灼，狂亂無法控制。

這時無法體會世間還有種種可愛、可樂、可欣悅的人事物，也無法用這樣的心境看待別人在違逆自己之餘的美好的生命情調與態度。一旦置於瞋火中，陷入交戰的心理狀態下，一心只想如何回敬對方，暢一己之怨氣。

但瞋恚者要問的是：如果對方讓我那麼痛苦、悲慘或怨恨，我如何能生起憐憫心？又如何願意他得到安樂？

對此可從幾個不同面向去思量：這些讓我們瞋火中燒的人，一定也有美好的質地，如果因一己之怨而湮沒其他好處，不但是對方也是自己的損失，尤其人在生氣時，不太可能把對方的錯誤與你對他的整體評價分開看待。何況，瞋火燒灼時，痛的不會只

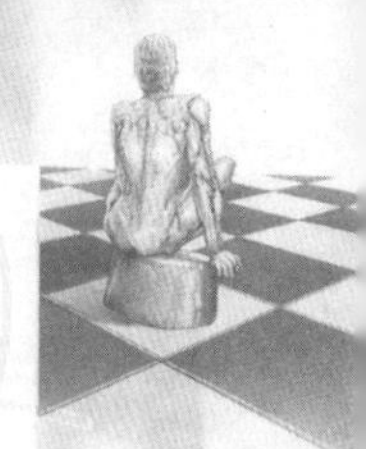

有對方，自己才最容易受傷。有時甚至自己已經糾心刺痛了，對方可能還毫無知覺。

(三)愚癡煩惱

愚癡的定義就是沒有智慧，無法彰顯自己的理性或判斷力等。

愚癡最主要的作用是蒙昧遮障，使人們對對的、好的事物產生幕帘，要不讓你無法看到眞相，要不讓人對眞實產生懷疑。

最常出現的愚癡，是執著有堅固不變的我、有究竟不變的眞理。

愚癡的蒙昧，往往讓人不明白對自己身心、生命眞正有益的是什麼；不應取的取了，當取的卻棄如蔽屣。無法分辨是非，就會在糊裡糊塗而看似無所謂的狀態下造作種種業。雖然眼不盲，心卻如盲。

至於破愚癡的智慧則從如實觀察、體會因緣而來，看清楚事物進行之間的因緣變化究竟是怎麼一回事來因應。唯有體察出一切都是因緣生滅的變化，才不會對這些境界動念、動心。

(四)慢煩惱

只要與人相處、相往返，憍慢心也常來擾動。只要牽涉到人與人之間的關係，分寸、進退最難拿捏。

慢是跟人比較之後生出的心思，甚至妄想要比別人更優秀，所以一有任何成就便忍不住誇耀。無論是哪一種，主要還是因爲我們總是太在乎自己。

因爲老注意自己，所以看到自己好，忍不住洋洋自得；看到自己成就或天賦，便認爲自己稀有難得；看到別人的表現，忍不住就拿來跟自己比，或從自己身上找找看有沒有可以與之匹敵的。

而對強調人們要有自信心，或要有獨立自主人格的說法來看，信心與慢心這些微的一念之差在哪裡？

回到與人相處對待來看，有自信心的人，無論有何成就表現，都不會出手傷到別人。自信只是對自己的肯定，眞正的自信不會帶刺，也不會小覷別人。眞正的自信不會希望自己比別人更好，不會把自己的信心建立在跨越別人上。眞正的自信，對別人的表現，更會生起隨喜的愉悅，而不是瞬間的失落與冷眼。

如果心思不帶對立，不帶比較，甚至連「交手」的念頭也不起，慢心也就不易出現。時時提醒自己，不要因爲僑慢、自恃，而不自覺地傷害別人。因爲每個人的生命因緣不同，學習的課題也不同，如果每一個當下都踏實，何必藉比較來肯定自己？如果看到別人好就難以釋懷，哪裡有餘力開墾屬於自己的那畝田？

(五)疑煩惱

人們常把「疑」與「惑」連在一起，其實「疑」既是造成「惑」的來源，「疑」本身也就是一種「惑」。在猶疑不定中，心中惑亂，因爲疑而「不確定」，而不確定正是習慣安定、穩當生活的人最大的恐慌。

但疑卻也是生命所以充滿變動的可能，是突破現況的重要切入契機。如果一直篤信某些習以爲常的眞理，或別人制定的規範，便很難讓生命產生躍進的可能。

因此，疑煩惱在佛法中，屬於不定法，它可能是好的因緣，也可能是逆的因緣，重要的不是疑本身的問題，而是疑的作用被放在什麼情況下思維、運作。

疑惑來自雜亂不清的思維，來自混亂的價值系統，來自人們心中對某些事物的無法釐清與判斷。因此對一般人而言，最好的方法就是提供更好的知見或更清楚的思維。然而，既然弄亂了腦

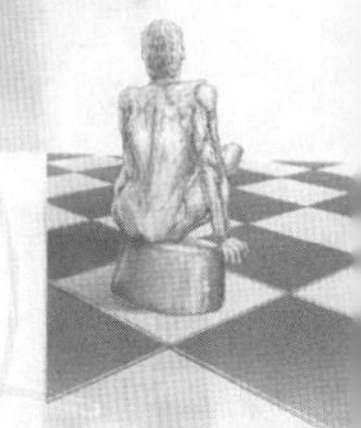

袋的是思維，又如何透過思維把腦袋弄清楚？

佛法則指出，知見常常只是習慣或被灌輸的內容，不一定眞正地成爲內化的生命價值。於是遇到不同的價值或思想系統，就很容易陷入猶豫與徬徨，比較、分析、對照、排列，最後只是更加紊亂徬徨。

但如果知見的產生是透過完整的次第逐漸形成，它就可靠多了，即是「見法、得法、知法、悟入法、超越疑惑、除卻猶豫，得無畏」的過程。見法時，法是對象，得法時它才開始納入生命的運作，這樣的知才是眞正的知，讓人在體悟之餘內化到生命中。只有到此階段，才能超越疑惑，擺脫搖晃不定的徬徨，生起眞正的力量。

這時候，無論你信的是什麼，是某一種觀念，某一些價值系統，或宗教信仰，才眞正會產生力量。

所以去除疑惑不是要盲從，而是提醒自己以更開放的心量，先專注聆聽或體會，甚至嘗試，那時再來決定要繼續疑，或者生信。

疑來自猶豫的性格與徘徊的習氣，對治它，便是鍛鍊審愼觀察與思維的能力，以清澈的智慧與理性的思考習慣，勿受一時情緒影響而輕忽地下判斷。至於猶豫的性格，則需要透過專注力的練習來達成。

(六)惡見煩惱

「知見」何以會與煩惱搭上線？明明是關乎知識追求的課題，爲何會與生命的問題相交涉？因爲活著不只靠知識，更需眞正智慧的引導。如果知識追求的動機有問題，更可能招引到所謂的「邪見」、「惡見」，這才會勾牽出煩惱。

所謂的邪見、惡見，倒不是什麼邪惡的念頭，更精準的定

義，是指基於顛倒度量而生起的那些雜染、不清淨的世間聰慧。

諸多煩惱中，可分爲理論性的煩惱及情意上的煩惱，所謂惡見，就是典型的理論性煩惱，就是獨守或堅持著某一種意識型態，並且因爲堅持，而對自己造成意識的拘限，對別人產生干擾或控制的企圖，甚至讓自己無法開放地學習。

這類的惡見煩惱包括五大項，分別是身見、邊執見、邪見、見取見、戒禁取見等。

知識的追求自然不等於煩惱，關鍵在於動機；其次，看待知識的態度也會牽涉到是否會變成煩惱。如果認爲知識等於一切，把知識的累積當成優越的來源，知識的憍慢就會變成自己的負擔、別人的壓力。

莊子有言，生命是有限的存在，知識卻是無限開展的領域，學習的過程也可以永無止息，所以拿有限的生命去追逐無限開放、開展的知識，不是自尋煩惱嗎[1]？

佛教不是反對知識的宗教，莊子也非反智，重要的應該是理解知識對生命的意義，在此前提下，知識可以滋潤生命，也可以讓我們不要多走冤枉路，因爲瞭解而不盲目。這樣的見地，就不會變成邪見、惡見了。

(七)惡見之我見煩惱

佛教裡所說的煩惱當中，性質各各不同，作用也大小有別。其中最嚴重的，讓人不斷沉淪生死流轉當中，生生死死被它繫縛的，就是對「我」的執著。

危險時，我們會本能的保護它；面對外在事物時，自然有一個「我」把自己與外在事物對立起來，於是，認識的作用因這一種主、客觀的形成而產生；感情的發生，也因爲生起了你、我的關係而成立。

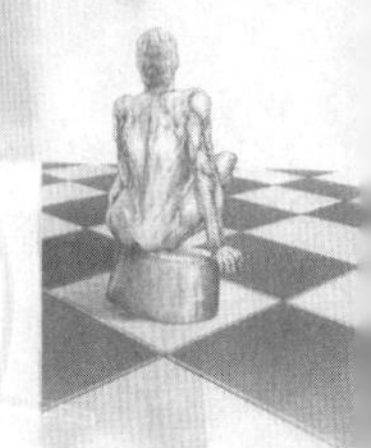

因此當佛法說生命的眞相是「無我」的，就讓人起了恐慌。如果我是假的，那我所擁有的一切不也是假的？「我的」生活、「我的」名利地位、「我的」興趣嗜好、「我的」親朋好友，乃至於「我的」生命都是假的，那麼，「我的」世界不就崩潰瓦解了？

如果「我」是假的，那我的生存又是什麼意思？興高采烈的活著，溫柔細膩的愛著，即便是痛苦的掙扎著、悲傷的糾結著，都那麼眞實而親切，怎麼可能是假的？

面對「『我』到底有沒有？到底眞的假的？」的問題，佛陀的「箭喻」是個自我提醒的標竿。生命不同於物理科學，不去追問具體實物存不存在，而是想知道怎麼樣讓自己離脫煩惱。就像佛陀所說，當一個人不小心被箭射著了，是要忙著討論這支箭有多長，什麼材質做的，色澤如何？還是趕緊把箭拔下來，然後丟開這支箭[2]？

所以對「我見」這個關鍵性的大煩惱，重要的不是去追究倒底有沒有眞的我？而是從「認識」上改變自己對「我」的認知與態度。不是要探討「我」是本體還是表象？「我」在什麼情況下會滅絕？就像眞實的世界不會因爲一個修行人證悟得道而有所改變，物理性的變化不可能因爲你我的心識變化而起變化，但你個人的世界，卻可能因爲你的心念變化，而起了內在的大革命。

去除了「我見」，不再戴著「主觀的我」的眼鏡看這世間的一切，才能消除對客觀事物生起「這是我的」、「那是我的」的分別執著。當不再對事物有愛染、有占有的念頭，也才不會有憍慢心，認爲「我有智慧」、「我有財富」、「我有優越的條件」。

就像一種捨離的減法，生命中與自己牽連、擔憂掛念、攀附、抓取的事物便會一串串的被自己清楚的看到，也才能一樣樣

慢慢拿來檢視：這些東西一定都和「我」相關嗎？有形的事物壓的我們喘不過氣來，觸目所及像蛛網一樣綑綁著我們；無形的感情也好、意識型態也好，也像拎著看不見的包袱，我們可以自問：「我」非得掛著這些東西走來走去而沉重不堪嗎？

(八)惡見之邊執見煩惱

不一定對宗教有興趣，也不一定要有信仰，只要你曾經與死亡打過照面，哪怕只是路邊的瞬間影像，都可能激發你掠過一個問號：到底有沒有靈魂？靈魂是不滅的嗎？還是一旦死了就一了百了，正好拋下所有一切人間的負擔或牽纏。

然而在佛法中，堅信有永恆不變的主體，是邊執見；堅持斷滅之後，什麼都沒有，也是邊執見。邊執見就是執著於兩邊的任何一邊，極端的相信「常」，或絕對的相信「斷」，都是一種偏見。

到底靈魂與肉體的問題如何釐清？死後是有還是一切空無？這個世界的開端在什麼時候？哪一天會滅絕？乃至於宇宙是無窮大？還是總有個邊際？談談或許可以增進一些知識，但如果堅信其中一種理論，還拿來丈量一切，可就陷入無邊的煩惱循環。畢竟，知道先有雞還是先有蛋，總不是生命中的重要課題。何況在此刻的知識系統中，這些問題向來仍是各說各話無有得解。

佛法說世間一切都是因緣而生，因緣而滅。因緣現起聚合了，就有，有現象、有我、有一切的故事發生，美好、痛苦、喜歡、厭惡，都不會因個人的感受與需求而來而滅，反而會因你曾經造作的因緣，成熟結果。因緣結束了，也不會因你的期待或堅持、掙扎而多留一會兒。

於是，因緣來了，美麗的就好好珍惜，苦惱的，就當作功課，體驗、品嚐，並學習不被這樣的苦的感受所綑綁。

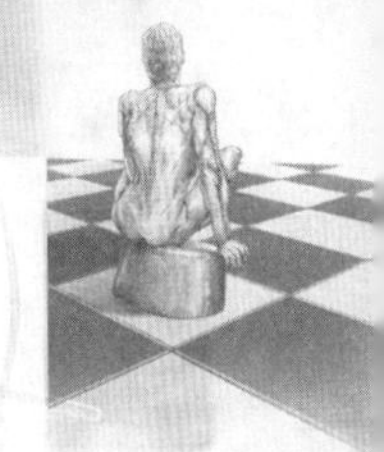

這樣的思考讓我們發現，「到底一切是有還是無？」根本不是問題，也不必執著任何一邊的答案。認定一切終究斷滅，在受苦時可以安慰自己，美好的當下卻讓人無法忍受。相信永恆不變，愉快時期待天堂常在，痛苦了又如何承擔？

可是，在因緣發生的當下，它眞的如實產生了作用。從作用的這一邊來看，你不能也不必否定曾經的種種。但也因為知道因緣是變動的歷程，終將過去，而不會卡在情緒與感受當中過不去；也知悉在過程中的一切都會產生作用，所以不會輕易出手。

(九)惡見之邪見、見取見

見取見是對邪見的執著與堅持，這種態度是一種執取的頑固，認定一種事物就是絕對的眞理，而使得原本即使是對的事物，也因這種無法開放的拘限，造成自我的綑綁，進而形成煩惱。知見即使是錯誤的，頂多只是讓我們認知錯誤，並不見得會造成生命的煩惱與苦迫。惟其形成內化的意識型態並因而牢不可破，才會讓我們衝不出去，指揮我們看待世間的一切，成為評斷萬物的唯一標準。

至於邪見的內涵，總括而言，只要你抱持有所得的企盼，無論哪一種方法都會變成邪見。

此外，較常被人們信受而依止的邪見，主要有三種，第一種認為生命現象來自前定，所以無法改變；第二種認為來自大神的意旨，所以也非人力所能拂逆；第三種則認為來自機運，來自偶然，所以一切就碰碰運氣，沒什麼著力點。

而佛法則指出：一切都自有因緣，也符合因果，因緣不是神祕的道理，就是自己的起心動念與言行，因緣成熟的時機、地點雖有快有慢，但只要種下種子，必然待機而熟，無從僥倖。而與一切皆前定的觀點不同的是，因緣變化錯綜複雜，只要加入不同

的因素，就會有所更動，所以願意改變的話，自有轉換的餘地。

(十)惡見之戒禁取見

戒禁取見顧名思義，說明這個煩惱的來源在於戒。有些戒，來自無饜的貪求，所以別人說什麼，你就很容易相信。例如想升天的人，想過神仙般的生活，所以在被交代這樣不行那樣不可以的時候，即使我們的理性很容易打破這種迷團，你也可能因為「執迷」所以被牽著鼻子走，還無怨無悔。

有些戒，則純粹只是無知，聽聞這樣那樣規定，也不問，也不認為可以突破禁忌去問，所以悄悄地相信，而又心中猶豫不定，不確定到底這樣有效無效？還是這樣的戒是否一定得守？

尤其許多關於信仰層面的戒，就在很多祕而不宣，或不能問以免如何如何，或基於敬重的立場而逐漸成形，不知不覺在信仰者心中凝固成一種好像顛撲不破，卻完全不明就裡的禁忌，成為無知的自我設限。

清淨的戒，沒有交換利益的問題；清淨的戒，禁得起懷疑、檢視，更需要清晰的智慧、銳利的判斷。如聽聞某種禁忌，並被交代絕對不可以如何如何，又不能說清楚背後的動機與原因，這樣的戒基本上存有愚化人心的動機，本身就需要面對質疑與挑戰。

眞正的清淨戒，是用來保護身心的，重點在於身心的鍛鍊與安住。如果持戒是為了達到某種目的；如果過程充滿著神祕的色彩，強調種種不可對外宣說，否則將遭這樣那樣的報應或懲罰，這不但不能得到智慧，反而是誤入泥淖的第一步。

二、隨煩惱

在種種不同的心的作用中，除前述十項屬於最基礎的煩惱

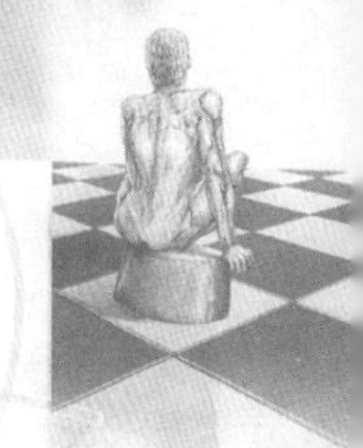

源，列為根本煩惱外，另有二十種煩惱，每一種都與根本煩惱的部分特質相應而起，稱為隨煩惱，隨著根本煩惱的作用而來。

二十個隨煩惱就它們的普遍性範圍、作用力強弱分為三組，第一組是小隨煩惱，各別生起，不會與其他中、大煩惱互相勾牽；煩惱作用雖猛烈粗重，但不會鏤刻過久過深，容易起也容易滅。

第二組是中隨煩惱，會隨不善的心念而起，作用雖不強，但影響深遠。第三組則是嚴重的大隨煩惱，普遍性強，也會因前面的煩惱而輾轉生出，小事會互相激盪而越來越大。作用微細，所以會鑽到心的深處停留更久，不容易盪除。

(一)大隨煩惱

大隨煩惱跟心的關係比較特別。主要都和心的守護有關，而這一部分，卻又是最難處理的。尤其在獨處時，心思或所謂念頭的穿梭，總是超過想像，剎那之間，不知閃過多少，想去抓它，就被帶跑；想去控制它，因為困難所以焦躁；想不理它，偏偏越是沉靜越是清晰地感受到它的煩擾。

這八大隨煩惱裡面，守不住心的「放逸」，不能警悟心而決定放棄了的「懈怠」，心思浮動不定的「掉舉」，心念茫茫的「昏沉」，無法集中注意力的「散亂」，不清不楚的「失念」，乃至於不澄澈、不樂正法的「不信」，謬解、誤會了所碰觸到的人、事、物因緣的「不正知」，都是心的飄蕩與迷茫。

這些會讓我們在日常生活中產生種種「流浪漢」般的漂浮作用，不知方向之外，連生命力都無法啓動。

1.掉舉煩惱

所謂的「掉舉」煩惱，「掉」指的是下墜，「舉」就是昂揚。就像一葉孤舟河裡泛，一忽兒沉沉下墮，一忽兒高漲飄蕩，

卻完全不是自己所能控制。湍急的水就像種種外力的牽引，拽的人心惶惶難以妥適穩當。這種隨外境波動、漂浮，無法把心照顧好的狀態，會干擾人清淨澄澈的觀照覺察力，讓你無論做什麼，都無法專注於現前的事，老跟著心念想到的事情起伏波動。

《瑜伽師地論》說道，掉舉的發生多半是因爲想到國土、不死，或憶念過去曾經經歷過的那些嬉戲、歡笑時發生的事，使心躍動無法安靜止息[3]。

有時一首歌的旋律在腦海裡迴繞不已，並非眞有音樂在身旁響起，而是過往的記憶從心裡纏繞而出。如果那首歌曾伴隨喜歡或討厭的故事，還會連帶把種種情緒、感受牽扯出來，莫名的流淚或傻笑，使人恍惚而失去現實感。

掉舉也譯爲掉悔，就是形容對過往記憶不再而起的懊惱情愫，因此使人沉滯在過往，無法面對無常世間的人事物更迭。

人往往循著自己的心穿越時空，毋須時光機的運作，就輕易陷入思念的泥淖；而回到眼前，當然也不必外力介入，提起心力，縱身一躍，拉自己回來的也只是一念。

2.惛沈煩惱

惛沉煩惱是打不去、揮不走的苦惱。只要當過學生都可體會：上課時老師說的話變成嗡嗡嗡的聲音在你耳邊迴繞不已。過了一會兒，堅定的眼神開始渙散，抱歉的心情油然生起，因爲希望自己的抱歉可以贖回讓老師難堪的——你的瞌睡狀態。

惛沉出現的時候，不只人變得沉重，還變得沉滯，好像連空氣都凝固，呼吸不到新鮮的氣息。心則以無力的消沉出現，提不起勁兒，懶洋洋、沒精打采。

學習時只要惛沉一起作用，打開書就頭昏腦脹，一上課就呵欠連連，討論時散神茫然，什麼東西也進不去腦子裡。所以惛沉

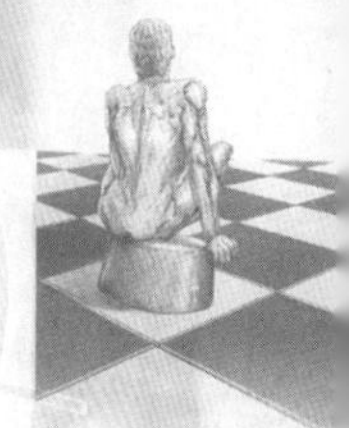

看起來可能只是「打個盹兒」，其實卻是一種徵兆。

它呈現的是人對生命、對學習的那股提不起心力的困乏。當人失去動機時，最易招惹惛沉來擾。身體的疲憊只消好好休息、調養；心的疲乏、困頓卻非睡上一覺可以解決。

一但掉入惛沉，簡單的事，單純不花心力的學習還可以應付；久而久之，只有每下越況，看似沉靜其實是神遊太虛，逃躲到虛擬的世界裡走避現實人間的承擔。

惛沉的茫昧主要是內在缺乏振起心力的動機，要對付它，得靠智慧的修習，同時找到生命的意義與學習的動機。

3.不信煩惱

信心不只與宗教信仰有關，事實上，每個人的生命歷程中，都在學習。從知道一些事、一些道理，到願意選擇某些意識型態或思維模式來認可、相信，並進一步隨之調整身心狀態，或接受某些信念，以為生命問題的參考指標，這不但是生命中時時面對的情境，也是信仰形成的歷程。

雖然有些人認為自己可以沒有宗教，但仔細檢視卻會發現，即使如此，也不見得沒有信仰，只是每個人選擇的內涵不一樣。小至對人與人之間情感的信任，對特定對象、政治國家的信任，乃至對某些哲學或思想的信服，都是不同型態的信。

由於信，所以可以依之奉行，雖然每個人都有選擇信哪些事物的自由，但是心的開放度不一，接受、涵納不同事物的空間便隨之放大或縮小。

只相信一種模式的人，在面對不同知識或學科、宗教時，會產生排擠的障礙；只願意接受某種性格類型的人，會對不相契的對象起好惡、是非的價值審判，相應的便是好的、對的；不對盤的就推開。

更嚴重的則是隱藏在自己所建構的世界中，無法忍受差異，不能開放心思理解、同情他人。許多意識型態的爭戰，也就是只願意接受單一價值信念所致。聽不進別人的話，領略不到他人的智慧，只相信自己，便無法如空掉的水杯，讓別的東西注入。這種不信，是一種可惜與遺憾。

信與學習有關，在不會爬的階段，我們信任那牽著我們一步步前行的對象，這時的信，最專注用心，成效也最大，這是隨著一條明確的路逐步踏實前行。但信不是要人盲信、迷信，理性清明與清楚覺察，是信的路上隨時要檢查的工具，以避免當了清醒生命的逃兵。

4.懈怠煩惱

如果沒有特別的警覺與觀察，我們常會讓自己陷入一種無所知悉的生命拔河。有時候、有些事讓我們過度緊張；相反的，有些時段或事情，又讓我們陷入茫然甚至無所事事的過度放鬆狀態。

太過鬆緩，容易陷入懈怠。就好像調琴一樣，過緊的弦，一不小心就斷了；過鬆的弦，彈不成調。這過鬆的狀態，就是讓人又愛又討厭的懈怠。

一般人總貪愛懈怠，因為它能讓人在緊繃的狀態下得以喘息。懶洋洋什麼也不做，有時候也很舒坦。但是懈怠煩惱不只讓你舒坦，它會得寸進尺，讓你持續退守，最終退無可退就乾脆什麼也放棄。

除了這樣的過度放鬆而至什麼也不在意是懈怠，相對的，只要與生命的成長無關，使人虛度年歲、空過時日的心志，也是一種懈怠，包括對正面能量的輕忽，或對負面能量的追逐。

懈怠煩惱，是一種對心的棄守，進而失去警覺觀照的作用。

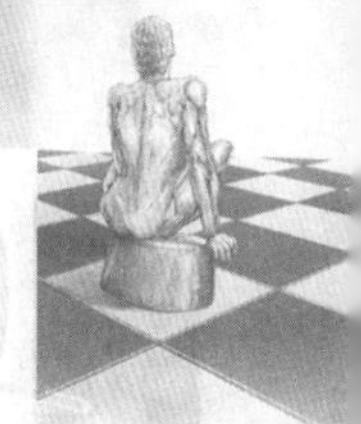

5.放逸煩惱

面對生活中持續不斷的壓力，大部分時候我們都被教導要放鬆。但放鬆與放逸之間，常常也只是一線之隔。

放逸之所以會產生煩惱，放逸本身是因，經由放逸所造就的果，才是眞正煩惱處。因爲放逸，所以縱容自己，當下並不覺得苦，惟其造成了後患，才會體認到那種懊惱、追悔。

放逸的本質，是縱容自己的感官知覺，從開始一點點放鬆，到不可收拾的沉醉、耽溺在欲望之流，讓人的理性更加無力。就像佛經裡說的，彷彿失去控制的狂象，或是樹叢間流蕩冶遊的猿猴，因爲不願意自我節制，而逐步撤退到無法挽回。

尤其當我們被欲望所牽動時，看到了美好的東西，嚐到了美味，卻不是自己能力所及而仍想擁有；受到情感的牽引而忘失了道德的規範時，都可能因一時迷失而陷自己於危機中。那些把信用卡刷爆，或爲滿足欲望鋌而走險的狀況，最初可能也只是對美好事物的著迷或耽溺。

在享受的當下，或許很難勸阻自己「節制」的意義何在；大部分的人只有在造成麻煩的時候，才能體會到中庸之道的價值。

6.失念煩惱

一般人很容易被妄念牽著跑，想著想著，心就跟著天馬行空四處遊蕩。一但失念，心隨之流散；當心散亂，會忘記自己曾經抉擇的路，誘惑生起，就跟著跑掉，甚而造就失控。

失念可能來自外物的干擾，例如藥物、酒，都容易使人生理起變化，而致心狂失念；許多人在藥物或酒精發生作用時，所說的話、所作的事，都可能在清醒之後出現毫無印象與記憶的困惑。

此外，失念也可能來自情緒的波動，無論是過度興奮，或因

爲不順心而憤怒、激動，都會造成問題，注意力被引開，忘記自己清明的安穩與平和。在這種狀態下所說的話也許只是一時的反應，但對其他清醒的人來說，卻鮮明而深刻，想要輕易抹煞是不可能的。

面對外境的波動時，無法清楚記憶，表達想法也因而顚三倒四，前後不一，說過的話反覆無常，讓人無法信任，自己也困惑不解。如果造成紛擾，甚至可能爲了彌補混亂，而隨著他人的對應或指責，編造更多的言詞來防衛，使得事情更形複雜而難以釐清。

7.散亂煩惱

如果有人沒事在你面前跳來跳去，像猴兒一樣動個不停，甚至只要在你跟前踱方步繞圈圈，我們就會被干擾的無法靜下來。

可是，我們的心常處於這種躁動不安，卻少爲人所關切。這種紛紛擾擾的晃動，就是「散亂煩惱」。它讓你的心東張西望，攀抓這裡那裡，剎那間流動不已。此時別人說些與你不相干的話，你會豎起耳朵聽；路上來去的人與你無干，你也可能瞄一眼，然後生出一堆感受。

心的散亂，就是搖擺不定與雜亂，無法控制自己，總隨著環境的變動而流轉，所謂「心隨境轉」，爲些自己都不知所以的事忙個不停。有時候，即使沒人、沒事來干擾，也會妄想紛飛，學習效果自然會打折。

散亂也非反應靈敏與聰慧，過度反應靈敏，有時對生命反而是耗損。只有安住、專注的心，才是眞正的了了分明，而不會在一時衝動中留給自己更多因散亂造成的懊惱與反悔。

8.不正知煩惱

不正知是一種心的顚倒，讓我們產生錯誤判斷。

不正知並不是因爲被外境迷惑，而造成心的蒙昧與昏鈍；不正知是因爲錯誤的理解、顚倒的判斷，使心無法清明地觀察外境，甚而體解實相。

不正知煩惱與一般人以爲的愚癡不同，甚至，一個被不正知煩惱所困擾的人，也可能聰明才智過人，世間的聰慧甚至超越許多人。也因此，他可以反覆辯證，或駁斥他人的說法，或自己說服自己而創造出自己相信的系統，建構自己的世界，乃至於影響別人也接受他的觀點。所以陷入不正知煩惱中的人，反而更難以調校。

世間的聰慧往往隨著不同領域而各有長短，擁有這些世間聰慧可能讓人換來成就或舞台，卻不一定能保證人們身心得自在，尤其如果擁有敏銳的心思，卻因知見偏差，反而比一般人更痛苦，因爲他認定只有自己看到眞相，連與人溝通的大門都會被自己重重闔上，這也許才是不正知煩惱最難紓解的糾結。

(二)中隨煩惱

1.無慚煩惱

「無慚煩惱」會讓自己失去防線。因爲無慚，所以「不會」有羞赧心，「不會」感到可恥，也「不會」對自己所做的惡劣行徑感到嫌惡、厭棄。這種「不會」，是因爲心的遮障，你甚至感受不到苦惱或身心拂逆的不悅。

無慚的人看不到別人的好，所以不會起效尤之心，總認爲自己已經夠優了。失去學習動機的人，很難看到自己的缺失或不足，所以不會想要尋求修正；失去認同典範的人，因爲沒有目標可資學習、參照，所以感到虛妄與迷失。

無慚的人對惡事不在意，不以爲恥，那就可能什麼都做得出來，即便損傷自己、他人，也不會引起罪惡感，久而久之，就會

失去自我節度、保護的最後防線。無慚會讓人失去戒心，不以惡爲惡，加上沒有羞恥的覺受，所以不會猶豫，而如「盲動」般衝動而爲。

2.無愧煩惱

無愧煩惱之所以能發生作用，主要來自一種對外在一切的無所愧懼、無所畏縮、無所怖畏。

本來人能「仰不愧於天，俯不怍於地」，展現的是一種朗朗的乾坤心量，是難得的坦蕩人格。但這種「不愧」，是來自自我與外境之間清楚與純淨的互動關係，而非盲動的力量。

無愧則不然。無愧的無所懼、無所畏，通常是慢心所逐漸堆疊而成的。本來可能認爲自己力量無人能擋，認爲人是自然中最優秀的族群，逐漸地，發展成一種蠻橫的驕慢，認爲自己最了不起，一切人當爲自己所差遣；一切萬物、資源當爲人所服務、享用，那還有什麼好怖畏的？

一些莽撞江湖的人，不都是這樣從一件件小事的得意開始，逐漸妄想自己是身邊小團體的老大，然後擴大勢力範圍，最終以爲自己就是主宰者。

一個人什麼都不怕時，便成爲他人環境中最可怕的威脅者。他既無懼於任何具體懲處，也沒有無形或抽象的力量可對他起威嚇作用：道德無力、鬼神撤退、更無所謂宇宙間的主宰者，或者生命輪迴、因果自負的法則可資參酌。於是他什麼都敢做，倒是沒有任何人或力量敢於抵禦。

如果從學習的角度觀察，這種肆無忌憚正是放逸的開端，久而久之，沒有什麼值得恭敬以對的，聖人、正法又算什麼？不信的態度、暴戾的言行、懈怠的心、散慢雜亂的念，終究會把自己拉扯到越趨向下的墜落。

(三)小隨煩惱

1.忿煩惱

「忿」的起源是不順心，因我們總習慣外境、他人隨自己的想法或欲求而運作，也就是不自覺的想擁有操控權。但客觀而言，外境、他人，哪可能如此隨順接受你的貪求或掌控？這種不可能被滿足的開端，便造就了「忿」的生起。

它會損自、損他，成就的卻是怨結。一旦結下梁子，要解開卻不容易。因爲我們永遠無法丈量自己對別人造成的傷害痛苦有多深、影響面積有多廣。

從源頭來看，本來只是不順心、不平氣，但隨之不自覺的失控，卻是長串無法收拾的惡果。原只是一股濁氣衝上腦門，後果卻不堪設想。顰蹙的面目，常常不耐的、不悅的神色讓人害怕、不舒服、不敢也不想接近；甚至口說惡語讓人逃避。接著，便可能拿刀拿槍、氣極吐血、砸錢、打壞東西，甚至自殺、殺人……種種可畏的事都牽連出來。

2.恨煩惱

恨出現的時候常不是單獨運作的，因爲從成因來看，它總是伴隨過往的事而來，懷恨在心、悔恨不已，好像把陳年舊事揣在懷裡一樣，越老越痛。恨的成因從追想忿怒的事情開始，越想越多，所有的思維都圍繞著它們，心裡開始鬱結成塊，所以又有「結恨」之說。它會結集諸多的「怨」陸續堆疊，所謂「恨久成怨」，所以也叫它「怨恨」。

恨來自於對外境、他人的糾結。無論是反抗別人的對待、拒斥他人的作爲、追殺別人的錯誤，恨都是把心念投射、關照到別人、外境。這也符合大家熟悉的一句話：拿別人的錯誤來懲罰自己。

這是一種「對他懷恨，堅持不捨」或「心鬱結不捨」、「結怨不捨」的狀態。這種不捨不是捨不得，而是捨不下，持續累積之後，苦似乎成了印記鑲在心上，只要與這些苦相應的事情、人再度出現，乃至只是聯想或刺激，就又「逢苦追恨」起來。

3.覆煩惱

作假是辛苦的，一個謊言容易說，兩個、三個卻如滾雪球般，終將失控。

人的腦容量有限，腦中的硬碟空間有限之外，記憶體更隨時可能當機，所以第一個謊可能只是脫口而出，後面的卻往往需要花費無量的身心能量去組構。而這個虛情假意建造出來的虛擬實境，最終會把你的眞心遮障成一個連自己都弄不清楚的虛妄世界。

覆煩惱就負責打造這個虛妄境，做錯了一件事，或只是不願意承認的一個心虛，隨之而來的，卻是漫天蓋地的無邊苦海。本來只是害怕小小失誤或怠惰損傷了名譽或利益，捨不得失去外在的形象或甜頭，不料擴大之後，只好鎭日圓謊。

有了過失，正好看到自己的問題，無論是有意無意，總歸是一個省思的好機緣。但覆煩惱卻是逃躲、包藏的，承認第一個小小過失只需一點點勇氣，一旦欲蓋彌彰，便會把自己綑綁到無法動彈。

最糟的不是外人被騙，而是謊言說多後，習於不斷諉過、推託，連自己都無法誠實面對，又怎可能安然自在？所有的成就名利稱譽當然也無法欣然承受，而成爲越扛越重的負擔。

4.惱煩惱

從不順遂起「忿怒」，再把不平氣積累在心而成「恨」，接著便逼現出「熱惱」，最後隨熱惱而出招傷人。就如「惱羞成怒」，

被惹惱後心頭怒火熾烈燒起，然後囂張、暴烈、凶惡，言行態度就如蠍子一般，看到獵物狠狠一口就螫了下去。

雖然這種看似欺凌、侵犯別人的舉動，可能來自自衛，可是用激暴的方式保護自己，不免也會傷到自己。

在惱的時候說的話、展露出來的態度，乃至對別人的傷害，總是過度刺激而使人爲之卻步。以後即使恢復正常，也很難讓人忘記那曾經的傷痕。在惱怒的人而言，不過只是一時的激憤；況且還充滿著委屈在先。但對被螫傷的人來說，卻是難驅的怨氣與隨著憎惡而想避開的風險。

除了一時發洩與狂飆，惱怒的人就像困獸，造出一個心境的牢籠，以不安穩的心隨時窺視周遭一切：是否又有敵人來犯。久而久之，便惶惶不安、隨時驚恐，這就是所謂的「染污驚惶故名熱惱[4]」的說法。

被惱逼迫的人還有另一個困局，就是聽不進、聽不得任何勸諫，堅持自己所受的苦與遭遇的不平，以天下人皆負我的悲憤，把自己縮到籠裡看世界。

5.嫉煩惱

「嫉煩惱」就像從心底泛起的酸意，彷彿是腐蝕人心的毒液，一點點一滴滴壞了我們與他人的情誼，也毀了自己的安樂。

有時對方讓我們起嫉妒之情，並非彼此之間有什麼「瑜亮情結」，大家在各自的時空因緣中本不相擾，只是一念忍不住，硬把自己放進別人的舞台上而生出這樣的煩惱。

這種忍不住，也是來自對自我的執取，因太愛自己而形成。習慣以自我爲中心，擁有扮演眾星拱月主角習氣的人，便常把自己暴露在這種自、他對立的苦惱中。明明是別人的戲碼，就是忍不住想要上台較量。

見了他人演出風光，察覺到別人光采蓋過自己，或別人得了利益、領受成就，自己就覺不樂、不喜。

6.慳煩惱

就像人小心翼翼護衛屬於自我城堡裡的寶物，強調自己的「所有權」，慳煩惱讓人活的費力又難堪。一方面擔心擁有物不小心流到別人手上，又對自己所擁有的世界防衛過當，主要還是因著「對自我的執著」而來。

它爲人們建造的物質城堡、擁有物城堡，會越形堅固，使你忘了：拿這麼多鑰匙鎖住自己，到底圖的是什麼？怕的是什麼？爲什麼人要被這些那些「我擁有的」、「屬於我的」、「我所捍衛的」東西綑綁？爲什麼人、我之間一定要讓彼此的「產業」隔的這麼遠？

因爲心思定著在自己的權力範圍與物質堡壘上，所以好東西不能拿出來分享，以免被覬覦，會被破壞、被取走。物質如此，非物質領域更嚴重。

認定「我」的家族成員最優異，不歡迎別人加入干擾血統，於是門不當戶不對的婚姻註定悲劇收場。高貴俱樂部只歡迎條件相當的人，那是一種界定森嚴的榮寵。布施是不能白給東西的，總要換點什麼回來。更不能隨口稱許他人，誰會比自己更優？

最終，依於慳煩惱，我們阻隔了生命交流中的微笑與分享。

7.誑煩惱

誑煩惱是一種自欺也欺人的狀態。誆騙自己、誑惑世人。最典型的，就是沒有眞正的德行、能耐，卻不擇手段營造、維持美好而虛妄的假相。進而把這種不實當眞，對自己造成扭曲，對別人塑造幻化形象。彷彿給自己戴上面具，而離坦然信實越趨遙遠。

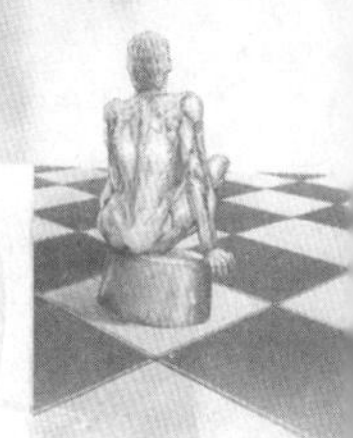

建立在這種虛妄的世界之上，就如沙灘上的沙堡，即便堆砌的再堂皇富麗，鏤刻得再精緻細膩，終究敵不過浪潮的沖刷。想要遠離誑煩惱，便須鍛鍊止息妄念的定力與清明，才不會隨著自己的幻妄起舞。

8.諂煩惱

除了性情特別刁拐外，人會被諂煩惱所牽制，多半是對人、對環境的不信任所引起；此外，心有所求，對外境有所期待，也是諂煩惱形成的原因。其中有癡有貪，癡的是一種對眞實的不理解，貪的是求覓名利或求基本生存。

諂煩惱的最簡單定義是一種心的險曲，就像河道、車道，曲曲折折，自然也充滿危機；表現於外的，是無法如實把自己晾在陽光下。對人對事對環境，永遠保留幾分。那是一種對人對境的惶惑、不信任，進而害怕被傷害。

在這種身心歪曲的狀態下，遇到認爲對自己有利的對象，就會以諂媚的態度以對；相反的，遇到自己認定沒有價值的對象，就會以驕橫的模樣對待。這種扭曲了的身心，呈現出來的是營造出來的殼子，而非素樸眞實的自我。

但人如以睥睨的眼神、懷疑的心、虛假的情與人相處，如何可能換取眞心誠意？如果言語間充塞挑釁或阿諛，別人如何以質直、坦蕩與溫婉相對？

9.害煩惱

傷害別人大抵非一般人初衷，但若說起來由，「害煩惱」總是與怨害、瞋害、惱害連在一起，唯識家分析它的特質時也說，害煩惱是從一分瞋恚來的。於是可以理解，爲何無害人之心，終究行害人之實。

當你的心被激惱了，對人或環境生起怨懟與瞋恚，就會在一

種無法控制的狀態下行諸於外，而有妨害、損害、障害、侵害、迫害、傷害，乃至於最失控的狀態下，會出現殺害的行徑。

別人讓你不順心，以牙還牙算不算傷害？別人想從事的活動與己不合，把他軟禁起來，認爲是爲他好，算不算障害？即便出發點是善意與關懷，卻刺探他人不願意開放的私領域，算不算侵害？害怕別人傷害你、不聽話，先來個下馬威，讓別人懼怕你，算不算迫害？

因爲害煩惱的成立，除了「故意」之外，有時來自於無知，有些因爲無意識，有的就是前面說的無法控制。因無知、無意識造成的傷害，最典型的是與其他有情眾生的相處。我們不知道眾生會不會跟人一樣害怕、恐懼、不想死，所以不認爲殘害動物的性命以滿足口欲是一種傷害。

佛法的布施中，有一「無畏施」，強調讓一切生命不害怕。大家也都喜歡跟讓人「如沐春風」的人相處，因爲喜怒不定、陰晴不定、動輒發脾氣、口出厲言，看起來好像很性格，但那不經意中給人帶來的傷害，是難以修補的裂縫。

10.憍煩惱

憍煩惱是一種自戀的情結，依恃自己的容貌、血統、學識等外在條件的優越感，長久以來，逐漸形成自豪與迷戀。卻忘了這種種讓自己迷醉的條件，都只是一種如幻的優勢，也是一種經過比較而來的，不具絕對客觀意義的主觀感受而已。

美醜有時空的相對標準，再美也禁不起歲月的蝕刻。沒有身心的內在交流，美也只能維持若干時效性，有效期限過了，再美也只是枉然。血統亦是虛妄，或許某個時空背景下，階級有其不可踰越的藩籬；但在此時此地，什麼都可以被解構，什麼都可能一夜之間墜落，血統亦復如是。

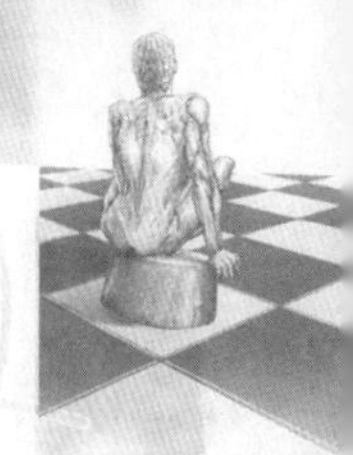

學識的憍慢更是誤會，在分科分業的時代，無論專才通才，都有努力的空間，也都有開放的跳躍可能。以前想擁有學識，需要搭配身分背景，現在重要的是自覺與努力。

此外，即使目前擁有的一切都較他人強，也只是顯示曾經努力或機緣相應，隨著時間流轉、大環境改變，這些都是不可靠的鏡花水月，拿來自我陶醉，終究會在崩解的一刻渙散、沮喪。

自我陶醉養成習慣之後，憍煩惱的另一個作用，是讓人養成期待的習慣。自戀不足，也希望別人「共襄盛舉」，如果得不到相應的讚賞，就生出種種失望與失落感。此外還可能變成令人難堪的聒噪：不斷誇示自己的成就，總是讓聽者陷入難堪的沉寂，而無言以對。

如何面對煩惱得到安頓

佛法的唯識學在面對生命中的煩惱時，採取的思維模式便是分析與拆解。如果人在煩惱上門時沒辦法釐清是哪一種，也就很難找到解除或處理的途徑，因此要先學習把人的煩惱區隔釐清。每一種煩惱都有它的來源與特色，當然也就有不同的對治方法。

在描繪出煩惱的模樣與作用之後，如何解決煩惱帶來的不安，可以試試如下的步驟：

第一、在感覺與煩惱邂逅的那一刻：覺察——為自己的情緒把脈，發現自己心裡開始隱約有種不舒服的感覺，如針刺，如烈焰灼燒，或昏頭漲腦、心神渙散，這些都是徵兆。在它們開始騷動你的心時，感覺一下此刻你正陷入哪一種情緒中。

第二、試著看清楚煩惱的樣態：當你為自己的情緒把完脈，可以來對照一下，究竟是哪一種正侵入你平靜、穩定、安寧的世

界。

第三、檢視自己的心：你要開始深刻檢視你的心，而不只是感覺。你要看清楚，自己爲什麼會讓煩惱趁虛而入。你的心屬於哪一種狀態？

第四、打開測試鈕：你開始跟煩惱相應了嗎？對照一下，你的心是否正跟某些煩惱相呼應？或者，有時只是一些輕微的波動，還沒開始開門讓煩惱進入，那就不用客氣，把門闔上。如果眞的對應到了，頻率接通了，就是這樣那樣很苦惱呢？

第五、調頻：轉出煩惱台：就像使用收音機的調頻器一樣，轉台。斷然地轉台，因爲一直對應，煩惱就會駐足，會讓人沉醉其中無法拔除。

第六、煩惱不見了：當你認清楚它們的把戲，不讓它們有機可乘，或在它們已經上門以後，試著轉換思考模式、情緒模式，換個念頭換個心思，才能逐步走出煩惱的障礙。

上述的步驟主要運用幾個原則而進行，第一步要學習敏銳觀察心的變化，其次，找到變化中痛苦不安的煩惱是哪一種？接著，理解煩惱的來源是什麼？是什麼狀態激化出你的煩惱與苦惱。當你理解了原因，就要試著止息那份躁動，不要跟煩惱相呼應。透過止息與觀察、覺照，慢慢地，才能培養出與煩惱交手的能耐，最終不讓煩惱時時來干擾，造成生命中的無法安頓、無法安樂。

第四節　不安與如何安頓

除了煩惱，另一個無法安頓生命的來源，便是不安的心。我

們可以發現，如果心是安頓的，即便只是斜斜歪歪的躺著，還是能睡得舒服。餓了，就算只是一塊大餅，也能讓我們自在的填飽肚子。

但反觀我們平日的生活，有優渥的物質環境，有電腦、電視提供多元而豐富的資訊，以及種種便利的電子設備，可是，我們卻很難體會到禪宗所說的「飢來吃飯睏來眠」的自在狀態，反倒是該睡的時候睡不著，該好好上課卻呵欠連連。肚子餓了，隨便找東西填飽，不餓卻在應酬的場合塞進一堆東西，甚且，吃飽了之後想著如何挨餓可以瘦下來。

因此，如何擁有生命的安頓，便形成了我們多出來的一個生命課題。

如果你也有這樣的問題，我們可以來檢視一下，你的生命之所以不能安頓，問題出在哪裡？

人為何無法安心（常見的不安）

一個人如果活在一個「虛妄的時間點」上，那麼你的生命肯定晃動不安。所謂虛妄的時間點，便是在過去與未來之間擺盪。對已經發生過的不如意的事情懊惱、追悔，或喜歡的事情憶念、不捨。還沒有發生的未來，則以擔憂、害怕或期待的心來面對，這兩者一個已經逝去，另一邊無法掌握，卻占據我們最多的心力。在過往與未來的擺盪中，「現在」便在不知不覺之間被耗費掉了。

第二個問題出自「對自己位置的質疑」，當你開始追問「我是誰？我在哪裡？」時，我們便開始進入另一個疑惑中。我們都想知道自己在別人心中的位置，在天地、宇宙之間的位置，在我

們所屬的環境中的位置，我們想問：「如果失去了我，是不是會風雲變色？」如果答案不是我們期待的，或找不到答案，找不到自己的位置，我們也會苦惱不安。

第三個煩擾我們的，是關於那些「人力無力掌握的世界」。天災、人禍都不是個體有辦法知道，乃至於解決的共業結構。無論是九二一、九一一、SARS，還是南亞地震海嘯，即便事先知道，又能奈大環境何？每有災難過後，這樣的惶惶不安，也占據很多人的心。

第四個狀況，是我們對這個「眞眞假假世界的茫然」。失戀的人想問問昨天還說愛你的人，說哪一句話的時候是眞的？「覺昨是而今非」大概便是這種眞假混淆之後的感嘆吧！

第五個苦悶，則來自「得失之間」。患得患失是一般人常有的惱人情緒，講起得失，我們很容易分辨這兩者與我們的情緒連結。得到代表快樂，失去便是痛苦。但如果進一步再想，得到一樣事物之後，你會就此幸福嗎？一開始得到的快樂，在你想拋卻的那一刻，是不是反而變成了負擔與痛苦的來源？此外，我們也會問，我現在擁有的事物，有哪些是可以一直擁有的？得到的可能會失去，令人苦惱；得不到的，遙遠在向你招手，你卻無法靠近，也一樣令人苦惱。

此外，如以佛法的分析來看，生命中充滿了各式各樣的苦，這些也會讓我們不安。苦大概可以分成幾大類，第六項我們便來檢視一下這些「生命中的諸多苦」，如何讓我們不安。佛法裡有所謂的八苦：生、老、病、死、怨憎會、愛別離、求不得及五蘊熾盛苦。

以生來看，新生命的誕生在現代這個複雜的環境中，不再像以往給人們帶來單純的喜悅，相反的，從懷孕一開始，作父母的

也許便要開始擔心胎兒健不健康？正不正常？生下來之後，撫育、教養到成人，也都彷彿背負著無法離棄的負擔。許多孩子在成長的過程中得不到父母正常的照料，則無論對生者，對被生者，都是不安與痛苦的。

老、病之苦更無庸置疑，從第一根白髮出現、老花眼鏡開始戴上，人們就開始被年歲流逝的隱約力量所牽制，詩人可以寫出「不許紅顏見白頭」的期待，但這樣的期待永無實現的可能。生病的苦則是另一種威脅生命的壓力，許多疾病不是看醫生吃藥就可以解除，多少人在病床上還能擁有安適的心？

死的苦，更是人生重大課題，自己的生命遭受威脅誠然令人惶恐，家人、朋友的可能死別，關係、經驗的全然斷滅，也讓人習於把死亡隱匿起來，以為這樣逃躲在醫院或看不到之處的死亡便暫時不會來驚恐我們。但誰能躲避死亡那無法預估、隨時可能出現，對所有人都公平的威脅？不知道死後的世界讓人害怕，即使知道，而不是自己想要的狀態，難道可以免除這份恐慌？何況至今誰也無法指出死後的世界究竟如何？死亡到來的那一刻，我們的身心又可能遭受什麼樣的折磨？這種種，便將死亡構築成一份巨大的陰影壓迫著我們。

除了這些生理上無法掌控的問題，情緒上的、情感上的掙扎也給人帶來不安，最常見的就是討厭的、怨憎的對象不一定逃得開，反而常聽到「冤家路窄」的無奈。喜歡的對象，無論情感多深摯，在因緣來去之間的生離死別限制中，也有著愛別離的淒楚。

至於求不得苦，更是許多人的痛苦來源，生活中總有想要而得不到，不想要偏偏不得不去應付的狀態，有所求便有所依待，而這依待的對象來自他者，自然不在我人可以操控的範圍，苦惱

不安也就如影隨形而至。

前面七種苦已經夠令人煩惱，讓人生似乎已無樂趣可言，但當這七種苦糾纏在一起時，我們也常因無法控制自己的身心反應而更覺得苦。所謂的五陰熾盛苦就是種種煩惱造成的身心不安，「人在江湖，身不由己」已經讓人無法眞正灑脫，「人在世間，身心都不由己」，更是無奈中的無奈。

一般人如何對治這些不安

生而爲人，我們當然不可能讓自己只以這樣垂頭喪氣的姿態活著而已，我們會在種種不安與苦惱中尋求紓解。古往今來，可以找到許多方法來安頓自己，只是，在面對這些方法的同時，我們也需要更清楚的覺知、反思這些方法是否適合自己，是否能在此時此刻解消我們的不安，或者，可能造成更大的不安？所謂的哲學思考，不一定找得到解決的方法，但是能讓我們運用思維，釐清迷惑與盲從，進而找到屬於自己的出路。哲學從善於質疑、提出問題開始，因此，面對種種可能的安頓途徑，我們也可以試著來作一番檢視。

最常見的解消不安，也許便是「自己存在價值的確認」了，從《左傳》開始，所謂的「三不朽——立德、立功、立言」，便成爲中國知識份子自我承擔的價值要素，每個曾追問「我爲何而來？」的人，都會希望找到自己存在的意義與價值。爲難的是，也許終其一生你都可能在其中徬徨失落，找不到答案。或者，你的存在價值與意義是可能隨著時空條件改變而更易，如果是後者，其實也毋須擔慮，生命歷程中的所有狀態，原本便是在因緣變化中逐漸修正著。

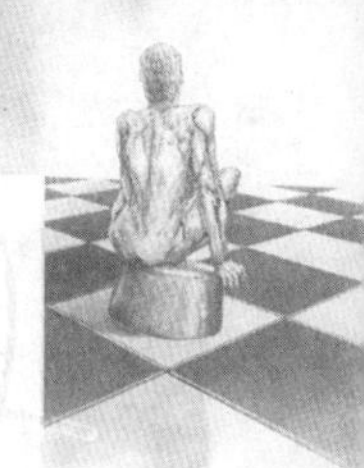

其次，很多人會透過「團體或個人的陪伴」來安頓自己，找到志同道合的伴，找到認同感與歸屬感是可以讓人安心的。但需要思索的是，人與環境都在變遷中成長、調整，只要理解沒有任何人、事、物永恆不變，則只要在發現團體或個人造成負擔、失望之際，或隨著因緣而聚散流離之時，能重新省視，便可以不受變化中的厭倦與煩躁所擾，否則，可能從原先的陪伴，變成了依賴，進而產生負面的壓力，則不但無法心安，反而造成另一個不安的開始。

第三種最常見的方式，大概就屬「宗教上的依歸」了。宗教爲我們詮釋許多不可解的生命之謎，爲我們提供種種身心靈安頓的方法，但對於宗教或者信仰，我們仍須進行檢視。我們要確認信仰的意義爲何？要確認自己是否眞實理解自己的宗教，要知道自己用什麼樣的態度面對宗教。佛法裡有所謂「理入」、「行入」，也有「信行人」和「解行人」之別，面對宗教時，至少我們要知道自己信的究竟是什麼？是盲從迷信？還是清晰的解知？這都是尋求宗教安頓之際，不可或缺的自我省思。

第四種我們可以歸類爲「思想的安立」，追求眞理是人的普遍渴望之一，無論是中國人普遍接受的儒家、道家，或是西方哲學中的諸多思想，種種主義與思想系統，都是古聖先賢面對他們的生命困境所凝鍊而出的智慧。面對此一思想的安立，我們要檢視的，則是理解在生命的某些階段中，我們會安立於某一思想系統，但這些並非絕對者。其次，所謂的眞理安立，是屬於個人的抉擇，我們不應把此當成絕對眞理與教條，要求所有人必須信守，否則成爲意識型態的糾結時，反而造成衝突與困境。此外，知道某一項知識與能否實踐，也是需要檢視的，知道不一定表示我們能體解、做到我們所知道的內涵。

第五項普遍爲人所運用的，則是「藝術的洗滌」。文學、藝術的世界也是可以安頓生命的境界。只是在純粹的美的享受之餘，落入現實人間之際，是否還能維持那樣的作用？小說中的世界可不可能變成逃避的「世外桃源」？以往許多人在武俠世界中找到現實人間不可能擁有的力量，現在的魔幻世界，也具有類似的效果，魔法雖讓人陶醉，但不能不知道那樣的力量只是一種想像的出口，華麗的藝術饗宴、網際網路的虛擬世界、影片中的虛幻與現實，是美好的生命體驗，但不能以妄當眞。

第六項我們姑且名之爲「玄妙與靈異世界的探索與追尋」，也許很多人認爲人生的不安在於無法預知未來，但須知道的是，即便透過玄秘的力量獲悉天機，彷彿知道了命運的眞相，但所有的未來訊息都只是一個可能性，隨著因緣的轉變，仍有改變的空間，重要的是如何運用自己的力量，去經營屬於自己可創造的未來。何況，如果你被預知的未來非你所願，不但不會因爲知道而安心，反而落入另一種恐慌之中。甚且，許多預知未來的方法，多半喜以斷言出現，這樣的力量對相信者而言，反而是困境的開啓。

至於所謂的神通與冥冥不可知的超人間力量，可靠性有幾分？安全度有幾分？都是值得質疑的。佛法裡也說道，「神通不敵業力」，再大的超自然力量，一旦非人可以掌握，也都表示不可能眞的安頓身心。

此外，也許隨著自己心念的變化，今日你求取的事物，是未來你不想要的結果，難道又要勞駕神仙力量爲你轉移？這樣或求或拋，神明恐怕也要忙得不可開交吧！

如果萬一你所信任的神通或靈異力量只是騙局呢？在你絕對的虔信之後，發現事實的眞相，那種失落與信仰的崩潰，也許造

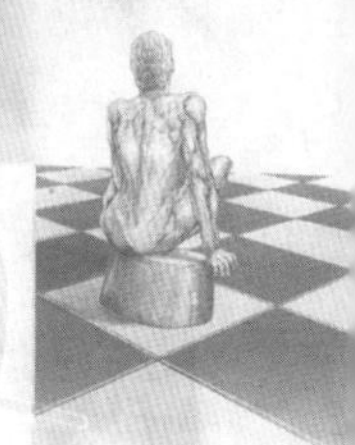

成的不安遠超過最初的安頓。

第七類安定的力量，回到人間來觀察，有的人「渴求情感的依靠」，以爲有了愛，有了陪伴便可以安心，但情愛卻是人間最不可靠的作用。今日最愛的，明日不再願意相守，有時，並非他人的背叛，而是自己的轉移，這時曾有過的承諾，從最美好變成最負擔，所以情愛的力量也是需要省視的。

第八項我們可以從當今普遍爲人所運用的「心理諮商與治療」來思考，有專業人士可以傾聽我們的苦悶與悲傷，陪伴我們度過人生的困境，誠然如及時雨可以化解痛苦，但須留意的是可能造成的依賴、情感轉移作用，如是，則將又一次造成痛苦。因此，最根本的治療之道不在於依他，而是從自我治療下手。

第九項方法，則與現實有關，「獲取物質的滿足」，或「現實的成就感」，也普遍爲人所用。惟此項方法最需小心的，是找出滿足的指標與界線。如果滿足的標高不斷成長，我們要問：人心可能被眞正完全地滿足嗎？從一百萬到一千萬，千萬到億，這些堆疊的數字，眞的能讓我們的身心感到安全嗎？追逐成就之餘，可不可能因爲追求不到自我設定的位置，而落入另一種不安？

最後，我們也可以發現，有些人採取的方式，是所謂的「自我放逐、流浪或期待夢想的實現」，無論最後變成麻木不仁，或縱情放任，乃至於躲在夢想的世界裡自我陶醉，這些都不可能眞正讓我們滿意。

無論你選擇了上述哪一種方式，我們發現它們都有一個共通點，就是我們把安頓生命的力量，交給了他者。我們期待別人、別的力量解消我們的不安，在這樣的前提之下，生命不可能就此安立，因爲這都可能是造成不安的重要來源。只要是依他而起的

力量，便有可能在得失之間落入不安的惡性循環中。

孟子便曾以「天爵人爵」爲喻告訴我們，邀得的「人爵」建立在他人的手上，人欲給之你便有，人欲去之你便只有悵然若失的份，唯有修自己能得的「天爵」，亦即人性中最美好可貴的質素，才是自己可以掌握的。

因此在面對生命安頓此一課題下，我們要下手的，不是別人可以如何爲我們安頓，而是思考我們可以如何在這個人間安立自己。

你還可以用什麼方法安頓自己的心

如欲運用自己的力量，我們可以思考四個步驟，從「覺察」開始，其次是「面對」，然後才能「處理」，進而「放下」那份不安。

所謂的「覺察」，我們要進行三個部分的覺照與省思。第一個部分是對自己不安的理解與掌握，許多人思考到不安，便感覺有排山倒海的惶惑出現，於是還沒開始面對，便已經落入愁苦與煩惱之中無力找出出口了。

西方心理學家便曾舉死亡的恐懼爲例，舉出我們面對死亡的恐懼時，應該以拆解的方法，先釐清自己的恐懼來自什麼，如此方能找到解消之道，否則死亡的恐懼以一種強烈的陰影籠罩我們，是不可能眞正釐清的。

如果能這樣看清楚自己的不安，知道心底深處的不安從何而來？知道自己在什麼狀態下會召喚出不安的感覺，便有機會正視自己的心，從而找到不安的源頭，也便有機會處理這份不安了。

一旦能掌握什麼狀態下自己會不安，接下來便是學習如何面

對。有些不安來自我們能力範圍可解決的狀態，只要看清楚源頭便可以下手，那麼覺察之後就是處理的行動了。有些不安卻非人力能解，這時我們便要透過一些方法去處理。

我們要進行第二階段的覺照，先瞭解自己的限制在那裡，如果明知自己能力不足而勉強去做，不用算命都知道一定會很痛苦。瞭解自己的限制才會知道下一步怎麼做才適合自己，才能儘量發揮自己的專長，開心的去做，然後把不擅長的留給別人去努力。畢竟一個人不可能做盡天下事，也不可能得到天下所有的東西。

到這裡又出現了一個問題：到底我們要的是什麼？什麼才是生命價值所在？台大哲學系的傅佩榮教授曾經提出過一個「三要」的考量，也就是「需要」、「想要」以及「重要」三個概念[5]。

需要：什麼是你生命中不可或缺，沒有就活不下去的東西。這牽涉到個人最基本的生活需求，如果無法滿足，精神層面的問題講再多都沒有用。

想要：「想要」的東西通常與欲望有關，既是想要的，就代表有或沒有都對生命沒有影響，如果你的生活中，需要的只有三個，想要的卻有三十個，當然不會快樂。應該視自己的時間、能力去取捨，刪除一些不必要的「想要」。

重要：牽涉到個人價值判斷。有很多你想要，但不在重要範圍內的東西就可以捨棄。

把這三點條列出來以後，再一一檢視，就可以很清楚知道自己要什麼了。例如，你認為朋友之間的交情勝過一切，萬一愛上了最好朋友的男（女）朋友，最終你認為最重要的事情會以決定性的勝利在關鍵時改變你的抉擇。在抉擇的時刻，想清楚自己的「需要」、「想要」、「重要」，明白自己的價值取向，至少這個決

定可以讓我們安心一點。

接下來，傅佩榮教授提出的另一種覺察，則是評估另外三樣與自己有關的價值取向：「能夠」、「應該」、「願意」[6]。「能夠」是能力，一件事我們有能力做，但是不一定要，也不一定能做。例如，我們有能力搶銀行，但搶銀行是「不應該」做的。「能夠」只代表你有能力，應不應該做則要進一步去思考、判斷、抉擇。如果你有很多錢，也覺得應該把三分之二的財產捐出去做善事，但是你不願意做，可以嗎？當然可以，而且沒有任何人可以譴責你，因爲那是你自己的抉擇。

前面所說的「需要」、「想要」、「重要」探討的是一個人的生命價值，而「能夠」、「應該」、「願意」則是做抉擇時的參考依據。如果一個人把這幾點都想清楚了，不管事情如何變化，也不會有太大的遺憾和痛苦。人生的痛苦，多是因爲在做決定時盲從或糊塗，並未眞正瞭解自己內心的想法所致。

在「覺察」完之後，要面對自己的心念，找出痛苦的來源和煩惱所在，並設想最壞的情況和尋找解決的方法。其實很多痛苦是自己造成的，只要我們肯改變心念，也許另有轉機。如果事情眞的無法改變呢？有的人也許會想到自殺，但「放棄自己」不是最好的方式，「放下自己」才是解決之道。

「放下自己」說來容易，但不易做到。就像面對已經不愛自己的人，如果能「放下他（她）」就是「放下自己」，從此不會被他（她）干擾，但很多人就是不願意，因爲自己曾付出很多心血，不甘心就此放棄。人生很多問題在看清楚之後，就要試著把不可能改變、不可能達到的目標放下來，佛教裡有個說法叫做「捨」。當你學會把不該你的、不可能如願的期望捨掉的那一刻，你就可以得到全世界，得到新的可能、新的機會，關鍵就在於你

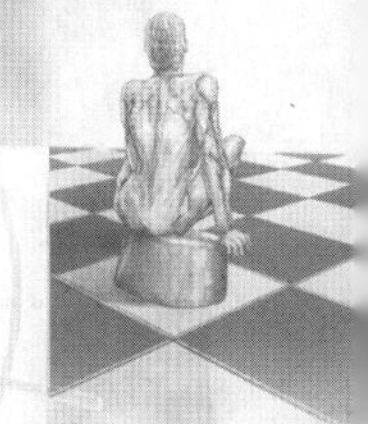

願不願意放下。很多人認爲放下就是丟臉、就是認輸，所以痛苦不堪。

這樣看清楚的人生並非消極，只是讓我們知道生命進行的法則，認識它眞實的樣貌：一切都是因緣變化、條件組合而成。很多事情不是絕對的，當你學會放下這個因緣，就改變了狀態，才不會被無法得到的東西束縛綑綁，新的因緣也才能進來。

多數人常存有「食之無味、棄之可惜」的雞肋心態而不肯放手，如果一個房間烏煙瘴氣地堆滿了垃圾，珠寶又如何進得來呢？即使進來了，也會被埋沒在垃圾之中。所以如果不願意放下，就只有繼續受苦，看著幸福在遠處招手，看著自己的人生卡在不上不下的地方。能捨，才能進入另一個全新的狀態；也惟有拋乾淨了，才能使身心舒暢，得到安頓。

想要眞正的安頓，並不是奢望煩惱不要來、環境要如我的意。這世上大部分的狀態都不是自己想要的，不順心、不如意反是常態，想要改變這個環境，只能用自己的心。心中的一個念頭過不去，就可以讓你時而天堂，時而地獄，想要上去或下來都沒有人可以幫忙，只有自己能決定。決定好之後就坦然接受結果，做得好就爲自己鼓勵，做不好下次再努力，這樣才可以少掉很多負擔和無謂的痛苦掙扎。

痛苦的時候不用急著解決，而是先安靜下來，把心沉澱一下，分析目前的情況，去覺察、面對，然後才做決定，選擇最妥當的方式處理，最後再把該捨棄的捨棄，重新開始。

想要擁有安定或安頓的身心，其實並不困難，因爲人生可以很容易就得到滿足，把「需要」、「想要」、「重要」調配好，認清楚自己能力、意願、應不應該去做的標準在那裡，時時掌握、清楚自己的思維，知道自己要做的事，再按部就班去做，即使死

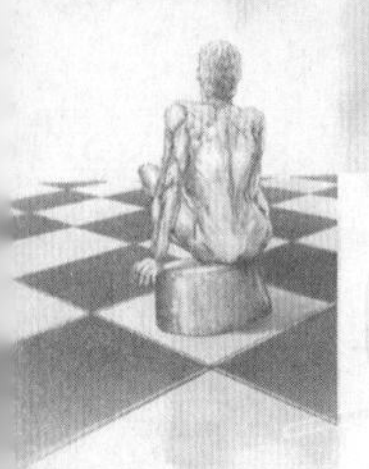

亡的威脅就近在身邊，也不會干擾你，如果每分鐘都活得很踏實，就不會有什麼遺憾了。

不要等待、也不要期望別人或不明的力量幫你解決生命的問題，要自己去面對、去覺察。雖然我們還是無法克服生、老、病、死的痛苦，也無法預知死後的世界，更不可能讓事事都順自己的心意，可是我們可以每一天都活得很坦然，那便是一種安頓。

聖嚴法師有一段四句偈——「面對它、接受它、處理它、放下它」，是面對生命困頓很有效的思考模式，逢到困境先別苦惱，試著把苦惱客觀看待，去面對問題的癥結，然後，知道無論如何逃避也躲不掉，不如真誠的接受，這樣才願意努力去處理。一旦處理了，無論結果是不是自己所願，已經盡了力，就不妨先放下來，放下事情、放下對方，也才能放下自己，放過自己，重新再往下一階段而去。

不過，如果所有的方法只是知道，永遠派不上用場，對自己的生命起不了作用，還是要踏實的，一步一腳印的練習，從覺察開始，掌握清晰的人生，才能逐漸找到安頓生命的方法與體驗。

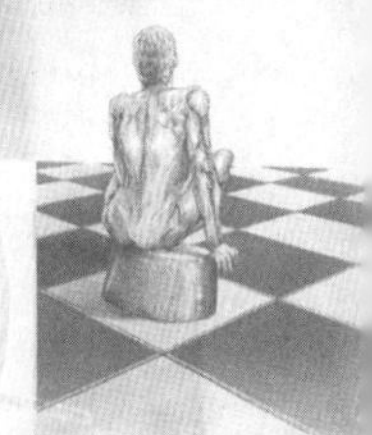

註釋

1 錢穆，《莊子纂箋》(台北：東大圖書，1985 年)，頁 24 。「吾生也有涯，而知也無涯，以有涯隨無涯，殆矣！」

2 失譯人名。《佛說箭喻經》，《大正新脩大藏經》，第一冊，No. 0094 ，頁 0917b16 ，CBETA 電子佛典。

3 「掉舉者。謂因親屬尋思。國土尋思。不死尋思。或隨憶念昔所經歷戲笑歡娛所行之事。心生諠動騰躍之性。」彌勒菩薩說，三藏法師玄奘譯。《瑜伽師地論》，《大正新脩大藏經》，第三十冊，No.1579 ，頁 0329b09 ，CBETA 電子佛典。

4 同前註，頁 0802b17 ，CBETA 電子佛典。

5 傅佩榮著，《新世紀的心靈安頓》(台北：幼獅文化，2000 年)，頁 18 。

6 同前註，頁 19 。

第八章

生活中的美與美感

蕭宏恩

輔仁大學哲學博士

元培科學技術學院通識教育中心專任副教授兼主任

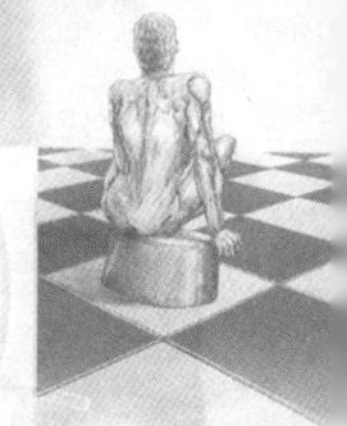

「美」是什麼？任憑歷來的美學家們對之下了多少定義、作了多少詮釋，又，任憑歷來多少藝術家藉由藝術作品，以具體呈現的方式分享予我們，但只怕是讓我們更加迷炫於其中！不過，另一方面，人很自然地就會去尋求美的事物，而且，當我們讚嘆一事物「好美」時，無論此事物是見到、聽到、甚而是觸摸到、口舌嚐試到的，都可以令自己產生一種「美感」經驗。問題即在於：

1.美感與人的感官知覺以及直覺有緊密的關係，可是，另一方面，人的快感亦是與感官知覺以及直覺息息相關，那麼，美感與快感又有何不同？又有何關連？自己所獲得的到底是快感，還是美感？
2.「美」從何處尋？美感與美又有何關連？當然，我們更可以問：「美」是去「尋找」的嗎？
3.最重要的是，美、美感（經驗）與我們的生活（尤其是日常生活）又有著怎樣的關連？更好說，美、美感在我們的日常生活內起著什麼樣的作用？如何的人生稱得上是美的人生？

其實，以上所提與其說是「問題」，毋寧說是「疑惑」！因爲，似乎我們越去設想它們，越是感到它們的無從捉摸！當然，關於「美」的疑惑很可能不止於吾人如上所提之三方面，而且，每個人基於其個人的不同背景、不同角度，所可能得到的答案亦可能有所不同。因此，講到「美」似乎是那般地抽象與玄奧，令人捉摸不定，卻又是那般地感覺就在我們生活的周遭、就在我們的身旁！就如同空間、時間一般，我們身處其中，從不會感到疑惑或無從捉摸，一旦問起它們是什麼的時候，突然之間好像失去

時、空般地令人不知所措？！又如同空氣、呼吸一般，通常人們是那麼自在地藉由呼吸而使得空氣在體內循環，一旦被提醒而令自身注意到此一自然循環過程，即刻顯得不自然了起來！不是不能問起「『美』是什麼」卻是由「『美』是什麼」出發去尋求「美」時，美似乎就不是「美」了！

本文即由以上所舉三方面爲主軸，企欲就在自身日常所處生活的周遭發掘「美」的實在，這裡所謂「實在」（reality）不是就作爲一個對象的有無，卻是就生命存在（而且就是當下生命存在境遇內）的顯然與否！另一方面，如此的探求並非意味著吾人想要定義「美」是什麼，因爲每一個人都可能有美感經驗，卻無需明白美的定義！再者，由另一方面而言，吾人以爲，「『美』是什麼」之問題似乎是一不成問題之問題，就是因爲每一個人都可能產生美感經驗，而爲一般人來說，這種經驗稍縱即逝，抓也抓不回來！當自己想要將此經驗分享給他人的時候，卻又好像摸不到頭緒，不知從何說起？不知如何表達？因此，一般人感到困惑的是這一分「美感」，而就是因爲自身獲致了美感才感受到美的實在，因此，當問起「『美』是什麼」的時候，實際上所想保存的是那一分「美感」。

第一節　在生活中產生美感

台灣地處亞熱帶地區，雪花片片釀成的銀白世界，在台灣是稀有而可貴的。這一年的冬天（2004 年末至 2005 年初），幾度寒流過境，配合水氣的充裕，台灣即使在到兩千公尺的高山上也降下瑞雪！一時之間人車洶湧地湧入降雪的山區，去欣賞那一片

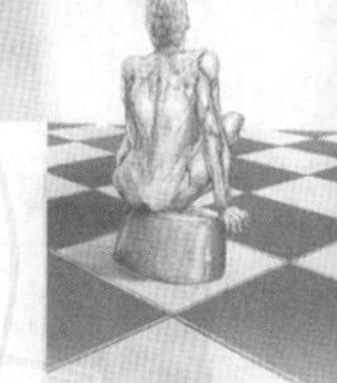

銀白世界，去感受那難得的景象！「雪景」爲住在、生長在台灣的人是可喜的，可是，同一時間在遙遠另一方的國度裡，亦正有許多人因著大雪造成的民生不便在苦惱著！兩相對比之下，在這一刻，似乎只有在台灣的人們可獲致美感，而在爲大雪所困頓國度中的人們，還有美感可說嗎？！

「美感」是什麼？

當代中國美學家朱光潛先生曾經以一棵古松爲例，說明人們面對一件事物通常有三種態度，即：實用的、科學的、美感的[1]。簡單地說，「實用的」就是（爲我）有什麼「用」；「科學的」就是（爲我）能「知道」什麼；而「美感的」卻是「在於我」之形象直覺所感受之世界，而且此一世界是獨立自足、不假外求的。而所謂「形象直覺」，朱光潛先生解釋道：「……脫淨了意志和抽象思考的心理活動叫做『直覺』，直覺所見到的孤立、絕緣的意象叫做『形象』[2]。」而「意象」是「心鏡從外物攝來的影子」，但是一物之意象卻不必要親眼所見才有可能，經由他人的描繪，藉由想像的拼湊亦有可能構成一物之意象[3]。如此，我們不難瞭解：「美感」是全副精神的貫注於對象本身而感受到的獨立自足世界。

產生美感的要件

當生長在台灣的我們見到銀白的雪景，感到好美，紛紛湧入降雪的山區賞雪，甚至有人在降雪之前已經前往等待。無論是由於好奇，是一味地從眾，抑或是一股物以稀爲貴的心理，都可能

因著雪景而獲致美感。相形地，那些爲大雪所困頓的人們，在他們的經驗內，降雪不再是成「景」，只是一個每年冬季都會出現的大自然「現象」罷了！難道這些人們不可能對降雪產生美感嗎？答案當然是否定的！其實，由欣賞台灣降雪的例子，即可分析出產生美感的要件：

一、知覺

尤其是感官知覺。感官分爲「外在感官」與「內在感官」，由之而產生性質不同之知覺：

(一)外在感官

知覺乃眼、耳、鼻、舌、身所相應的視、聽、嗅、味、觸等覺知。中世紀哲神學家托瑪斯（Saint Thomas Aquinas）即明言：「人分配到感官，不只是爲獲得生活的必需品，……其他動物對感官對象不會引起快感，……但是人卻可以單從對象本身的美得到樂趣。」「通過嗅覺，人欣賞蓮花和玫瑰花的芳香，感覺到這些花本身就可喜。……」[4] 美感的產生不可能是主體無中生有，必是來自所感知對象本身（形象直覺），所以必要透過主體感官知覺的攝取。

(二)內在感官

在這裏主要指的是「想像力[5]」。主體可藉由想像力的想像而獲致美感，就像一個人從未見過降雪，但經由他人的描繪在其想像力內拼湊，亦可能藉由其自身拼湊的景象而獲致美感。

然而，無論是外在感官知覺或內在感官知覺，關於美感是在於直覺的，知覺乃主體接於外物之觸動的管道，而知覺所造成的觸動可產生不同的經驗，不只是美感經驗，僅直觀式的知覺才有可能產生美感（經驗）。

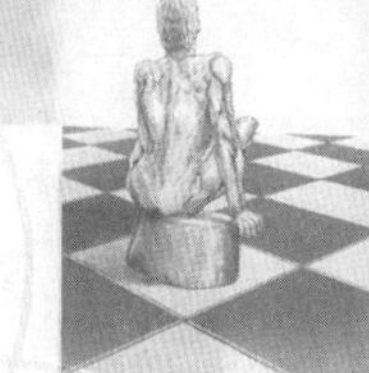

二、距離

尤其是心理的距離。這裡所謂的「距離」分為：眞實的、新奇的、虛幻的、生活的以及時間的距離。茲簡述如下[6]：

(一)真實的距離

通常，人們對其生活的周遭，因「習慣」而感到稀鬆平常，而經常忽略，對遠方的林林總總卻容易投以關愛的眼神。一旦與自己熟悉的環境有了一段（空間）距離，從遠處觀視同樣的景物，則會發覺別有一番風味，美感容易由之而生。因為此言「距離」乃實際空間上的擴延，因此是為「眞正的空間距離」。這種距離所產生的美感，在我們的日常生活中時時、處處可得！

(二)新奇的距離

關於「奇」，有因稀而奇、新鮮之奇、古物之奇、怪異之奇，眞是稀、奇、古、怪！其中與我們日常生活最有關連的乃「新鮮之奇」（新奇），新奇可以驅動我們的注意力，激發愉快的感官反應，將自己的精神貫注於其中，產生一種對比於習慣的美感[7]。

(三)虛幻的距離

一輪明月平凡無奇，雖皎潔亮麗有其美，仍不若朵朵白雲纏繞，猶似女孩兒手持絲巾掩面半遮羞那般地嬌美！一個平凡的自然景色，在一種矇矓的景象中，別有一番美感，正是所謂的鏡花水月之美！因為這種產生美感的距離並非實際空間之距離，所以說是「虛幻的」距離。

(四)生活的距離

以現實來說，人總是不滿意自身之所處、自己之遭遇，總覺得他人之境遇是比自己好。就如同經常有人羨慕大學老師有寒、

暑假，好似無需工作就有錢賺一樣！我們總是無視他人勞苦的一面，只見其收穫的一刻！這就是「生活的」距離。而就美感來說，這種生活的距離卻可以時時引領我們在生活中見到他者的美善。

(五)時間的距離

人們容易將一些苦痛、悲愁、困頓訴諸「時間」為療劑，的確，在一般人的經驗中，辛酸的遭遇到後來卻成為美麗的回憶！這正是「時間的」距離轉化悲苦為美感，是人生經過一番洗鍊所表現出的心靈之美，其中含括了人生的經驗與個人的修為，這種洗鍊即是心靈淨化了私欲與利害的計較。

(六)心理的距離

這是別於以上所舉的五種「距離」，筆者自己加上去的。其實，以上所區分的五種距離，說穿了就是在乎一種「心理的距離」。十八世紀英國哲學家休謨（David Hume）曾經說過：「美並不是事物本身裡的一種性質。它只存在於觀賞者的心裡，每一個人心見出一種不同的美。……但同時也必須承認：事物確有某些屬性，是由自然安排得恰適合於產生那些特殊感覺的[8]。」一般人都不難明白，「美感」在於「心靈精神的愉悅」，外物（對象）是材料，心靈才能賦予對象一美的形式，因此，美感的產生在乎心靈接於對象上的轉化，用一個比較簡單易懂的話來說，即「心境」。心境的好壞、開朗或閉塞直接影響美感的獲取，如荀子所說：「心憂恐，則口銜芻豢而不知其味，耳聽鐘鼓而不知其聲，目視黼黻而不知其狀，輕暖平簟而體不知其安。故嚮萬物之美而不能嗛也，假而得問而嗛之，則不能離也。」（荀子．正名）只不過，由於心境是情緒、情感的狀態，而非知性建構，因此，一般人在心境的變化上是偶然的、隨機的，甚至剎那間的轉變，

使得我們感覺美感只是來得「意外」，當然剎那即逝！然而，我們如果想要有一個美的人生，就不能使「美」成爲一種偶然、一種意外！當然，「偶然」有時可以成爲一種美，但並非表示美就是一種意外。故而，關於這種「心境」的培養是必要且當然的。那麼，如何培養一種在日常生活中的審美心境呢？「遊戲」人生而非「戲謔」人間！容後再來討論。

三、情感

尤其是愉悅之情。人們的日常大部分都生活在「情」（情感或情緒）的世界，「情」在美感的獲取中亦處於舉足輕重的地位，因爲關於美的欣賞，如果不是「情」貫穿於其間，整個活動即可能成爲認識的、科學的、功利的、實用的或是道德的等等。

(一)美感是一種情感體驗

美感是直覺地直接滲入對象本身的感受，而非如同抑制情感與情緒的知識、眞理之探求，亦不如同道德意識關於善之追求的訴諸道德行動。而貫穿整個美感歷程的是「情之動」，「情之動」使得審美直覺成爲一種情感體驗[9]。

(二)美感是意象在情感上的協調

在這裡，情感是綜合要素，一些本不相干的意象，如果能在情感上協調起來，則可能產生美感。在詩句中經常會有這樣的表達，例如：李白的「相思黃葉落，白露點青苔。」（長相思）錢起的「曲終人不見，江上數峰青。」（湘靈鼓瑟）等[10]。

(三)藝術的美感即來自人情與物理的融合[11]

馮友蘭先生曾言及：「好的藝術作品，既能使人覺有一種境而引起一種與之相應之情；如此則欲使人有某種情者，即可以某種藝術作品引起之[12]。」就是因爲藝術作品是美感的形式化或

現實化表現，作者的情感脈絡隱含於外在形式（書畫、詩詞、雕塑等等）之中，「藝術作品之所以沒有一處是多餘的和純粹偶然的東西，一切都從屬於、趨向於一個整體，就因爲有飽和著情感的思想這塊磁石，吸引著原本是散漫零亂的意象，並把它們聯結、聚合成和諧完整的意象體系[13]。」故而，藝術品是基於美感的創作，同時它亦能激發他人之美感，其關鍵即在於「情」。

(四)情的淨化

這裡尤其是指展現在藝術作品中的美感表達。藝術作品中，雖然有許多都是以悲苦、淒清爲題材的表現，但是，無論是喜、怒、哀、樂的表達，藝術的美感都有一種「淨化」作用。如同古希臘哲學家與美學家亞里斯多德即以（希臘）悲劇來說：「悲劇是對於一個嚴肅、完整、有一定長度的行動模仿；……模仿方式是藉人物的動作來表達而不是採用敘述法；藉引起憐憫與畏懼來使這種情感得到陶冶[14]。」「音樂」對人之心靈的淨化作用更是顯然：「有些人在受宗教狂熱支配時，一聽到宗教的樂調，捲入狂迷狀態，隨後就安靜下來，彷彿受到了一種治療和淨化。這種情形當然也適用於受哀憐恐懼以及其他類似情緒影響的人[15]。」因此，愉悅之情不就是一種快樂、歡欣的快感，更是心靈淨化的效果。

在日常生活中，我們常受到「情」的牽引，這種「情」的牽引不指向或趨向任何其他目的，而只是單純地在主體內形成協調一致的情感，美感即在其中產生。然而，這並不表示美感是純粹主觀的，因爲「情」是可以傳遞的、是容易感染的，藉由分享，他人亦可能在彼此的分享中獲致自身的美感。

四、創造或創作成為自己的

前面講到藝術品是基於美感的創作，而具體呈現出一種美感的形式。其實，美感的獲致亦需要創作，或更好說是「創造」。

(一)文藝即人的理想具體化

依前所言，美感的產生需要知覺（直覺的）、距離（心理的）、動情（愉悅的），但是，如果對象不能內化成爲自己的，它永遠只是一客體（對象）。譬如說：到了法國巴黎的凡爾賽宮，大家爭睹達文西「蒙娜麗莎的微笑」這幅畫作，吾人也一定要去看看，但是，如果只是因爲這幅畫作有名而去爭睹其風采，結果獲得的不是美感，只是快感，就好像見到了名星偶像一樣！除了誇耀自己多了一樣見聞之外，又如何分享自己欣賞這幅畫作的美感呢？另一方面，自身缺乏創作或創造，使得美或美感好像需要去找尋？好像要到美術館、歌劇院、博物館等等地方，由藝術作品中才能找到美、才能獲致美感？好像要到海邊、山上、原野等等地方才能感受到大自然的美？如果是這樣，那麼，我們現實的居處不就有若一座牢籠！生命生活在如此景況下，不就猶如禁錮在現實的醜陋中了嗎？難怪馮友蘭先生要說〈文藝即人的理想具體化〉：「藝術者，人所用以改變天然的事物，以滿足人自己之欲，以實現人自己之理想者也。」「空中樓閣之幻想，太虛無縹緲，雖『慰情聊勝無』，而人在可能的範圍內終必欲使之成爲較具體的、較客觀的。文學及美的藝術（fine arts）或曰美術者，即所以使幻想具體化，客觀化者也[16]。」這都是因爲我們在日常生活中缺乏了對生命之美的觀視與創造，以致藝術品也只成了一種欲望的表顯。

(二)美的創造就是由日常生活開始

依據目前考古人類學的發現，人類大約出現在距今兩百多萬年前，直至五、六十萬年前，人類進入舊石器時代，已有粗略的工具幫助日常生活之所需。雖然這些石器與自然物沒有多大差別，但是已存在人類的意識以及觀念於其間的創造，在如今的審美觀上仍有其價值。至三、四萬年前，舊石器時代後期，石器形式已現精巧，造型匀稱，且已有非實用性之裝飾品的大量出現，可見人類之審美意識已然萌芽。至新石器時代，人類的審美與實用已緊密結合，美的創造不僅限於工具，更及於房舍、生活用具、器物等社會的各個層面，美的創造在人類生活的各種領域不斷擴大，已走向藝術創作之審美價值的獨立界域。因此，人類審美意識的逐漸覺醒而進至藝術的審美獨立價值，是由生活中逐步演變而成[17]。

通常人們講到「美的創造」多半意會的是藝術（美）的創作，而在一般日常現實生活中汲汲營營的我們，既非藝術家，亦非時時刻刻能欣賞到藝術品，甚而根本缺乏對藝術鑑賞的能力！那麼，現實美（自然美、日常生活的美）的創造即成爲獲致美感之重要的來源。

第二節　美感與快感

前面大略提到了美感的涵義以及產生美感的要件，現在，我們將注意力落在美感（經驗）本身。就以前所舉台灣冬季高山下雪的例子來說，當人們讚嘆一片銀白的美而感到欣喜，在雪地上興奮地打雪仗、堆雪人，吃著在流動攤販賣的熱騰騰的美食，感

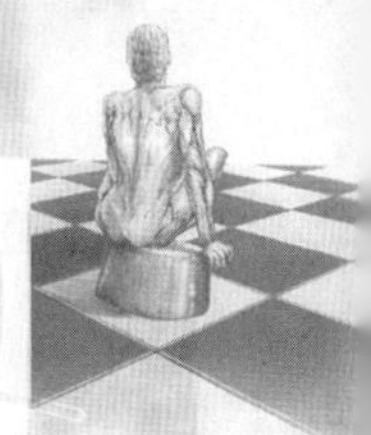

受那一份寒地中的暖意，實在愜意！更是快意！只是，台灣的人們在高山的雪地上所感受到的這一份經驗，到底是「美感」？還是「快感」？美感不同於快感，這是每位美學家所共同承認的，只是，美感與快感之間到底有何關連？

關於美感與快感之關連的兩方面意見

美感與快感與人的感官知覺有著密切的關係，而感官與欲望卻又緊緊相連，因此，在美感與快感的關連上，簡單地分爲兩方面的意見：

一、美感不同於快感

有美學家認爲美感與快感是不同的兩回事，美感不能是快感，因爲美不是這個世界欲望所需求的東西，而是另一境界內的存在，起於實際要求滿足的不是美感，而是快感。快感指向的是另一目的，而非其對象本身；美感所在的正是全神貫注於對象自身存在的「無所爲而爲」，在於主體自身之美的創造。譬如：飽足口腹之欲而有快感，而品嚐一份色、香、味俱全的佳餚而獲致美感，即非爲了肚子餓了要吃的生理需求。美感與快感的區別，在藝術欣賞中尤其顯然。譬如：一般人看一幅畫，除了前所言大家爭睹知名的畫作外，很可能就是「好看」、「不好看」的差別，如果再進一步問爲什麼好看或不好看，可能得到的答案就是感覺好不好（愉快或不愉快）的問題了！這種「感覺好不好（愉快或不愉快）」是直覺式的，但卻是就視覺欲望上的滿足，而非就形象本身的觀賞。因此，面對這幅畫感覺好不好（愉快或不愉快）只是滿足了感官上的欲望而有了快感，不能說獲致了美感[18]！

二、美感即是一種快感

有美學家認爲，美感、快感與感官知覺有密切的關連，因此美感與快感應該是相互連貫的，否定快感是一種美感，即是將物質與精神二分（二元），以及輕物質而貴精神。然而，精神是高尚的，肉體卻非低賤的，人是精神與肉體的合一（一元），所以美感與快感並沒什麼不同。譬如說：梅雨季節，連好些天陰雨綿綿，到處濕漉漉地，全身疲軟，令人提不起精神！這一天早晨一覺醒來，天氣放晴，陽光普照，令人感到通體舒暢，精神爲之一振，陽光也變得美妙起來！此時，陽光的美感與身體的快感是很難有個分辨的。然而，要加以分判的是，不是每一種感官知覺都同樣容易產生美感，如果一種感官知覺與生存的基本需求（生命延續）關係越密切，則與美感的聯繫越稀鬆；反之，美感的成分即相對提高。因此，有美學家就可能產生美感的視、聽、味（含嗅覺）、觸四大感官區分爲高級的與低級的。以前述與基本需求（欲望）關係的疏密之標準，所謂「高級的感官」，如：聽覺、視覺，因爲它們無需與肉體直接接觸即可產生知覺，也因此與基本欲求（生命延續）並無直接關連。反之，所謂「低級的感官」即是味（嗅）覺與觸覺[19]。

快感與欲望相繫，美感與欲望無涉

十九世紀德國美學家費歇爾（F. T. Vischer）更只是將美感的可能性限定在視覺和聽覺：「眞正的審美感官卻是視覺和聽覺。兩者都聽任對象有它的客觀性，不依賴主體與客體模糊的、物質性的混淆[20]。」筆者認爲，這樣的說法基本上是可以接受的，

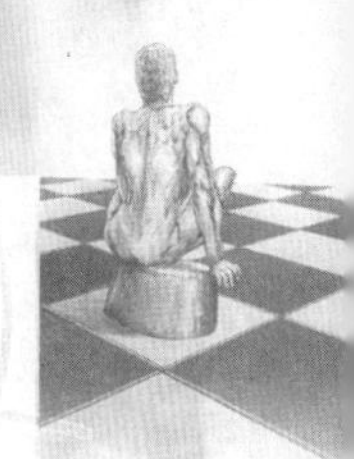

因爲就以美之表達最顯然的藝術來說，絕大部分的藝術創作都是藉由視覺與聽覺的賞析。但是，要說僅有聽覺與視覺才能產生美感、獲致美感經驗，就未免過分地忽視人身體其他感官一些超越欲望的感受了！譬如說：當我們提到茶香、酒香、咖啡香的時候，豈只是立於滿足味覺之欲望的層面？即使不喝茶、酒或咖啡的人，仍有可能會感到一股濃濃的醉意（沉醉其中）！即使是桌上的佳餚，講究的色、香、味俱全，雖有引起食欲之功效，但是，就算是肚子不餓、不被引起食欲，仍然可能深深被這番美食所吸引！在這種情況下，不能說不可能有美感的產生，更無法肯定在這樣的經驗中沒有美感經驗呀！實際上，在前所言及兩方面的意見，無論是認爲美感絕不同於快感，或是認爲美感即是一種快感，都不乏將「欲望」的因素排除開來。有些美學家之所以會將人的感官區分爲「低級的」（低等的）與「高級的」（高等的），就是在於感官的敏感度促使欲望產生的強弱來衡量的。而「美」以其自身爲目的，不能依於其他需求或目的而產生，這是美學家們所共同認可的，因此，筆者認爲，美感不在於欲望的滿足，而由於欲望所產生的快感當然不能是美感。美感卻是在於「態度」上去關注（attention）、去凝視（contemplation）周遭事物所產生之對世界（周遭）的知覺[21]。

有快感不見得即會產生美感，美感卻會伴隨快感

當代中國美學家朱光潛先生曾說：「美感經驗是直覺的而不是反省的。在聚精會神之中我們既忘去自我，自然不能察覺到我是否喜歡所觀賞的形象，或是反省這形象所引起的是不是快感[22]。」美感與快感固然有所分別，但其二者亦無法全然二分，美

感必然伴隨著快感：「美感所伴的快感，在當時都不覺得，到過後才回憶起來。比如讀一首詩或看一幕戲，當時我們只是心領神會，無暇他及，後來回想，才覺得這一番經驗很愉快[23]。」依朱光潛先生此言之意，美感與快感實際上是同時產生，卻是在領會之角度上的不同。

一、美感與快感同時俱足

在產生美感、獲致美感經驗的當兒，意識中所浮現的盡是直覺所攝取之客體意象所顯現的形象，快感即被潛藏於意識之下，待後來的「回想」方才浮現至意識層面，經驗到那份因美感而伴隨的愉悅之情！也就是說，在同一情況或同一時間，由兩方面不同的角度觀之：

(一)從形上方面來看美感與快感是同一現實的兩個不同角度

從「美」的角度觀之，主體的確因著對形象的聚精會神而融入一「無所爲」之觀賞境界，美感即在其中油然而生！但是就所獲致之「經驗」的角度來看，美感的產生的確有一種愉悅之情或淨化之感受，讓經驗主體自己瞭解到所融入的情境乃「無所爲而爲」（借用朱光潛先生的語言）的一致與和諧。

(二)從心理方面來看快感猶如「回神」過來的美感經驗

當我們聚精會神地觀賞客體形象達致忘我時，我們的確沒有理會到自己的情感變化與心靈悸動，只是全然地沉浸於客體的形象中，而不是利用這個形象來達到「追求」美或美感之「目的」，更不可能是藉由美或美感來達到其他目的。後來經由「回想」，我們才理會到之前自身沉浸於其中，非欲望之滿足的情境，與回想於如此之當下所意會到的愉悅感受，是截然不同的滿全，猶如進入一種默觀狀態，一旦「回神」，才理會到方才的入

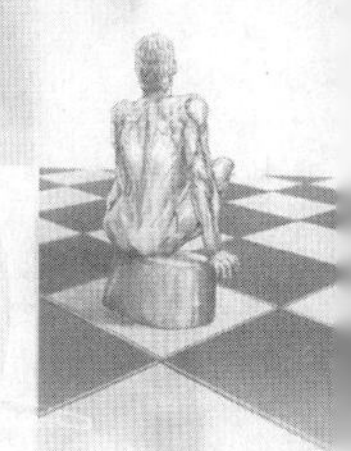

神就像是在另一不同的世界，只是這一刻的意會已非方才的美感，而是與方才之美感同時產生的快感！但亦於此刻認知到方才的美感並非爲追求此刻的快感而產生。然而，就算是我們爲追求快感而「無意」間獲致了美感經驗，也不會影響美感的純粹性。

二、美感與快感雖非互為表裡，而快感卻可分享我們之美感經驗

美感是審美主體主觀、內斂，跟個人的涵養有關之態度上的表達，雖然我們無法將自身的美感經驗傳遞給他人，但是，藉由分享（無論是語言、肢體動作、表情等等），他人卻可能因著我們的分享而獲致其自身的美感經驗。

(一)「美」的客觀性及其客觀實在

由上所言，我們可以瞭解到，美感（經驗）的主觀性藉由主體的分享而顯出「美」的客觀性及其客觀實在，但是，這並不表示「美」是在於事物身上，卻是在於事物其「本身」，如文藝復興時期義大利的現實主義藝術家達．芬奇（L. da Vinci）說道：「欣賞──這就是爲著一件事物本身而愛好它，不爲旁的理由。」「瞧一瞧光，注意它的美。眨一眨眼再去看它，這時你所見到的原先並不在那裏，而原先在那裏的已經見不到了[24]。」所以，這裡所謂「『美』的客觀性及其客觀實在」並非就具體事物的呈顯而言，卻是「美」在對象所傳達出來之觀念的普遍性，如同歐洲中世紀哲神學家托瑪斯所言：「美有三個要素：第一是一種完整或完美，凡是不完整的東西就是醜的；其次是適當的比例或和諧；第三是鮮明，所以鮮明的顏色是公認爲美的[25]。」基於此三要素，每個人皆可爲「美」下一定義或依己之見觀賞客體形象；即使有人不以此三要素爲然，另外提出第四、第五個要素或

全然不同之要素，其所傳達的就是一種客觀實在，他人即可能藉由此等客觀實在而「認出」美的觀念，此言「認出」正是表達美的鑑賞有其「理智」成分，如達．芬奇所說：「對作品進行簡化的人對知識和愛好都有害處，因爲對一件東西的愛好是由知識產生的，知識越準確，愛好也就越強烈。要達到這準確，就須對所應愛好的事物全體所由組成的每一個部分都有透澈的知識[26]。」

(二)快感的感染

前所言「美」的客觀性與客觀實在其中有智性成分，並不表示因著智性而使其客觀，亦非意味著美感（經驗）的分享與傳達是經由知識的，雖然無可否認「理智」於其間之功能。其實，我們不難瞭解，美感的分享與傳達是在於「情」的感染。但是，由於理智作用於其間，此言「情」的感染並非是激情的、放縱的，卻是快感藉由「情」（情感或情緒）的傳遞與知覺接收而迅速地達至他者，言語頂多只是輔助的位置，甚至是多餘的！類比地說：情人之間「含情脈脈」，怎可能只是雙方各自沉浸於各自的感情世界，而無見到對方的一種愉悅形於外，讓彼此感受一股愛意與被愛呢！「墜入愛河之際，意中人的目光是凝神專注、含情脈脈的，此刻，縱有千言萬語，互相擁抱，也難釋愛意，唯有繾綣纏綿，方能接近這種感覺[27]。」用「傳達」似乎太直接、僵硬了些，「感染」確實較爲傳神。又譬如說：當我們見到一位沉浸於某樣形象而入神的人，必是受到其愉悅之情的感染而覺知其正悠遊於自身「美」的境界中，甚而誘發己身對「美」的嚮往，抑或因著此一景況、此一感染而獲致美感（經驗）。

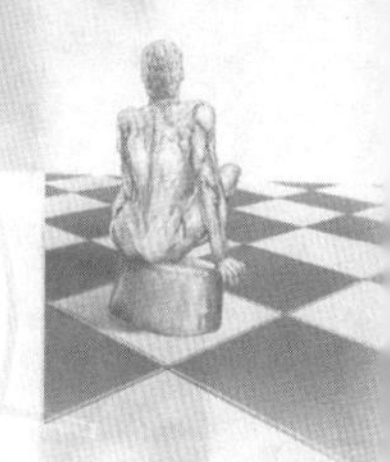

第三節　藝術的生命情調

「美」可因著快感的感染而獲致美感（經驗），而因爲每一個人各有其不同或不盡相同的美感經驗，所以每一個人對「美」的觀感或定義即有所不同。可是，「美」並未因此而失卻其「美之爲美」的客觀實在，否則美感（經驗）的分享如何可能！如此，不難明白藝術（品）或藝術創作是爲美感分享最顯然的具體展現。前已有言，美的創作或創造起自於日常生活，逐漸才將人的審美價值獨立出來而成就如今的藝術領域，也就是說，「藝術創造，誠然是美的創造的一個重要方面，然而只要簡略地回顧一下從原始社會到今天人類在衣、食、住、行、文化、教養等方面的發展，就可以充分肯定：隨著歷史的前進，人類征服自然、改造世界的能力在日益增強，人類自身即其生活在一天天美化，美的創造領域遠遠超出了藝術創作的範圍[28]。」

「美」就是生活中的藝術（化）創作

一般講到「藝術」指的是具體表現出來的藝術作品，而且是由特定人士所創作，到了美術館、歌劇院、音樂廳、博物館才能觀賞得到，似乎也是只有一些特別背景的人才有辦法看得懂的東西！也可將這通常所指之「藝術」說爲「精緻藝術」（fine arts），它們的確不是常人所能爲，亦非一般人任意即能觀其微妙、賞其精彩的！如此說，難道身爲一般人的我們就永遠被隔絕於藝術的殿堂之外，無法窺其堂奧之偉大了嗎？

藝術美是藝術家以其全新的深度與力量表現出蘊涵於事物內的觀念，藝術家就是能透視一切存有者最裡層基礎的人[29]。這就是我們經常將藝術與藝術家連在一起的原由，認為只有藝術家才能創作藝術，甚至以為只有藝術家才懂得藝術。的確，無可否認的，藝術創作需要天份，如音樂神童莫札特（Wolfgang Amadeus Mozart，奧地利音樂家）五歲即能在黑暗中彈奏出美妙的旋律以及作曲，十三歲在奧皇面前蒙著眼睛表演拉小提琴；樂聖貝多芬（Ludwig van Beethoven，德國作曲家）幾乎在全聾的情況下，作出了最偉大的「第九交響曲」（命運交響曲）。凡此種種藝術成就上的事例，若非天縱英才，任憑一般人竭盡一生之努力，終不得如此成就！那麼，「藝術」對不能成為藝術家的一般人又是如何呢？無可否認的，「藝術」之所以得以成為人類文化、文明之成就，即在於其特殊的審美價值；此言「特殊的」，意味必須通過藝術「鑑賞」，方得以窺其堂奧。

藝術鑑賞的目的是審美的欣賞而非考證、批評。「鑑」在這裡有視察、眼光、見識、鑑別的意思，有知識的成分於其中。知識的探討本身有其趣味，不同的知識系統之間自然有其彼此間的批判或評論，知識的吸收、獲取與傳達亦為顯然的成就，因此，朱光潛先生提醒我們，面對一件藝術（品）考據或證明了什麼以及對之作了美醜判斷讀的批評，都不是審美的欣賞，但是欣賞卻又不能沒有考證與批評這些知識的幫助[30]：「考據所得的是歷史的知識。歷史的知識可以幫助欣賞，卻不是欣賞本身。欣賞之前要有瞭解。瞭解是欣賞的預備，欣賞是瞭解的成熟。……瞭解和欣賞是互相補充的。未瞭解絕不足以言欣賞，所以考據是基本的工夫。但是只瞭解而不能欣賞，則只是做到史學的工夫，卻沒有走進文藝的領域[31]。」朱光潛先生亦將「批評的態度」與

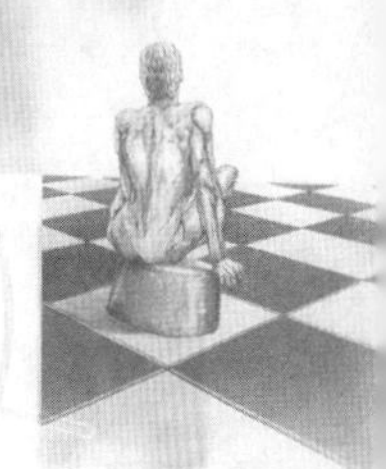

「欣賞的態度」之間作了一簡單的對比：「批評的態度是冷靜的、不雜情感的，其實就是……『科學的態度』；欣賞的態度則注重我的情感和物的姿態的交流。批評的態度須用反省的理解，欣賞的態度則全憑直覺。批評的態度預存有一種美醜的標準，把我放在作品之外去批評它的美醜；欣賞的態度則忌雜有任何成見，把我放在作品裡面去分享它的生命。遇到文藝作品如果始終持批評的態度，則我是我，而作品是作品，我不能沉醉在作品裡面，永遠得不到眞正的美感的經驗[32]。」

生活就是藝術，過一個藝術的生活。由朱光潛先生的以上兩段話語，簡單地說，審美價值是在於「欣賞」而非「認知」，「認知」（求知欲，理智的追求）是精神的另外一種滿足，非精神之美的滿全：「視覺經驗是人對於美的事物的主要反應。既然美的事物在其完美性上發射出光芒，那麼，就不必用理智去尋求，只要有平和、寧靜而完美的視覺動作就可以，不須憂煩艱苦地去推論思考[33]。」這段話實際上呼應了朱光潛先生之有關「欣賞的態度」之言語，筆者以為，這所謂「欣賞的態度」更是在我們的日常生活中予以展現。往往，我們在面對藝術作品時，總是會想：作者是要表達什麼？作者是在什麼情況下做出這樣的作品等等問題，無法瞭解這些事情，此藝術作品即變得索然無味，不知從何欣賞起？！固然，前已有言，知識有助於我們的欣賞，但是知識亦可能讓「欣賞」走了樣！對比於日常周遭之事物，一般見之乃「實用」取向，我們只問「有沒有用」、「有什麼用」，不會去問製造者其他用意；而也正是此等「不會去問製造者之其他用意」之意向，能撇開實用之態度，即可能由欣賞的態度去面對生活周遭，譬如說：筆者在百貨公司的專櫃看到一只水晶玻璃酒杯，深深地吸引著我的目光，此時我不問它是做什麼用的，也不

問它好不好用，僅僅爲其晶瑩剔透以及純樸、簡稱的造型所攝；買回家之後，斟上美酒，細細品味，此刻，除了視覺、觸覺的宴饗，美酒之於味覺、嗅覺也早已不爲滿足口腹之欲了！當然，如果此刻再加上清新的樂音，更是動畫了整個情境！這樣一個生活片段的不經意安排，雖說不得是藝術創作，卻可說爲藝術化的創作，令人回味！

藝術生活化與藝術化生活

生活中的藝術正是日常美感的藝術化作品，不見得每一個人都可能有一個藝術化的生活，但是我們都可以將生活藝術化，也就是說，每一個人都有可能、更有此能力美化自己的生活，成就一個美的人生！然而，這並不意味藝術的陶冶是無關緊要的，因爲，既然藝術是美感之快意的具體展現，所具之審美價值易於帶動人們對美的欣賞，藝術的氛圍更能增進我們對美的感受。但是，我們不要忘了，本文前面曾經提過，美的創作由日常生活中開始，藝術正是美之創作最顯然、最具體的代表，所以我們亦可說：藝術是由日常生活中開始。蔣勳老師曾在其所撰寫的〈發現自己的存在〉這篇文章中說道：「……拿破崙做爲一個執政者，他把瀕臨沒落的五金工廠、水晶工廠、織品工廠全部開發出來，把它們變成興盛的產業，創造出他的時代風格。我們的藝術家如果只是要做“artist”，而不認同工匠傳統，是非常危險的一件事。所以鶯歌陶磁廠沒有藝術家介入，八里的石雕、水里的石缸，整個產業在沒落。沒有藝術家介入，這些傳統產業全部在毀壞，沒有辦法轉換成現代產業裡，新的藝術型態。」「與其去做高層次的藝術發展，不如把民間社區所謂美的東西建立好。我們

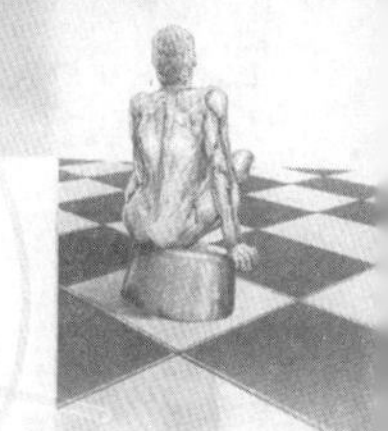

弄出幾條像樣的街道，幾個像樣的廣場，那個品味才會開始。巴黎最早是一八五〇年代，從整個城市的建設開始改變，從羅浮宮旁邊的大街開始改變，讓大家有一個休閒的，可以散步的空間，因爲他不忙碌，他不會把生命全部只花在物質的追求跟賺錢的時候，才可以在散步的時候，感覺到這個城市的美，這個城市慢慢跟他有對話的關係。」

藝術創作在生活中的共鳴

蔣勳老師很清楚地爲我們指明了「藝術生活化」之企向，同時也指出「藝術化生活」之方向。而另一方面，筆者以爲，「電影」在目前的生活中，是最接近人們的一門藝術，一些好的電影也最容易令一般人產生共鳴。筆者以幾部近年來所觀賞且產生相當生活共鳴的電影爲例，來分享這麼一種經驗。

首先來看看「美麗人生」的幽默之美。一九九九年奧斯卡最佳外語片，義大利的「美麗人生」(Life Is Beautiful)，這是由眞實事件改編的一部影片，故事敘述第二次世界大戰時，一名生長在義大利的猶太裔男子，雖然處於對猶太人歧視的社會中，仍然以幽默的方式面對他的人生，同樣地以樂觀豁達的方式教育其稚幼的孩子。第二次世界大戰期間，納粹德軍到處迫害猶太人，他和他的孩子亦無法倖免地被抓入集中營。他爲了保護孩子，也避免孩子的稚幼心靈受到傷害，而向孩子聲稱這是一場設計好的大遊戲，只要乖乖地聽父親的指令行動，通過了遊戲的考驗將可以獲得大獎。因此，即使是在危難時期（納粹集中營內），展現在他孩子眼中的卻如同一場遊戲！後來他自己雖死於納粹的槍下，但對他稚幼的孩子來說，人生並未增添一絲晦暗，卻是一場美好

遊戲的落幕！「美麗人生」所展現出來的並不是悲情、怨恨的生命，卻是在小人物平凡的生命中，展現出一種「幽默之美」！

另有一部較早期的黃梅調電影「梁山伯與祝英台」，是一部家喻戶曉的愛情悲劇。「梁山伯與祝英台」是中國流行的民間傳說「七世夫妻」[34] 中的第二世，「七世夫妻」是天庭玉皇大帝座前的金童玉女，因相戀而犯下天條，被南極仙翁打下凡間，必須歷經六世人間男女的相戀卻無結合之苦難的折磨，能通過如此的磨練、煎熬，終於第七世方得結爲連理。祝英台女扮男裝至山中私塾讀書而結識梁山伯，兩人相知相惜，兄友弟恭，一旦梁山伯得師母點化得知英台竟是女紅妝，心生愛憐，其實兩人早已私訂終身。無奈祝英台之父將之許予權貴之家，梁山伯抑鬱吐血而亡。祝英台堅至梁兄墓前祭拜，哭墓之情天地爲之動容，風馳雷電交加，一道閃電打開了山伯墓塚，剎見梁兄身影，撲身入墓，雙雙掩於墓中，化作雙蝶飛向天庭。「梁祝」所展現的美不在此世，卻是藉由死亡化作彩蝶雙宿雙飛的神仙境遇；爲此世來說，它是一種「淒美」！

還有一部當年（一九九八年）造成相當轟動的電影「搶救雷恩大兵」(Saving Private Ryan)，影片中的主角並不是「雷恩」，卻是帶領一行人伸入敵後搜尋雷恩的指揮官「約翰・米勒上尉」。電影的主人翁雷恩是第二次世界大戰期間，美國著名的一〇一空降師的二等兵，因其三位兄長幾乎在同一時刻，於不同的戰場陣亡。美國參謀部基於人道理由，委派了一支由約翰・米勒上尉帶領的特遣小組，深入敵境搜救雷恩家僅存的最小的弟弟。經過一番艱辛險阻，他們終於不辱使命找到了雷恩，但特遣小組成員亦已犧牲殆盡，約翰・米勒上尉也在最後一場戰役中犧牲了生命。這樣的一個歷程與結局，展現出一種生命的「悲壯之

美」！

「死亡」是藝術表現的常客，一幅畫、一首樂曲、一齣劇似乎都離不開生、老、病、死之歡樂、哀愁的人生百態？！如果電影是一門藝術（與傳統藝術平起平坐），那麼，電影似乎更眞實地活現在我們面前，直接地打動我們，無論是浮面或深邃，某（些）思想即刻就在我們心中泛起－與其說是影片內容給的，毋寧說是觸發了我原有觀念的激情躍動－這正是藝術家藉著藝術作品表達了思想，這個思想的來源卻是藝術家以直觀洞識事物的觀念而觸發了己之生命內涵。藝術品原只是「物」，正是藝術家的思想充實了它，而鑑賞者或欣賞者所被觸動的觀念活化了它，使得此「物」不再只是一個「作品」，而是與自己心靈交流的生命，匯入了自我的靈性──「美」在其中矣！

從電影藝術所展現出的生死美感看來，「美」不再只是流於感官上的好看不好看、感覺好不好或愉快不愉快，卻是感官與心靈所呈現的一致與和諧，像以上所舉三部電影，爲筆者來說，「美麗人生」所鋪陳之平凡的幽默人生，「梁山伯與祝英台」所顯露的淒美人生，以及「搶救雷恩大兵」所突顯之殘酷的悲壯人生，觸動著筆者的感官，使筆者的心靈爲之擂動！整部影片已不再只是一則故事、一幕幕的場景以及一種思想上的聯繫，卻已成爲洞悉生命的人生歷程！

「美麗人生」小人物的幽默之美卻顯現一絲不平凡的生命！「美麗人生」中的主人翁，就是經常出現在我們身旁的小人物、小市民，因爲他的幽默以及豁達的人生觀，使得逆境只成爲平凡生活的一部分。第二次世界大戰的納粹集中營，明明是一個迫害生命、慘絕人寰的地方，生活於其中的人們，怎能感受人生的「美麗」？當他娶了當地望族的女子爲妻，生下一子已五、六歲，家

庭幸福美滿，且依自己之願望開了一家書店，正要開始享受人生之際，剎那間卻沉陷一幽暗的境地，豈不令人怨恨？關鍵也就在他心中沒有怨恨、沒有不平，只當這是每一個人不同的際遇，可是孩子的無辜卻不應因著大人世界的陷溺而沉淪！孩子是希望，卻也要使得孩子自己對這個世界有希望。心中充滿希望、沒有怨恨，靈性的充實，人生除了美，又哪能分辨出「醜」呢[35]！

「搶救雷恩大兵」無怨的悲壯之美卻涵蘊一平凡的生命。約翰・米勒上尉帶領著他的弟兄們深入敵境，只爲搶救一個不知在哪裡、甚至不知是否還活著的二等兵？！當弟兄們都爲這次的任務感到不平時——雷恩是一位母親的小孩，難道這些人不是嗎？爲了一個人甘冒這麼些人的性命，值得嗎？米勒上尉只是一心地想到自身承擔的任務與責任。約翰・米勒上尉驍勇善戰，領導統御深得弟兄之心，當弟兄們正爲他的出身彼此打賭、猜測時，米勒上尉公布的答案卻令眾弟兄瞠目結舌：他在戰前只是鄉下地方一個不起眼小鎮的平凡英文作文教師！在那種死亡籠罩的戰爭生活中，他的想法很簡單，戰爭就是目前的人生，他心中沒有仇恨、沒有怨憤，只是好好地、盡心地完成此刻生活中的每一件事，不逃避、不爭奪什麼，只是想早些兒做完事回家同家人生活在一起。這是一種多麼平凡的想法、平凡人所需的平常生活！猶如一個上班族在工作崗位上辛苦了一天後，即想快快回家感受那無羈的舒適與家庭的溫暖。雖然米勒上尉最後戰死了，卻似乎沒那般地遺憾！因爲這就是一種生活，「回家」是每一個人都想要的；他是「回去了」，而且「退休了」，可以永遠無需再「出門」辛苦了！

「梁山伯與祝英台」情愛的淒楚之美卻呼應了現實生命的生活情調。梁山伯與祝英台這一對神仙情侶，落實於現實男女情愛

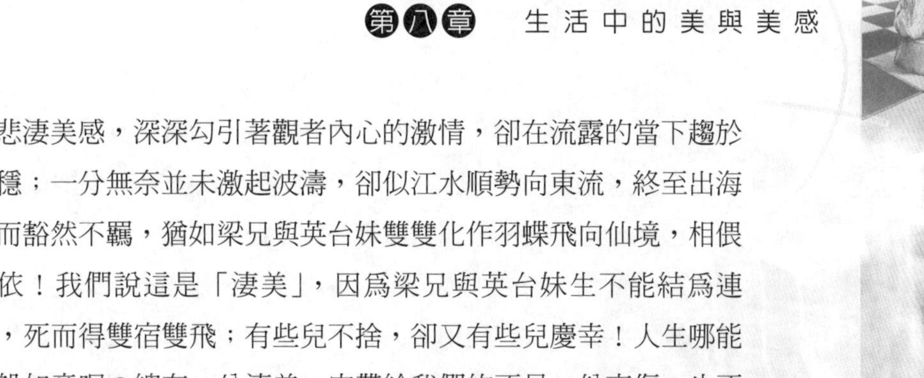

的悲淒美感，深深勾引著觀者內心的激情，卻在流露的當下趨於平穩；一分無奈並未激起波濤，卻似江水順勢向東流，終至出海口而豁然不羈，猶如梁兄與英台妹雙雙化作羽蝶飛向仙境，相偎相依！我們說這是「淒美」，因為梁兄與英台妹生不能結為連理，死而得雙宿雙飛；有些兒不捨，卻又有些兒慶幸！人生哪能那般如意呢？總有一分淒美；它帶給我們的不是一份哀傷、也不是一股悲涼，而是深深的感懷，有種說不上來的豁達？！「美麗人生」所表達的也就不過如此嗎！男主角以幽默玩味生命，完全抽離現實的生活，使得一個該是悲慘的人生成了一場令人投入的遊戲，在平凡中透出一絲不平凡，在現實中突顯那不為現實所羈絆的自由！「搶救雷恩大兵」的約翰・米勒上尉是在現實中依於現實卻又不沉陷於現實，安於所處之境遇卻不宿命。戰爭令每一個平凡人的生命不再平凡，卻又歸於平凡，端視自身對命運的詮釋以及抽離自身之現實以對命運的安排。

電影「搶救雷恩大兵」，開場的搶灘作戰（諾曼地登陸）與片尾堅守一處重要陣地（攻掠所得）的浴血作戰，二者相互呼應，因著不同思緒的傳達而表現出不同觀念的藝術美感。首先，片首的那一場搶灘作戰與片尾堅守陣地的浴血作戰相呼應之下，搶灘作戰是攻城掠地，猶如人一生中青春壯年之黃金時期的競爭、奮鬥、努力，不斷地去充實、獲取，雖然隨時會有阻礙，且誰也不知是否能達到目標，而就是一味地向前，其間每一細節的一點一滴都是那般地重要，否則隨時隨處都可能會遭到挫敗！而堅守陣地的浴血作戰所表達的卻是既得的守成，努力、奮鬥所得固然不易，但既得的守成更不易，可能會遭受到更大的阻礙與考驗，沒有精密的統籌與細緻的心思，往往守成不了！在人生中不就是有許多人有了一點成就或成果後，即妄自尊大而漫不經心，

終致一敗塗地，一切化爲烏有！往壞處說，當自己默默無聞時，不太有人注意，而一旦有了一些兒名聲，就招來不少覬覦的眼光！因此，越是有所成越當戰戰兢兢才是！然而，無論是充實、獲取時的奮鬥、努力，或是有所得之守成，都離不了與他人（伙伴們）的共同合作與機運。因此，電影「搶救雷恩大兵」開場的搶灘作戰以血腥、殘酷、有些零亂的藝術美感來表現攻掠時的膽戰心驚，誰也不知能走到那一步？甚至有許多人連登陸艇都還沒來得及下來即莫名地喪失性命！即使到了灘頭陣地，誰又知一個不小心使得原本的幸運反而成了致命的前兆[36]！而片尾的陣地浴血作戰即以整體性、展現秩序的藝術美感來表現守成時的運籌帷幄，只要有人稍有私心、怯步不前，即可能害了自己的弟兄，甚至使得以往的成就或成果功虧一簣！而這一切都有機運或機緣於其中，人實無法完全掌控得了！然而，也就是因爲如此，「希望」的藝術所透露出的美感價值即深深地吸引著人生的每一步伐，就如同觀賞電影者期盼著劇情的發展一般！

藝術不依於現實的抽象表達，令藝術家本身與鑑賞者得以無拘無束地悠遊其中，自創境界，作自己思想、觀念的主人！藝術的美感不就是在思想、觀念內，卻是在這自由作主的思想、觀念間遨遊，思想、觀念成了工具而非主角。如此，人生在世又何必去找生命的意義在那裡呢？又何必去問生活的目的是什麼呢？就如同藝術一般，它本身即是非目的之目的！其本身就是非意義之意義！這就是藝術的美感價值。當我們在對人生中的一切發問時，就已然具備了意義、即已然趨向於目的！這就是生活的藝術、生命的情調。

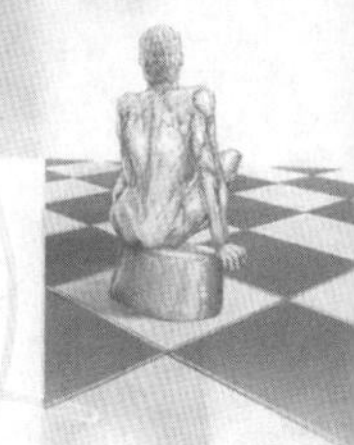

第四節　「樂」（ㄩㄝˋ）之和與生活的和「樂」（ㄌㄜˋ）

電影之所以撼動人心，正因爲其動態的展現於觀眾的面前，加之如今科技特效、拍攝手法的日新月異，更使得電影活生生地令觀賞者身歷其境，達致一種震撼的效果，間接地對人的心志也產生了影響。看電影時，觀賞者經常會忽略掉「樂音」這麼一個因素，因爲在整部影片中，「樂音」往往是一個背景、是一個陪襯，在觀賞者的印象，「樂音」融入了螢幕中的一場一景、人物的動作與怕、怒、哀、樂之中，不起眼，但缺乏了它即使得整部電影失卻一致性的律動。筆者爲什麼說是「樂音」而不是「音樂」呢？因爲影片中的聲響不見得都是樂曲，卻又非雜亂無章的響聲，正是貫穿、協調全劇，更能將觀賞者引入劇情之中。然而，雖說樂音只是一部電影的「配角」，而一旦沒有了它，整部電影似乎少了那般的精采與一致性的協調感！可是，樂音即使少了螢幕的動態，往往仍可能予人一番不同的感觸，尤其是譜上樂曲的音樂，更能悸動人的心靈！

對於音樂的重視，寓教於樂，東、西方皆然

古希臘哲學家與美學家亞里斯多德提到：「……音樂應該學習，並不只是爲著某一個目的，而是同時爲著幾個目的，那就是教育、淨化（關於淨化這一詞的意義，我們在這裏只約略提及，將來在詩學裏還要詳細說明）以及精神享受，也就是緊張勞動後

的安靜和休息[37]。」漢寶德先生的一番話，為亞里斯多德的主張作了詮釋：「和諧的音韻之美感完全是精神的，與肉體的快感無涉。」「在亞里斯多德的古希臘，把音樂視為嚴肅而高尚的理性享受。他把音樂的力量自消遣與娛樂向上提升到德性的陶冶，把音韻的美與行為的善相統合。這一點東方與西方的哲人在觀點上非常一致[38]。」

在東方傳統，中國自古即是以「音樂」為教育之中心，孔子（551-479 B.C.）不但傳承了中國古代之樂教，更是對於「樂」的藝術精神與價值有了新的發現與作了進一步的提升：「孔子對音樂的學習，是要由技術以深入於技術後面的精神，更進而要把握到此精神具有者的具體人格；……對樂章後面的人格的把握，即是孔子自己人格向音樂中的沉浸、融合[39]。」

正是因為樂音的感人心靈，直截地影響人的精神狀態，就以電影的配音、配樂來說，如「搶救雷恩大兵」片首搶灘作戰的槍林彈雨、灘頭的爆破、傷者的哀號，都是那麼適時地出現，本來戰場的紊亂，表現在電影中卻是一致性的協調，牽動觀賞者怕、怒、哀、樂之情緒，自然地被引入其中，猶如身歷其境，驚心動魄，時而發出愕然之嘆！而黃梅調歌劇「梁山伯與祝英台」，全劇由黃梅調之樂曲貫穿，帶動著觀賞者的悲、喜之情，「十八相送」在樂曲聲中一氣呵成，感動於梁兄與英台「弟」親如手足之情、離情依依，卻又為梁山伯的憨厚率真，不覺祝英台的種種暗示，急得英台妹脫口「唱」出梁兄真是呆頭鵝、大笨牛，而感到會心一笑！劇末祝英台「哭墓」一段，曲調時而急促、時而哀沉，配以「祝英台」（指那位飾演祝英台的女明星）身段唱作，感人肺腑，令觀賞者悲從中來！樂音或音樂的深入人心、感人至深，心靈上的推動固可達致教育、淨化、精神享受之目的，但

是，某些催化欲念、激情的樂音或音樂，卻可能導致心靈、精神的衰頹、甚至墮落，亦是同樣地容易令人不覺地深入內在，所以孔子有「韶音」與「鄭聲」之判：「子謂韶，盡美矣，又盡善也。」（論語・八佾）又：「子在齊聞韶，三月不知肉味，曰：不圖為樂之至於斯也。」（論語・述而）可是孔子對於當時風靡一時的鄭、衛之聲卻說「鄭聲淫」，即是因為「鄭聲」的享樂太過於引動人欲念之發展（「淫」即「太過」的意思）了，反而導致負面情緒之激動。

音樂的世界與幸福的追尋

由「樂」之和而來之人與人、人與周遭之融合而至人與天地之和合。常聽人說：「只要快樂就好了！」似乎「快樂」就等同於「幸福」（happiness）！當然，無可否認的，在幸福中當然有快樂，可是，幸福不僅是「快樂」而且更是「和諧」，由人與人的和諧到人與周遭，更進而上達與天地的和諧！中國道家有一個非常典型的例子是：莊子的妻子過逝了，莊子大哭三聲，而後竟然「擊罄而歌」！連他的好朋友惠施都不明究理而責備他的行事不合時宜。試想：如果莊子奏的是哀樂，唱的是悲戚之曲調，旁人不但不會責備他的不合時宜，而且更會因著曲調而同感哀戚之情，比之莊子的只是哭泣，甚至痛哭失聲，悲戚的曲調更能打動人心、深入人的心靈，彼此與周遭相應和而形成一莊嚴肅穆之氛圍—悲慟而不陷於激情，哀戚而不流於濫情—悲情之間所流露的是一份誠心，共同處於一和合的情境中。這是因著「樂」之和而來之人與人、人與周遭之間的融合；然而，莊子的「擊罄而歌」卻非悲戚之哀樂，而就如同日常生活一般地抒發情懷。莊子同樣

是藉著音樂，表達出人與天地和合的生命境界。非爲有意如此，卻是自然而爲，猶如我們在生活中有所感觸時，隨著心情會自然地哼出曲調，或是聽到相應的樂曲會產生更深刻的感受一般！「幸福」就在「樂」（ㄩㄝˋ）之和中的和「樂」（ㄌㄜˋ）。

音樂對情境的深化或強化，對人之心靈之正向或負向的影響，無論是生、老、病、死的生命歷程，或是悲、歡、離、合的生活經歷，任何一環結都無法單獨地決定人一生的幸福或和樂，所謂「快樂」並不必然帶來生活的幸福，而所謂「痛苦」亦不必然成爲生命的躓礙。同樣地，生活中常伴隨著音樂，亦可說音樂縈繞著我們的日常，人經常會不自覺地哼著一首曲子，甚至不成曲的調子，在生活中的各種場合，總是少不了音樂！只是，無論是喜、怒、哀、樂，音樂都可能帶來正向或負向的深化或強化，譬如說：前所舉喪禮的哀樂，能深化情境內的悲戚之情，婚禮的進行曲能深化共結連理的喜悅以及對攜手共度人生的祝福等等。可是，在一些娛樂場所內，本來這些場所就是予人玩樂的，這些場合自然少不了音樂的助興，問題是，在某種急促、重擊、高度震撼之樂曲的衝撞下，往往流於一種激情，有人開始不知所以地隨著音樂的助興做出一些不雅的動作，更是因著燈光彩球的五光十色，心志放矢於樂曲所營造或是強化的情境內！當然，音樂可以陶冶性情，可以舒緩情緒，可以增進情感，可以營造優雅、浪漫的氣氛，甚至可以塑造一種氛圍，人可沉浸於如此情境而深化內在心境，這是音樂的正向影響，也就是一般人在提及音樂時容易產生的想法。然而，音樂的負向影響卻不太爲人所注意，總以爲那只是「個人」的問題，與音樂無關！殊不知音樂是人所創作的，乃創作者心靈的某種呈現形式，與「人」（或「個人」）自然有密切的關係。而聽者，因著對樂曲的知覺與感受而有所詮釋，

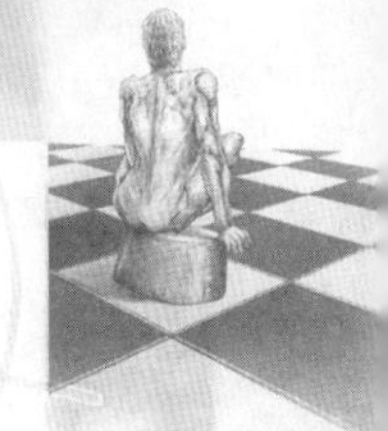

只是，這樣的詮釋如果僅僅停留在感性的知覺（感覺）上，即容易流於激情——亢奮或沉迷！這不僅是在於聽者，在創作者的創作中，如果只是爲了激起聽者一時的或短時間的興味，所帶來的也只不過是激情，而激情過後所留下的不再是音樂繚繞，卻成了無法沉靜的孤寂！

樂之和正是有所規制地恰到好處所展現出來的美。音樂本可爲人帶來和樂，卻又可能導致心志的迷失，迷失於樂曲所強化的情境中而無法自拔！這裡即牽涉到音樂的「節度」問題。所謂「節度」，正是有所規制地恰到好處，音樂的節度亦正是和諧、一致所展現出來的美。坊間些許的「流行樂曲」所表現出來的就是有「和」（此所言「和」頂多是「好聽」罷了）而無所「節度」，結果所在的「和」也只不過流於形式，留下的不再是樂曲本身，卻是商者藉著樂曲所包裝出來的「偶像」罷了！流行樂曲的偶像亦不再是表現樂曲，而是樂曲來表現偶像！在樂曲所表現的偶像下，「樂」（ㄌㄜˋ）而不「和」，因爲失卻了節度，流於沉迷、甚而瘋狂！以前有一則新聞報導，在 PUB 中有位妙齡女郎，只要聽到某種樂曲即情不自禁地跳起脫衣豔舞，精神科醫師或心理學家皆以某種病症或變態心理稱此等行爲，而無論是精神疾患也好，或是行爲偏差、人格異常也好，它絕不是由外在而被給予的，卻是由外在（某種樂曲）被觸發的。那麼，是「某種樂曲」的錯嗎？當然不是！要歸咎只能歸於其個人，樂曲的合度不合度卻是擾其心志的原由，因此方有「鄭聲」、「韶音」之別。能完全歸於個人因素嗎？亦非如此，因爲人不是一個「孤立」的人。就以前例而言，難道其他人聽到了同樣的樂曲而不會有所衝動嗎？只不過一般人不會這般嚴重罷了！對於個人，所能歸咎的乃在於其是否能明辨「鄭聲」與「韶音」了。

音樂中亦有美善與人格世界。孔子之言「鄭聲淫」而「韶音盡美又盡善」不能簡單地將之說爲音樂有所謂的好、壞之別，卻是某些音樂容易沉淪於其中的夢幻，在音樂裡作夢並非欣賞音樂，只是藉著音樂脫離現實，反而迷失於樂曲之中罷了[40]！徐復觀先生指出：「《論語》上曾有這樣的幾句話：『子曰，知之者，不如好之者；好之者，不如樂（讀ㄌㄨㄜˋ）之者。』（雍也）『知之』、『好之』、『樂之』的『之』字，指『道』而言。……因爲樂（讀ㄌㄨㄜˋ）是通過感官而來的快感。通過感官以道爲樂，則感官的生理作用，不僅不會與心志所追求的道，發生摩擦，並且感官的生理作用完全與道相融，轉而成爲支持道的具體力量。此時的人格世界，是安和而充實發揚的世界[41]。」此言「樂」正是美與善的統一，不是人將之合而爲一，卻是孔子發現其根源上的爲一。簡單地說，「樂」有其感覺面（The Sensuous Plane）、情感面（The Expressive Plane）以及理論面（The Sheer Musical Plane）[42]，感覺面是主觀的一方，理論面乃客觀的一面，情感面卻是主體向外客觀實在的表顯，《禮記·樂記》云：「凡音者，生於人心者也。樂者通倫理者也。」「德者情之端也。樂者德之華也。」「故樂也者，動於內者也。禮也者，動於外者也。樂極和，禮極順……。」「情」的外放必須合度，禮樂對舉，正是修養的內外和和之道。在人生的歷程中，肯定藝術的美感價值，卻也無可忽略人生的整體價值。另一方面來說，美是「充實」（孟子「充實之謂美」），醜是「美之缺乏」，美之充實如果帶來或導致爲美之缺乏的醜，豈不矛盾？！就是因爲如此，墨子才談《非樂》。

「所謂『非樂』，就是否定審美和藝術的社會價值，反對進行審美和藝術活動[43]。」墨子並未反對審美和藝術價值，而是因

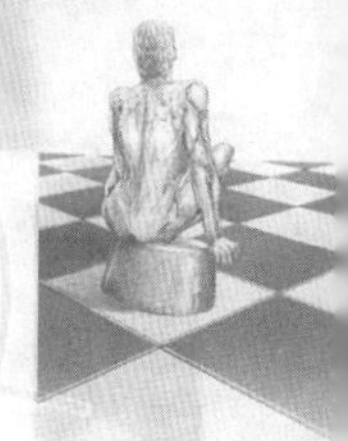

為當時的藝術活動（尤其是音樂）只在於上層的統治階級，甚至到了一種揮霍、沉迷、淫逸的地步，黎民百姓深受其苦，墨子《非樂上》開宗明義即言：「……子墨子之所以非樂者，非以大鐘、鳴鼓、琴瑟，竽笙之聲，以為不樂也；非以刻鏤華文章之色，以為不美也；非以芻豢煎炙之味，以為不甘也；非以高台厚榭邃野（宇）之居，以為不安也。強身知其安也，口知其甘也，目知其美也，耳知其樂也，然上考之不中聖王之事，下度之不中萬民之利。是故子墨子曰：『為樂非也。』」墨子的《非樂》針對上層對「樂」之靡爛，導致占多數的下層「賤民」的困苦，豈非因追求美卻帶來了醜陋？！「美」又在哪裡呢？上層為了所謂的「禮治」而從事「樂」之藝術活動，結果到了「弦歌鼓舞，習為聲樂」（墨子．公孟）之地步[44]，不但早已失卻其人格之陶冶，而且更是反其道而行之墮落了！墨子所處時代還有占多數的黎民百姓加以抗拒上層之如此，當今之世樂音早已普及，如果無法自持，卻就是我等黎民百姓「弦歌鼓舞，習為聲樂」，無所自覺，只能嘆社會沉淪而無可奈何！

樂之「和」必有所節度，令人產生美感，樂無節度，則陷於淫逸！人生追求和樂，樂而不和，則流於放矢、瘋狂。生活中少不了、甚或可說不能沒有音樂，而生命本身就是一首譜上尊嚴的樂曲。在人生的路途上，踏下的每一步伐、譜上的每一音符，就是要在結尾時畫下一和「樂」的完美句點，譜出一曲美妙的生命樂章。

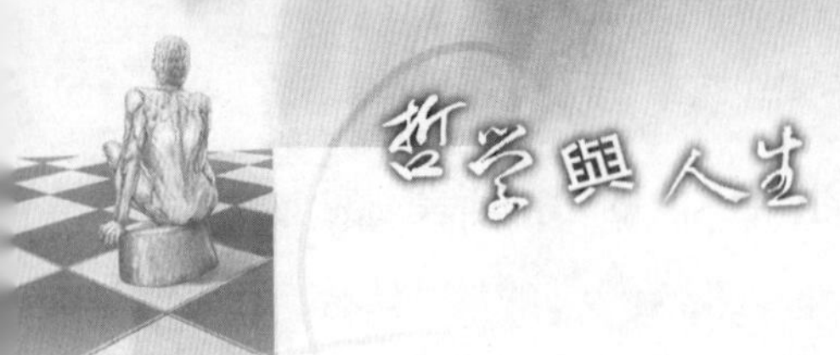

第五節　結語：「遊戲」人間，營造生活之美

如何培養一種在日常生活中的審美心境呢？這是本文前所提懸而未決的一個問題。實際上，我們不應將它當成一個「問題」看，因為「審美」是人生命之稟賦，在生活中自然顯現，只是我們該當如何攫取刹那即逝的美感，營造生活的美？

美來自生命

生命本身就是美，重點在於感受自身存在的獨特性。無論東、西方的美學家認為「美」是在於主體或客體，皆不會否認「美」是生命的感受；即使亞里斯多德所言「畫家所畫的人物應比原來的人更美[45]」，亦無法否定是「畫家」直觀所畫人物的精華！所以我們說「美」來自生命。而「生命的重要特色是個性。這是上帝賦予人類的特權。每個人都有自己特有的生命，依他或她獨特的方式存在著。這個特性，自他或她生物的個性，到家庭的教養、生活的習慣，推至文化的背景、民族的傳統，以很神妙的方式結合在一起。因此，他或她一舉手、一投足，一顰一笑，都呈現出一種具有獨特個性的動態。如果你感受到並瞭解生命的獨特性，就會欣賞它的美[46]。」因此，生命本身就是美，它同時是主體又是客體，就是生命的獨特性、每個人的個性與其周遭及自身的動態展現，譬如說：面對一位鄉下姑娘，在一名同村的鄉下男兒來說，直觀其不著顏色的自然美而可能因此愛上她；而

在一名城市男孩的眼中，即可能為其樸實自然、專注其當下農事的神情所感動！無論何者，皆是來自生命獨特性、主體個性的質感。

遊戲的無羈創造美的豐富

朱光潛先生談到：「遊戲是藝術的雛型。遊戲之中就含有創造和欣賞的心理活動[47]。」尤其是小孩在遊戲時的無拘無束、就地取材，像筆者從小即迷上布袋戲，那時怎買得起眞正的掌中木偶呢！於是拿兩條手帕，左、右手的食指各綁上一條，就成了兩個「掌中木偶」打殺起來！幼小時看電視、電影裡西部牛仔騎著馬好神氣、好好玩，於是和鄰居小孩們各自找了一根竹竿、棍子或掃帚夾在胯下就成了馬，玩起了騎馬打仗！小孩自由地遊戲、自由地創作。德國啓蒙時期的劇作家、美學家、歷史家席勒（J. C. F. Schiller）則將審美的自由活動，稱為「遊戲」。朱光潛先生闡釋道：「『遊戲』和強迫是對立的。人只有在『遊戲』時，才感覺不到自然和理性要求的強迫，才是自由的、活的形象。而這種活的形象也就是美。所以，美是『遊戲衝動』的對象，是活的形象，是感性與理性，內容與形式的統一[48]。」我們大多不是藝術家，也不是藝術鑑賞家，我們無法創作藝術來傳達情思予他人，亦無法談論高深的藝術理論，但是，身為一般人的我們卻可培育自己的美感態度以創造一個美的人生，並且分享予他人，共同營造生活之美。

現代的人忙忙碌碌，是不爭的事實，亦是無法逃避的現實！度假是一種休閒及享受，只是，在台灣，一到假日，各地的旅遊地區、餐旅景點，不是塞滿了人，就是一房、一位難求！當

前美景，也因塞車、嘈雜的人聲、滿地的垃圾而破壞殆盡！末了，卻是拖著疲累的身軀回到家裡，只有度假的心理安慰，卻無休閒之實質，遑論美化人生了！所以，我們需要的並不是一大堆的美術館、博物館、音樂廳、藝術中心等等的場所，或是很多的藝術家、藝術鑑賞家等等的專家來教導我們什麼，卻是學習或回憶兒時的遊戲心情，以遊戲心態，自由開放地好好享受周遭的當下處境，自然造成在己個性的獨特（不同於他人、各自的）審美心境。

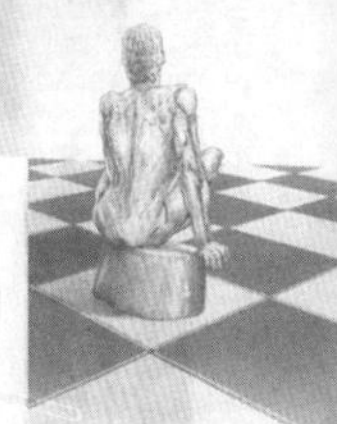

註釋

1 朱光潛，《談美》(台北：業強出版社，1997年)，頁2。

2 同前註，頁7。

3 同前註，頁89。

4 朱光潛編譯，《西方美學家論美與美感》(台北：漢光文化事業公司，1984年)，頁77-78。

5 袁廷棟，《哲學心理學》(台北：輔仁大學出版社，1985年)，頁193。袁廷棟教授依照傳統的分法，內在感官有四種：綜合感官、想像力、記憶力、估量力。而與本文所討論之「美感」有關的是「想像力」。

6 漢寶德，《漢寶德談美》(台北：聯經出版社，2005年)，頁38-42。

7 同前註，頁269-276。

8 朱光潛編譯，《西方美學家論美與美感》，頁135-136。

9 谷風出版社編輯部，《美學基本原理》(台北：谷風出版社，1986年)，頁206-208。

10 朱光潛，《談美》，頁103-104。

11 同前註，頁98。

12 馮友蘭，《人生的哲理》(台北：生智文化事業公司，1997年)，頁193。

13 谷風出版社編輯部，前揭書，頁268。

14 朱光潛編譯，《西方美學家論美與美感》，頁42。

15 同前註，頁44。

16 馮友蘭，前揭書，頁197-198。

17 谷風出版社編輯部，前揭書，頁293-300。

18 朱光潛，《談美》，頁 32-39 。

19 漢寶德，前揭書，頁 135-139 。

20 朱光潛編譯，《西方美學家論美與美感》，頁 313 。

21 Jerome Stolnitz. *Aesthetics and Philosophy of Art Criticism* (Cambridge: Riverside, 1960), p. 32, pp. 34-35.

22 朱光潛，《談美》，頁 38 。

23 同前註。

24 朱光潛編譯，《西方美學家論美與美感》，頁 80 、 81 。

25 朱光潛編譯，同前註，頁 75 。

26 朱光潛編譯，同前註，頁 81-82 。

27 約翰・柏格著，戴行鉞譯，《藝術觀賞之道》（台北：商務印書館，2003 年），頁 2 。

28 谷風出版社編輯部，前揭書，頁 280 。

29 布魯格編著，項退結編譯，〈Art 藝術，技藝 21〉，《西洋哲學辭典》（台北：華馨園出版社，1999 年），頁 67 。

30 朱光潛，《談美》，頁 48-56 。

31 同前註，頁 50-51 。

32 同前註，頁 55 。

33 布魯格編著，項退結編譯，前揭書，〈Beauty 美 27〉，頁 76 。

34 「七世夫妻」依序爲：「孟姜女與萬杞梁」（秦朝），「梁山伯與祝英台」（東晉），「郭華郎與王月英」（唐朝），「王十朋與錢玉蓮」（北宋），「商琳與秦雪梅」（明初），「韋燕春與賈玉珍」（明朝中葉），「李奎元與劉瑞蓮」（明末清初）。參考網站：http://www.folkdoc.idv.tw/classic/p07/ge/ge01/01.htm 。

35 在「美麗人生」劇中令筆者印象深刻的一段是：劇中的主人翁帶著孩子走在街上，經過一家餐廳，餐廳門上掛著一塊牌子寫道

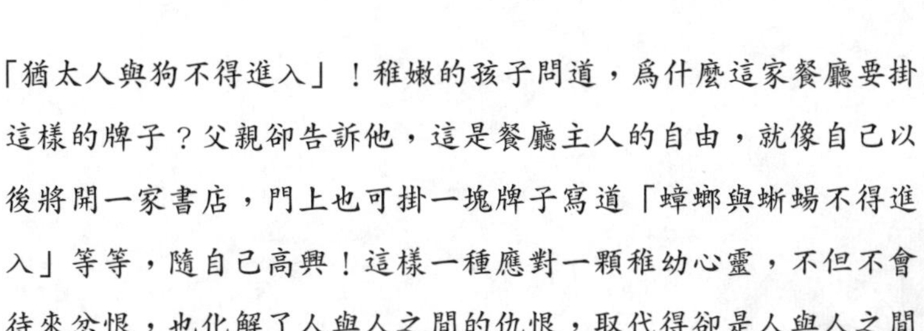

「猶太人與狗不得進入」！稚嫩的孩子問道，爲什麼這家餐廳要掛這樣的牌子？父親卻告訴他，這是餐廳主人的自由，就像自己以後將開一家書店，門上也可掛一塊牌子寫道「蟑螂與蜥蜴不得進入」等等，隨自己高興！這樣一種應對一顆稚幼心靈，不但不會待來忿恨，也化解了人與人之間的仇恨，取代得卻是人與人之間的尊重。

36 此段敘述是反映電影中的一幕：一顆子彈打到一名士兵的頭上，由於鋼盔的保護，使得這名士兵毫髮未傷。但是，正當這名士兵不自覺地拿下鋼盔爲自己的幸運感到慶幸時，誰知另一顆子彈隨即襲來，亦打中這名士兵的頭部，當場倒下死亡！

37 朱光潛編譯，《西方美學家論美與美感》，頁 43-44。

38 漢寶德，前揭書，頁 140。

39 徐復觀，《中國藝術精神》（台北：學生書局，1983 年），頁 5-6。

40 亞倫・柯普蘭著，劉燕當譯，《怎樣欣賞音樂》（台北：樂友書房，1984 年），頁 6。

41 徐復觀，前揭書，頁 12-13。

42 亞倫・柯普蘭著，前揭書，頁 5。

43 李澤厚、劉綱紀主編，《中國美學史》，第一卷，上冊（台北：谷風出版社，1986 年），頁 183。

44 同前註，頁 191。

45 朱光潛編譯，《西方美學家論美與美感》，頁 39。

46 漢寶德，前揭書，頁 56。

47 朱光潛，《談美》，頁 79。

48 朱光潛編譯，《西方美學家論美與美感》，頁 227。

第九章 宗教：一個人看待自己的方法

黃鼎元

輔仁大學哲學博士候選人

大葉大學通識教育中心兼任講師

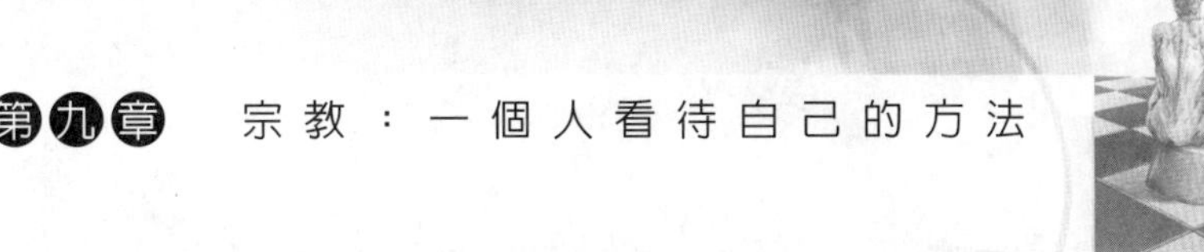

宗教是從古至今社會的共同現象。自人類有歷史的記憶以來，宗教就如影隨形的跟隨在人類的歷史當中，直到現今社會，宗教並未因人類科學與社會的進步而消失無蹤，相反的，宗教現象的豐富性與多樣化證實了人本性中信仰的本質。從最原始的精靈崇拜與通靈的追求，例如薩滿（Shaman）信仰，到發展出完整教義與教禮的大型宗教，如基督宗教與回教，甚至在近百年來如雨後春筍般蓬勃發展的新興宗教，在在表明人需要透過宗教的幫助來安頓此生，並對於超越世界的渴望與嚮往。

但是在宗教現象的背後，有許多問題是理性的人必須要面對的。當人探討宗教起源的時候，人其實是間接探討人如何自我定位的問題，一個信仰中的人如何在這個現實世界中生活，往往取決於人如何接受並實踐其於信仰中所接受的宗教倫理，而雨後春筍般蓬勃發展的新興宗教中，往往也隱藏著許多宗教犯罪的問題。在這種種的問題裡面，理性的人透過哲學的探討對人生進行思索，進而嘗試爲自己找出生命所能夠接受的答案。爲此，我們可以下一個如此的結論：**人如何看待自己，就會影響到他如何看待宗教；反過來說，一個人如何看待他所信仰的宗教，也會相同影響到他如何看待自己**。

基於這些理由，本章將從兩個大方向來討論人生與宗教的幾個問題。第一個大方向將探討人生與宗教間的關連。我們可以這麼說：宗教是人生的一部分，同時也是人生哲學中的重要課題；第二個大方向則是透過三個與宗教密切相關的問題來討論人如何自我定位。第一個問題是人如何透過對自我的定位而解釋宗教的起源；第二個問題是人如何運用理性思考並證明超越於理性之外的存在者，我們將用「證明神存在」這個議題作爲討論的焦點；最後則要討論人如何在這個現實世界中實踐他在信仰中堅持的宗

教倫理，此時將同時面對宗教犯罪的問題。

第一節　宗教哲學與人生哲學間的關連性

前言中曾提到，理性的人會透過自己的理性探究宗教現象後的種種問題。這將會引導出兩個不同的學科：其一是宗教哲學，另一個則是人生哲學，而這兩者又因彼此探究的領域部分重疊而導致兩者常被放在一起討論。

宗教哲學的研究對象

宗教與宗教哲學有不同之處。宗教一詞指關於這種與人相關的現象，而宗教哲學所指的是透過理性的作用，思考與反省這種屬於人特有的現象。換句話說，當人談論宗教時，人討論的對象是一個屬於人特有現象的普遍性，在探討過程中或多或少涉及到人自己的情感或情緒，但在宗教哲學中，需要排除屬於情感或情緒的部分，單純只透過理性的作用對種種宗教的現象進行討論。

不同的學者都對於何爲宗教哲學這一問題有許多的研究。楊紹南在他的《宗教哲學概論》一書中開宗明義指出：「『宗教哲學』是以理智推論關於『至上神』和關於宗教學理的一門學問。『宗教哲學』既是哲學的一部門，而哲學是憑藉吾人的理智，窮究一切事物之最後原因的一門學問，那麼，窮究宗教事實的原因，當然是『宗教哲學』的任務[1]。」按照楊紹南的說法，宗教哲學的作用就是在於透過理智的作用對既存的宗教事實進行探究。

曾仰如也在他的《宗教哲學》一書中指出，宗教哲學就是有

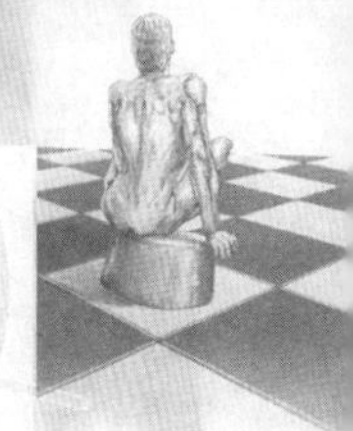

關宗教的一切所作的哲學思考，或是從哲學觀點去研究有關宗教的一切[2]。這正是前面所提及，透過理性作用去探究宗教現象。不過，曾仰如在該書的〈自序〉中也指出，一本完整的《宗教哲學》應該將一般宗教的本質及各宗教的主要觀念都納入討論[3]；換句話說，宗教哲學的探究對象是宗教現象與本質的種種，只要與宗教相關的事物，都是宗教哲學探究的對象。

我們可以說，就宗教哲學而言，其範圍中最重要的問題可以縮小至探究與人最密切相關的部分，即探究生往何來、人與天地的關係及死往何去這三個基本問題。這三個基本問題是人對自己爲何存在、如何存在及將會成爲什麼存在的回答。而這三個問題與人生哲學所探究的範圍相同，透過以下對人生哲學範圍的探究我們將發現這個事實。

人生哲學的探討範圍

人生哲學作爲一門學科，其也有被限定的討論範圍。這門學科最早的起源來自俄國學者克魯泡特金（Pietro Kropotkin）的著作《人生哲學》一書，在著作中他將歐洲風行的人生觀點、態度與立場進行分析，並於書中特別注重道德的問題。事實上，這門學科在台灣也蓬勃發展著，許多學者都出版了人生哲學的專書。

一、人生哲學的定義

許多台灣學者在其著作中都對人生哲學提出相關的定義；以下列舉其中幾位的說法：

1.鄔昆如：「凡是探討一個人，生存在天和地之間，生活在人與人之間，根本做人之道的學問，便是人生哲學[4]。」

2.黎建球：「人生哲學乃是研究人生意義、價值與理想的學問，其目的則在改進人生，使人生能夠發輝其最高人格的價值[5]。」

3.楊紹南引用武納（B. Wuellner, S. J.）的定義：「人生哲學是一門學問，專從個人及社會的觀點上，研究人生的來源和目的、意義與價值，及其對人、對物、對神的關係[6]。」

4.羅光：「人生之道就是人生哲學[7]。」

總體而言，在本文中我們定義人生哲學是將人當成研究主體的一門學問，但不同於心理學、社會學或醫學的研究方式，人生哲學研究的是人作爲一個個體的倫理道德爲何，又應持有如何的世界觀，並研究人從哪裡來、要往哪裡去的問題。特別是後面關於人的來源、所要前往之處，即爲本文中特別重視的問題。

二、人生哲學的研究範圍

雖然不同的學者對於何爲人生哲學有不同的定義，而探究的範圍也不盡相同，但我們還是可以嘗試爲人生哲學的範圍劃出一個界線。根據鄔昆如、黎建球兩位教授合著《人生哲學》一書，人生哲學的範圍可以從兩個方面來探討：

(一)以人為主體

以人作爲主體時，人生哲學的範圍如**圖 9-1**。

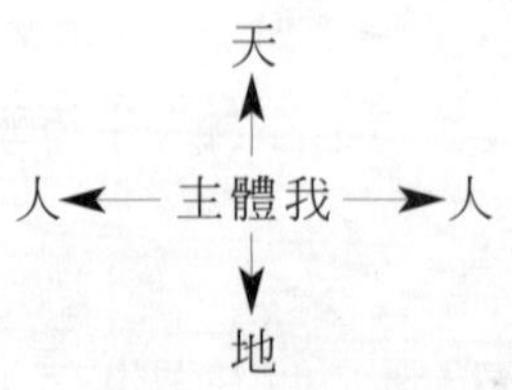

圖 9-1　人生哲學的範圍（一）

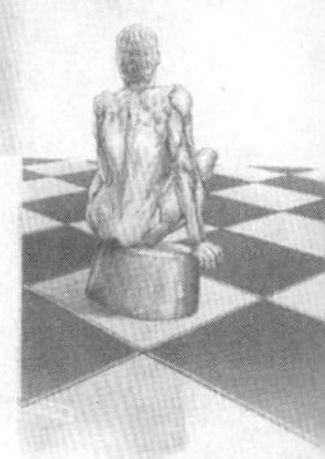

(二)以人的一生為中心

以人的一生作爲中心時，人生哲學的範圍如**圖 9-2**。

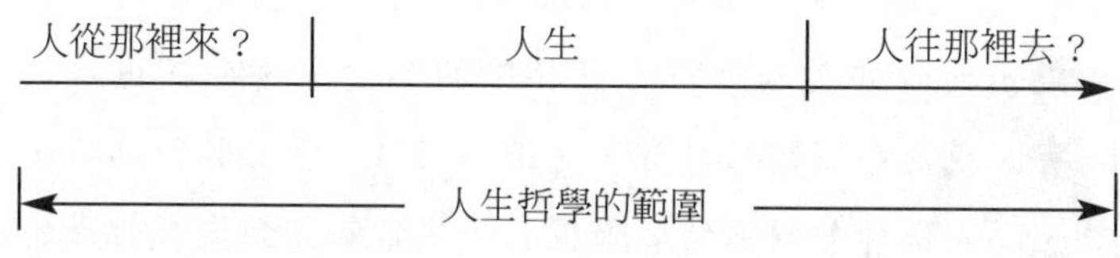

圖 9-2　人生哲學的範圍（二）

依照**圖 9-1**、**圖 9-2**，人生哲學探討的範圍非常廣泛。以主體作爲出發的角度來說，天、地、神、人都在討論的範圍內，而其中人與天、與神甚至與地的關係，都屬於宗教討論的範圍。若以人生作爲出發的角度來看，生從何來、生命爲何與死往何去都在討論的範圍內，但是特別在「生從何來」及「死往何去」這兩個問題方面，向來多是由宗教所回答。從這裡我們可以看出，何以宗教問題在人生哲學中占有一定的地位，因爲宗教爲關於人自身的問題提供了相當的答案。

宗教哲學作為人生哲學的其中一部分

正因爲宗教是人生的一部分，所以我們必須仔細而認眞的考慮關於宗教的種種問題。對宗教的思考可以是純粹憑藉信心的思考，或單單透過一種激情與感覺來面對信仰。但人無法滿足單純的只用相信的態度，或將與宗教有關的種種問題都化約爲情感的宣洩。因此人開始用理性思考宗教問題。當人開始以理性思考宗教問題時，就是宗教哲學的起點。

爲此，教授人生哲學課程的學者們都肯定：思考這些宗教問

題對於人生極有幫助。例如鄔昆如教授就指出：

> 「人與神」的課題是有神論的課題。……在「人與神」的關係中，事實上是受造物與造物主之間關係的再體認，同時亦是人性在自身極限的感受中，存在追求存有，或是存在回歸存有，受造物回歸造物主的行為。……「人與神」關係的哲學探討，通常歸類到宗教哲學的探討中。而在宗教哲學的課題，上帝存在問題的確是核心問題；不過，這核心問題並不來自上帝的問題本身，而是來自人生在極限上的衝撞[9]。

另一位研究與教授人生哲學著名的黎建球教授，先後在兩本出版的《人生哲學》中指出宗教對人生的重要性。在他第一本《人生哲學》中，他在第一編〈緒論〉中多次提及宗教對人生意義的影響，並在該書中指出：「天人關係單就其目的來說，是希望由人入天，達到最圓滿和諧的地步。生命精神的目的就是達到天人關係，天人關係的目的就在於發揚生命精神[10]。」在二〇〇四年新出版的第二本《人生哲學》中，黎建球教授不但為宗教列一專章，並明確的指出：

> 宗教是人生必不可缺的，只有藉著宗教才能眞正使人類得到和平與自由，人必須努力去堅固宗教信仰，追求人生的理想，這種理想不是自私的功利主義，也不是與人類的本性背道而馳的，更不是因為人的需要而設立的，她是為了人的未來，為了使人有幸福的生活，為了使人能在來世中，獲得更美滿的解答，人是有必要去信仰宗教的[11]。

這兩位學者均相同肯定宗教對人生的重要性。事實上，宗教對人的影響不單單如此，宗教觀點深深影響著一個人的自我定位。所謂自我定位即意指人看待世界的觀點與立場。每個人從自己的立場及觀點出發看待世界所依據的，通常是過往的經驗及種種的記憶，這些行動及方向在實踐後又將影響人看待世界的觀點與立場。為此，將對宗教的思考納入人生哲學的討論當中，不但合宜，甚至必要。所以我們將開始進入三個宗教的現象，並透過這三個現象討論人對宗教的思考。

第二節　宗教的起源：人的自我定位

宗教究竟自何起源？其又是如何開始的？這個問題至今還未得到一個共同的結論[12]，甚至連何為「宗教」這個定義都一直沒有一個共同的答案，但在不同解釋宗教起源為何的理論中，其都已經預設一種對人的看法。我們甚至可以說，人如何看待自己，就會引導出什麼樣的宗教起源理論。

初民信仰

傳統看法中認為，初民信仰之所以會成為一個宗教信仰，原因是因為當初民見到打雷、豪雨或是太陽時，心生敬畏，便以人格化的方式賦予其象徵。這種觀點在法國哲學家孔德的實證主義中可以見到：他認為人類發展的第一階段為神學階段，為假想的，此時人類知識正開始起步。在這一階段中，人類在追求絕對知識與原理，並把一切自然現象都歸因於超自然的原因[13]。不過這樣的看法已經被學者否決。

關於初民信仰是如何發展起來的這個問題，歷來的相關學說

相當多。其中最著名的有下面三種[14]：

1. 在弗雷澤（J. G. Frazer）的《金枝》（*Golden Bough*）一書中，他指出宗教如同某種觀念的進化：最開始時是使用巫術，以此進一步試圖脅迫大自然，使自然的作用能依人的願望而進行。從此就進一步進展到了宗教。另一種方式則是在儀式中說一些神聖的話語，試圖討好超自然的力量，而非征服他們。
2. 人類學家愛德華．泰勒（Edward Tylor）認爲，原始宗教其實是一種「萬物有靈論」（animism），其在於對不可見的精靈信仰並實踐。
3. 人類學家馬雷特（R. R. Marett）提出「前萬物有靈論」（preanimism）與「物力論」（dynamism）。他認爲在原始宗教中彌漫一種對自然界中非人格力量的觀念，而人可以透過儀式或禮儀與之進行溝通。這些力量可以用一個美拉尼西亞語詞瑪那（mana）來指稱，其意可指任何一種不尋常東西中的神聖力量。

初民信仰中一個關於信仰的特徵是“*Shaman*”，即一般所謂的薩滿教。這一信仰中認爲萬物皆有靈，而在靈與人類世界中有一種人能溝通兩界之間，這種人就是巫師。

總而言之，雖然我們現在無法精準的說明宗教的起源爲何，但可以肯定的是在初民的生活中已有宗教與信仰的生活。在許多考古遺址中都可以發現初民信仰的遺跡，例如在法國拉科斯（Lascaux）或西班牙阿爾特米拉（Altamira）的神祕洞穴中都可以發現許多關於信仰的壁畫。而在其他考古遺址中也得到證明，對初民而言，死亡並非一個終點，其也象徵一種起點[15]。

啓示的宗教

所謂啓示的宗教，在其教義中已經預設了一個超越在人自身之外的超越者存在，而宗教的內容正是這位超越者向人所表達出來的。最明顯的例子就是基督宗教與回教，在基督宗教中，耶和華神創造人後，向人顯現祂自己，甚至爲了愛那些背逆祂的人而道成肉身，被釘死在十字架上；在回教中，眞主阿拉派遣天使向誠心禱告的穆罕默德（Muhammad）顯示祂自己。

一、基督宗教所言神的自我啓示

在基督宗教神學中，啓示的定義是「神透過一種使人可以認識祂並與祂相交的方式，向人彰顯自己[16]」。啓示被區分爲兩種：第一種是一般啓示，另一種則是特殊啓示：

(一)一般啓示[17]

所謂的一般啓示，在基督教神學[18]中是指不需要經由特別的方式就可以知道關於神種種事情的啓示方式。《聖經》的〈羅馬書〉中有一句經文可作爲這種立場的代表：「上帝那看不見的特性，就是他永恆的大能和神性，其實從創造以來都看得見，是由他所造的萬物來辨認出來的。所以人沒有甚麼藉口。」（羅馬書一章二十節，現代中文譯本）

保羅（Paul）的這句話，常被拿來用作證明神存在的一個輔助工具。這種證明的方法就是哲學上所說的「目的論論證」。這個論證的大意是指，當我們看見一隻精緻的手錶在運轉時，我們無法不去相信這一定是一位善於精工的鐘錶師傅巧手所造；同樣地，當我們看見這個世界的四季變化，與宇宙的規律運轉時，我

們也無法不去想像有一位大能的創造者規劃並創造了這一切。這個觀點可以在一首名為〈您真偉大〉的詩歌中一見端倪：

主啊！我神　我每逢舉目觀看
您手所造一切奇妙大工
看見星宿　又聽到隆隆雷聲
您的大能遍滿了宇宙中

除了大自然，一般啓示還可以透過歷史與人自己來向人啓示神的存在。前者是指神能使歷史朝向祂所願意的方向前進，人可以透過歷史的方向去明白神自己的意願；而後者是指人自己可以通過自己的的道德或屬靈的律則來認識神。

(二)特殊啓示

特殊啓示被定義為神對特定的人，在特定的時間、地點彰顯祂自己，進一步，人得以進入與祂之間的救贖關係[19]。之所以在一般啓示之外還需要特殊啓示的原因在於，人本身在生理結構上有著先天的限制，使得有限的人無法認識超越的神。除此之外，在基督教的神學中認為人有著因為犯罪而帶來的道德限制，使之無法輕易的認識有關於神的種種事情，因此神需要藉由特殊啓示來幫助人，使人得以認識到神。換言之，特殊啓示之所以需要，是因為罪進入人的裡面，破壞了人與神之間的關係，因此需要以特殊啓示作為補救之道。

特殊啓示通常可以區分為三種主要的類別，即歷史事件、神的話語與道成肉身：

1.歷史事件

歷史事件作為特殊啓示，意味人可以透過歷史的演進看見神的工作。基督教神學相信，既然神創造了世界，那麼祂也能在歷史中展現自己，這是一種獨特的歷史哲學觀點，即認為神深深界

入了歷史中。例如在《聖經》上的歷史書往往有這麼一種立場：只要神的選民背叛神，或犯罪得罪神，神就用其他民族來管教神的選民，一如父親管教自己的孩子一般。不過以歷史事件等同於啓示的立場中，還可以再區分爲三種基本立場[20]：

◆歷史事件中的啓示

這個立場認爲啓示在一連串的歷史事件中呈現，聖經這本書嚴格來說是記錄了神的作爲與人們對於這些作爲的回應。所謂聖經的教義則是引伸自這些歷史的陳述。

◆透過歷史事件所彰顯的啓示

與上一項不同的地方在於，此觀點認爲是神在歷史中行事，將自己彰顯給人。歷史事件是啓示的方法，而啓示是一種神與人相遇的個人經驗。

◆啓示就是歷史

此派立場認爲神在歷史中工作，使歷史事件就是神在自我啓示的地方。如果人要認識神，則人可以從歷史中被認識，因爲全部的歷史就是神的自我啓示。

2.神的話語

特殊啓示的第二個方式是神的話語。如果仔細閱讀聖經，就會發現到一個特殊的現象，即聖經的作者均強調一件事：這些聖經上所記載的事情不是聖經的作者自己所寫下來的，而是由神向他們所說的。通常來說，神如何向人說話可以區分爲幾種不同的理論，但整體來說，聖經的學者們大多傾向於同意神向人說話是一種直接且有效的溝通方式。

3.道成肉身

道成肉身的特殊啓示方式只被用在耶穌基督的身上，其主要的主張是耶穌基督的生平與言談都是神的特殊啓示。由於基督教

神學主張神與人之間有一種無限的鴻溝，而唯一能接起這兩邊橋梁的只有神自己。耶穌基督是三位一體眞神中的其中之一，故當祂成爲人的樣子時，祂所說的話與所作的事就具有一種直接性，等同於神向人直接的溝通。

道成肉身具有幾個特點：第一、由於耶穌基督是神，故當祂道成肉身向人顯現時，就向人顯現一種完美的特性，使人可以從祂身上辨視出神的形象。第二、耶穌基督的道成肉身是一種結合行爲與話語的啓示，使得人在某個程度的意義上可以親自經歷到神自己。

二、回教的啓示[21]

衆所皆知，回教的開始在於先知穆罕默德接受眞主阿拉的啓示而正式開始。先知穆罕默德於公元約五七〇年左右出生於麥加，幼年時父母雙亡，靠親戚撫養成人。當他成年後受一位富有的孀婦赫迪哲（Khadijah）雇用，兩人後來結婚。雖然穆罕默德當時積極從事貿易活動，但據說每年都要在麥加附近的一個山洞沉思一個月的時間。

六一〇年開始，穆罕默德開始有一些神祕的宗教體驗。六一三年他開始公開傳教，此時他是以一位先知的身分開始傳教。在穆罕默德最初宗教經驗中，他在地平線發現一個強而有力的存在，一開始他以爲是神，後來發現那是天使長加百列（Gabriel），加百列讓他讀了一本書（雖然據說穆罕默德不識字），他以主的名而宣讀了。除此之外，《可蘭經》（*Qur'an*）還有許多部分是先知感受到神的話語臨到了心頭。這些從神而來的啓示組成了《可蘭經》。

穆斯林（Mushm）認爲穆罕默德是阿拉託付啓示最完美的人

選。這裡我們看見了穆罕默德的地位：他是一位先知，而不是神；他所傳講的，都是忠於阿拉所託付他傳講的。穆斯林反對將穆罕默德神格化的作法，因爲這樣在眞神之外另外再立一個神，是一項大罪。

三、接受啓示的人

透過基督宗教與回教這兩個強調啓示的宗教我們可以發現，在啓示宗教中，神與人之間的關係可以透過「創造者——受造者」這樣的結構來說明。對創造者而言，受造者是祂以極大的能力所創造出來。在所有的受造者中，人尤爲最特殊的受造者，與創造者有其他受造者都無法參與的特殊關連。換個角度來說，正因爲人是如此特殊的受造者，所以他有較其他受造者更特殊的責任要回應這位創造他的神。這也就是我們看見，爲什麼啓示的宗教要求其信徒必須以完全眞誠的心及忠一不二的愛去回應神的緣故。

佛洛依德：宗教是精神疾病的外顯

對佛洛依德（Sigmund Freud）而言，宗教絕非由超越的那一位所啓示與人的一種現象，反而應該說宗教是人類精神疾病的外顯。對佛洛依德而言，這正是人在世界生活所要面對的問題：人生就是與自我欲望的對抗與搏鬥。

一、兩組基本概念

在說明佛洛依德如何解釋宗教之前，有兩個佛洛依德的核心概念必須要先在此加以討論：第一個是「本我——自我——超我」；另一個則是伊底帕斯情結（Oedipal complex）。這兩個概

念深深影響的佛洛依德對於宗教的看法[22]。

(一)「本我──自我──超我」

首先我們先討論「本我──自我──超我」的這組概念。對佛洛依德來說，這組概念就是人自身的精神結構。本我（Id）爲人的最根本人性，任何一個人都有這個本我作爲基礎。本我所要求於人的在於滿足自己的欲望或想辦法求生存，這個現象可以在嬰孩的身上看見。當嬰孩肚子餓需要吃的時候，他不會問這個時候是不是適合吃東西的好時機，他也不會問這是不是個適合的地方，他就是透過哭的方式表達他想要塡飽肚子的欲望。如果要用一個適當的字句來形容佛洛依德「本我」的概念，那麼我們可以說本我就是要求人必須要滿足自己。

與本我相反概念的是超我。佛洛依德認爲超我是社會規範所給予的形象。社會對於每一個人都有一些要求：一個老師不應當奇裝異服，應當盡力授課，給分數時不應該憑個人喜好，而是要公正的評鑑每個人的分數；學生則是應當要用功讀書，上課不遲到不早退，且尊敬師長，友愛同學。但每個人同時也都知道這些要求其實是一個理想狀態，是每個人應該努力達到的目標。但是眞的達的到的人，恐怕只有聖人而已。事實上這也是佛洛依德的看法：他認爲有一些人達到了社會所給予的這些道德目標，而那些人就是過往所被尊崇的聖人們。

每個人都在本我與超我間相互拉鋸。比方說當我們在塞車的車陣中突然內急，此時我們可以立刻把車停下來出去方便嗎？人的本我在此時爲了滿足自己欲望的緣故會允許我們立刻解決內急的問題，但人的超我在此時會要求人考慮許多其他相關問題：包括這個地方是否適當？如果被別人看到了會不會很丟臉？佛洛依德所說的自我在這個時就呈顯出來了。所謂的自我就是在本我與

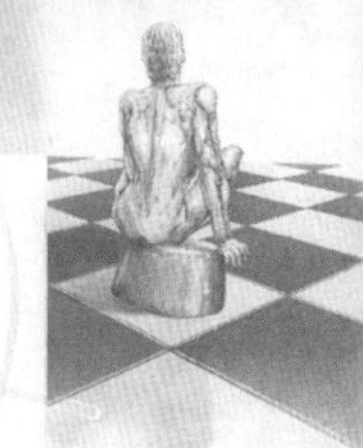

超我之間相互拉扯達成的平衡。本我對求生存的要求，在和服從社會的超我彼此相衝突後，會找到一個兩者都能同意的平衡之處，這就是呈現於外在的自我。以前面所提到在塞車時內急的例子來說，絕大多數的人都會要求自己暫時先忍耐一下，然後盡快趕到最近的休息站方便，這個決定就是佛洛依德所說的自我。

絕大多數時候，「本我──自我──超我」的精神結構是平衡的，所以我們可以過平凡的日常生活，但是當這個精神結構不再能平衡下去時，也就是人無法再維持與一般人相同的自我時，精神疾病就漸漸產生，中國成語中的「相思成疾」正是這個意思。當人喜歡上一個對象時，他的本我爲了滿足自己的欲望，會要求這個人用各種方法追求所喜歡的對象，人的超我會在此時壓抑這種欲望，要求這個人必須遵守基本的社會規範。在本我及超我的拉扯之間，有的人無法順利的處理這些複雜的感受，於是他的自我呈現出來的是混亂的外在。當這種情緒越積越多，時間也越來越長的時候，「本我──自我──超我」的精神結構不再平衡，便導致人失常，這便是佛洛依德認爲的精神疾病產生。

(二)伊底帕斯情結

雖然「本我──自我──超我」的這個概念能夠說明人的外在表現，但佛洛依德最基本上是用這個概念來說明他提出的伊底帕斯情結。什麼是伊底帕斯情結？我們需要先回到希臘三大悲劇之一的「伊底帕斯」(Oedpal)：

在「伊底帕斯」這部悲劇中，主人翁伊底帕斯在出生時就被神諭預言，將來長大後會殺父娶母，因此伊底帕斯的父親在他出生時便將他丟棄。後來伊底帕斯被一位牧羊人撿去扶養，並輾轉進入另一個國家的王宮中長大。長大後的伊底帕斯透過神諭得知自己曾經被拋棄，所以他踏上了尋根的旅程。在尋根的路上，他

先和一隊馬車在窄路上相逢，因口角及一時血氣的衝動而殺了馬車隊的所有人，接著他又擊敗困住某座城的怪物。當他進入這座城時，城裡的人迎接他做王，同時因為國王出城極久未歸而願意讓王后嫁給他。

幾年之後城裡發生瘟疫，當伊底帕斯求神諭時得到的答案是在城中有人殺害自己的父親，又娶了自己的母親。震怒的伊底帕斯追查城中究竟是誰犯了這種濤天大罪，最後發現竟然是自己：當年在路上他一氣之下所殺光的車隊，正是身為自己父親的國王出巡的隊伍，而現在他所娶的王后正是自己的母親。悲傷的伊底帕斯決定刺瞎自己的雙眼，離開這個國家永遠的流浪，當作對自己的懲罰。

在「伊底帕斯」悲劇的原意中，作者要表達的是人無法反抗命運。伊底帕斯的父親以為他只要把神諭預言會弒父妻母的伊底帕斯丟棄，就可以逃過這個命運。沒想到這個舉動反而使這個神諭成眞，而伊底帕斯最後也沒有逃過命運的玩弄，成了殺父娶母的犯人。但是這個悲劇被佛洛依德改變了意義，佛洛依德給了這個悲劇一個全新的意思：伊底帕斯所代表的正是人本性中最根本的需要，這種需要表現在性欲的控制上。佛洛依德認為，只要觀察任何一個小孩子就會發現到他對父母的依賴。男生表現在對母親的依戀上，而女生表現在對父親的依賴上，這就是佛洛依德所認為的伊底帕斯情結。

一個人的伊底帕斯情結如果沒有好好處理，將導致這個人精神疾病發作。在一本佛洛依德將診斷紀錄整理集結出版，名叫《少女杜拉的故事》（*Dora: An Analysis of A Case of Hysteria*）的書中，佛洛依德提出了一個案例。這位名為杜拉的少女被送到佛洛依德這裡診治的時候狀況相當糟糕，經由佛洛依德透過催眠治

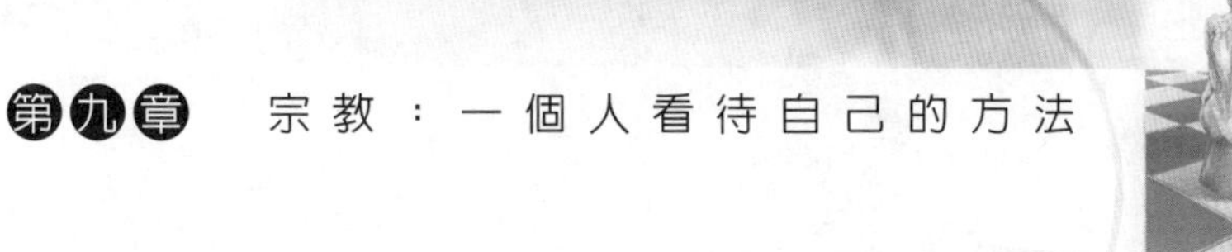

療法喚起了杜拉的回憶，發現杜拉的發病在於她對父親的戀慕無法得到滿足所造成。佛洛依德因此得到結論，「本我——自我——超我」精神結構最根本的拉扯力量來自伊底帕斯情結的呈現。而伊底帕斯情結正是使宗教成立的根本原因。

二、宗教與精神疾病的關連：伊底帕斯情結的實現

佛洛依德使用伊底帕斯情結與「本我——自我——超我」的精神結構來說明何爲宗教。宗教之所以可以成立，正是透過這兩個概念而成立。在《圖騰與塔布》（*Totem and Taboo*）與《摩西與一神教》（*Der Mann Moses and die montheistische Religion*）這兩本書中，佛洛依德提出他對宗教起源的理論。

(一)《圖騰與塔布》

在《圖騰與塔布》一書中，佛洛依德從原始宗教中解釋了宗教的起源。此書由四篇論文組成，原本刊於《意象》（*Imago*）雜誌的第一卷與第二卷上。後來佛洛依德將其集結成冊，並給予一個名爲「蒙昧人與神經症患者心理生活的某些一致之處」的副標題。在這本篇幅不長的書本中，佛洛依德從伊底帕斯情結來說明爲何在原始部落中圖騰與塔布間有如此強大的關連。

首先，在原始部落中可以發現下列事實：在部落中對於亂倫有一種極爲強烈的禁忌，其禁忌的強烈度勝於殺害代表部落中氏族（clans）的圖騰動物，凡是違反此一亂倫禁忌的人都要受到最嚴格的處罰。此一亂倫禁忌的影響是部落社會在其父女、母子、甚至是丈夫與岳母之間都有嚴格的禁忌。佛洛依德認爲，這是因爲：

> 母親在感情上深深認同於其女兒，很容易最終導致她自己也愛上女兒所愛的男子。……女婿對岳母的關係也因

> 類似的衝動而複雜化。……他自己和他姐妹的母親被他的岳母替代了[23]。
>
> 這些禁忌，在原始部落中的表現方式一如神經症的患者，原因在於男孩在早選擇所愛的對象是他的母親和姐妹，是一亂倫性與被禁止的行爲。而這些行爲後來就與塔布（taboo）結合在一起。

所謂的塔布，其具有三種最基本的意義：第一、人或物的神性（或邪惡）的性質。第二、從這種性質中引出的那種禁忌。第三、違犯這一禁忌所導致的聖潔（或不潔）[24]。所有塔布中都可以找到兩個最根本的塔布：一個是不可殺圖騰動物，而另一個是不可與同一圖騰的女性發生性關係。原始部落遵守這些塔布到一種幾乎是強迫症的地步，佛洛依德特別是指在潔淨的意義上，兩者極大的相似之處。但這些禁忌、塔布與圖騰間有什麼關連性？佛洛依德認爲有許多的解釋方式：包括唯名論者的解釋、社會學的理論、心理學的理論等等[25]。但佛洛依德嘗試提出一種新的理論：歷史學的回答。

歷史學的回答建立在達爾文（Charles Darwin）的主張上。達爾文從早期人猿的習性中推論，人原本也是生活在較小的族群或集體中，其中年齡最大最強壯的雄性因其妒嫉心而阻止群體中的性亂交。同時，佛洛依德也引用一位考古學家史密斯（W. R. Smith）的論點，在史密斯的論點中，圖騰動物只有在一種情形下才可以進行宰殺，即所有氏族成員都在場時才能夠宰殺。

根據這兩個立場，佛洛依德建構一個圖騰與禁忌形成的理由[26]：在最原初時有一位暴烈而妒嫉的父親，他自己占有所有女性，將長大的兒子們全部趕走。有一天，這些兒子們聚集在一，殺死並分食他們的父親：透過分食父親的身體，他們每個人都得到了父親的力量。但在這件事完成後，一種罪惡感油然而生，於是這些兒子們用一種如同現代強迫症的病狀，即選擇性服從而呈現。他們禁止殺害代表父親的圖騰動物，並放棄這些曾被父親占爲己有的女性。佛洛依德認爲這就是最基本的兩個塔布的形成。然而在得到這些女性後，兒子們會因彼此的利益而發生衝突。爲避免衝突擴大，兒子們定下避免亂倫的禁忌。這些圖騰與禁忌代代傳下來，後來加入神的觀點，而漸漸形成現在我們所看見的宗教。

基於這理由，佛洛依德下了一個對宗教，甚至是其他領域方面的結論：

> ……我要堅持認爲，探究的結果表明，宗教、道德、社會和藝術的開端都集中於伊底帕斯情結之中，這與我們現在所知的精神分析學在所有神經症中發現的，構成其核心內容的同一種情結是完全一致的[27]。

(二)《摩西與一神教》

《圖騰與塔布》一書的觀點，在《摩西與一神教》書中得到進一步的發展，唯一的差別在於前者描述的是宗教的發展來自精神疾病，而後者描述的是這樣的精神疾病不是只存在於個人裡，還包括在整個民族中。

《摩西與一神教》此書由三篇論文組成。在此書中，佛洛依德透過三個前提說明猶太宗教之所以爲一神教的原因：首先，佛洛依德透過摩西（Motheh）的名字及近東神話指出，《聖經》中所描述的那位摩西來自埃及，而非一如其中所記載的爲一猶太人；第二則是透過《聖經》中對摩西描述的差異性指出，其實有兩位不同的摩西，一位是米底亞人摩西，而另一位則是埃及人摩西；最後，佛洛依德根據考古學界所提供的資料指出，遠在埃及

國王阿蒙諾菲斯四世（Amenophis IV）時就已經出現一種一神宗教，即阿頓教。

佛洛依德指出，早在阿蒙諾菲斯四世時已出現的這種一神教是基於政治因素而興起。埃及人摩西，作為一個埃及官員，亦是這個一神運動的支持者。然而阿蒙諾菲斯四世於西元前一三五八年過世，這個宗教也被廢除，甚至被支持者亦被趕離[28]。故埃及人摩西重新召集一群人—即在埃及的猶太人—帶著這群人離開埃及。而埃及人摩西就是在這個時候將一神的阿頓教傳給了猶太人。佛洛依德舉出的理由在於，希伯來文中的「主」這個詞讀作"adonai"，與埃及文中阿頓的名字（Aten 或 Atum）、敘利亞神阿東尼斯（Adonis）的讀音相當接近[29]。

至於米底亞人摩西扮演的角色則是在將耶和華這個神的名字引進了猶太人所信的一神教中。佛洛依德認為，耶和華這個神本來是一個火山神，其原本的性格是不可思議、嗜血成性的惡魔，且個性暴力、晝伏夜出[30]。當埃及人摩西將阿頓教傳給猶太人之後，埃及人摩西嘗試建立起一個道德感強烈與戒律嚴格的宗教，但這樣的作法讓猶太人反感，進一步殺了埃及人摩西。佛洛依德認為，這件事造成了猶太教的正式建立。

佛洛依德指出，精神疾病發展時有一個公式：早期創傷——防禦作用——潛伏期——精神疾病發作——被壓抑事物的回歸[31]。猶太人殺了埃及人摩西之後，這件事成為此一民族的早期創傷，他們因此產生了某種程度的防禦作用，即在他們民族歷史中的潛伏期，在著作中幾乎不提摩西的隻字片語，但是當他們家破人亡時，他們重新想起了摩西——此時即是猶太人群體精神疾病的發作，他們開始回復對一神的追求。這整件創傷的起因在於猶太人所得到父親的形象正是來自於埃及人摩西所給予的，所以對

猶太人而言，殺了埃及人摩西，一如一個有伊底帕斯情結的小孩子眞的反抗了他的父親。故此情形下，猶太人產生了民族的精神疾病。

所以佛洛依德認爲猶太人重複了他在《圖騰與塔布》中所說的那種群子弒父的現象，這種現象被佛洛依德認爲是，即便在群體中也有一種過去的印象，保留在無意識的記憶痕跡中。因此，佛洛依德宣布了這樣的結論：人類早就已經知道，他們曾有一個原始的父親，且已殺死了他[32]。

按照《圖騰與塔布》與《摩西與一神教》中的佛洛依德說法，宗教不是別的，而是一種因殺害原父所造成記憶傷痕的精神疾病。如果我們找到了宗教起源的源頭，也找到了治療的方式，那麼總有一天宗教將會被別的事物取代，因爲我們不再需要透過宗教行爲，而是透過心理治療醫治我們從小便有的心理問題。

伊利亞德：宗教是聖與俗的區別

法國宗教學者伊利亞德（M. Eliade）是一位著作豐富的作家，他在一九五〇至七〇年代提出一種對於宗教的全新解釋。對於這種解釋方式，在此我們以兩個重要概念來把握：第一、聖與俗的區分。第二、對原型的模仿對伊利亞德而言，宗教不外乎是一種聖顯（hierophany）。

一、聖與俗的區分

區分宗教人與世俗人之間的差異點在那裡？伊利亞德認爲並不是信仰的有無，而是神聖與世俗間的區別。當我們進入到一間廟宇，或一間教堂之中，爲什麼會有一種油然而生的神聖感？並

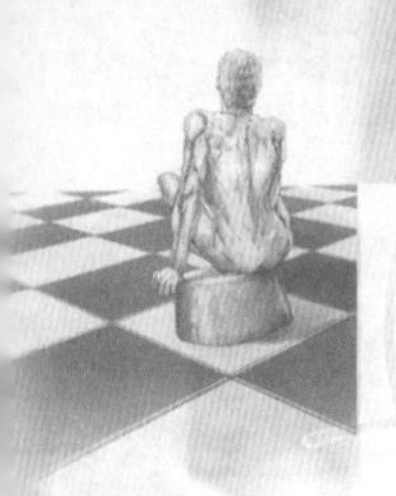

不是因爲這個教堂或廟宇蓋的富麗堂皇而使人流連忘返，而是因爲這個地方是一個神聖之地（holy ground）。

伊利亞德舉了一個《聖經》上的例子：當雅各（Jacob）趕路時，他在哈蘭這個地方拿了一塊石頭作爲枕頭睡著了，在睡夢中他夢見天上的門開了，有一個梯子直立於地，頂端與天相接連，有許多天使在這裡上上下下。他還夢見了神向他說：「雅各，我是你祖先亞伯拉罕的神。」當他醒過來時，他說：

> 上主確實在這個地方，我竟不曉得。……這地方多麼可畏，這裡一定是上帝的家，是通往天上的門户。（《創世記》28:16-17，現代中文譯本修訂版）

爲此，雅各爲這裡取了一個名字「伯特利」，其意爲神的家。伊利亞德用這個例子說明的是，每一個神聖的空間必然有一個聖顯，因此他在《聖與俗——宗教的本質》（*Sacred and Profane: The Nature of Religion*）一書中如此指出，一個在現在社會中的教堂，爲什麼會讓人覺得具有神聖感？正因爲教會的「門檻」區分出神聖與世俗的分別。門檻是一道界線，這道界線區分了兩個不同且看似矛盾的世界，但也因爲這個門檻的緣故，使兩個世界彼此聯結，並使凡俗世界得以通過神聖世界。空間對一個宗教人來說是非同質性的（homogeneous），因爲這裡標示著是神聖世界的呈顯[33]。

這種非同質性的觀念是普世性的，任何宗教人都有如此的認知。聖顯的方式並非單一，而是有可能性的多種多樣化。一座山、一座廟宇都會是一個聖顯的地方，因爲宗教人總認爲自己位於宇宙的中央，而每一座建築及聖顯之所都標示著這就是宇宙的中心，所以宗教人的世界結構呈現爲「天上——地上——地下」，而聯結著這三個世界的中心就是聖軸[34]。宗教人居住的位

置就是地上，是世界的中心，這不是一種象徵，而是一個事實，因爲我們居住的地方是俗界，而諸神居住在聖界中。

二、對原型的模仿

除了空間上的區分，時間上也有神聖及世俗的區分。在伊利亞德的巨作《世界宗教理念史》(*A History of Religious Ideas*) 卷一中舉出例子：「……很久以前，老祖先曾經住在某種『獵人天堂』，……澳洲人認爲他們的祖先生活在黃金時期，曾經住在獵物繁多、無善無惡的人間樂園。澳洲人會在慶典裡重現這個『樂園』，在那裡沒有任何法律或禁忌[35]。」伊利亞德認爲，所有的慶典都是一個對「原型」的模仿。對伊利亞德而言，所謂的原型，在於強調一個特殊的事實，即傳統及古代社會的人們相信，人類所擁有的制度及各種行爲規範，都是在時間開始的時候經由啓示而得到的，所以其起源來自一個超越於人之外的源頭[36]。

基於這個理由，伊利亞德認爲所有的節慶或慶典都是在於對一個原始的事件進行重複的作用。這個作爲有兩個不同的意義：第一個意義是在於傳統社會的人們透過這個儀式來證明自己是實實在在的[37]。由於年復一年造成了人對自己存在的荒謬感，年復一年的的過去使得人害怕在這樣的重複裡喪失了自己，所以他們每年在開始的時候重演一次創世神話，證明自己的存在與諸神相關連。另一個意義則是在於爲歷史賦予一個意義[38]。爲什麼歷史及生活中充滿苦難與痛苦？透過這種重複，人爲自己賦予一種歷史的命運，正因爲歷史是必然且要面對的，所以人能在其中忍受這一切。

不論是空間上的或是時間上的，宗教人都感受到一種神聖與世俗間的區別。對於世俗人而言，這種區別本身無意義；但對於

宗教人而言，這一切的區分標示著這個地方是聖顯的所在，另一個地方則不是。

宗教的結構：此岸與彼岸

透過以上的分析，我們可以清楚發現不論那一種說法，其都標示著一種宗教內的結構：「作爲神聖的彼岸——作爲世俗的此岸」。這種彼岸與此岸的區別不一定是眞正的兩個不同世界：對一些強調以修行及達至境界的宗教來說，這裡所謂的彼岸可能是一種努力的境界。但明顯的，對於宗教而言，將世界區分爲神聖與世俗的，是一個明顯的現象，而溝通兩者間的關連也成爲一個宗教人努力的目標。有了這樣理解，我們就不難明白爲何宗教人努力證明自己與超越界之間的關連，或盡可能以彼岸那神聖的律令作爲自己在此岸生活的準則。

這樣的結構也標示著我們在一開始所提出的那個觀察：人如何看待自己，就會影響到他如何看待宗教；反過來說，一個人如何看待他所信仰的宗教，也會相同影響到他如何看待自己。對理性至上的人類學者來說，因爲他看待自己如同一個理性的個體，所以他對宗教起源的解釋就認爲初民沒有現今的理性能力；對啓示宗教來說，他們看待自己是一個受造物，故是由神先啓示祂自己，人才能認識祂；對佛洛依德來說，他對人的解釋就是一個心理上有困難與障礙的個體，所以宗教不外乎是精神疾病的外顯；對伊利亞德而言，宗教是人本性中所擁有的，所以宗教人自然而然會與世俗人有所區別。

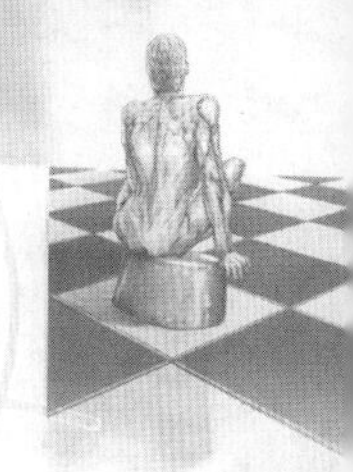

第三節 宗教內人與超越界的關連：以神存在之證明為例

在宗教發展的過程中，除了宗教起源的問題外，人也常常嘗試著證明一位超於人類之外的存有者眞正的存在——不論這位存有者被稱呼爲什麼。哲學史上有許多哲學家都曾嘗試證明這一位超越的存有者的眞實存在，同樣的問題在神學上也是備受爭議的問題。

雖然證明超越存有者的問題看上去是以西方的宗教哲學發展爲主的內容，但在東方相關的問題其實也曾引發激烈的論爭，例如在魏晉南北朝時，神滅或神不滅的論點差異引發極大的爭論。主張神滅的包括范縝的〈神滅論〉、恒玄主張死後事不可知，而主張神不滅的包括慧遠主張的形盡神不滅說（見〈沙門不敬王者論〉）、宗柄於〈明佛論〉中主張精神不死、蕭琛的〈難神滅論〉等[39]。礙於篇幅的緣故，本章中只舉出關於神存在與否的問題作爲探討。

西方思想史上證明神存在的論證林林總總，不一而足，但最引人入勝的莫過於本體論論證與目的論論證。在本體論論證方面，此論證最早由安瑟倫（St. Anselm）所提出，之後曾使用此論證來證明神存在的哲學家人數頗多，甚至當代神學家也認爲此一論證極爲有效，不過此一論證的反對者也不乏其人。而目的論證則是基督宗教信徒耳熟能詳的一個證明方式，許多支持這個主張的人都肯定在《聖經》中可以找到證明的依據。

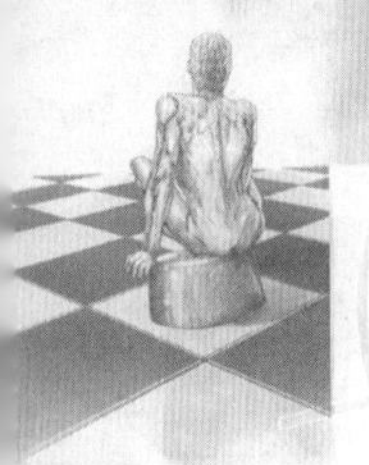

本體論論證

一、本體論論證的基本結構

如果我們將所有本體論論證都攤開來看，我們可以清楚地從其中找到一個最基本的結構如下：

1.神是我們所能思想到最偉大最完美的存有者。

2.如果這最偉大最完美的存有者不存在，則其並非眞正的最完美。

得出的結論：神存在。

本體論論證中對於何爲「神」的定義已被設定爲所能思想到最偉大的，也是最完美的存有者。根據思想於存在一致性原則，神爲可以被思考的對象，故就性質而言其應該存在；就定義上來說，定義中已標示其存在屬性的內涵問題，故必然包含自身的存在。按照安瑟倫的本義，只要人肯定了這個最完美的觀念，則人就必須承認此觀念在現實中所蘊涵的存在。反對者並不贊同此立場，並批評其混淆了觀念與現實間的不同，因此下面將按照歷史的發展，簡要羅列出曾經使用或反對本體論論證的哲學家及其主張。

二、對論證支持的方法

哲學史上支持本體論證的哲學家頗多，其中最著名的兩位，一位是首先提出本體論論證的安瑟倫；另一位則是提出著名哲學名言「我思，故我在」的法國哲學家笛卡爾。

首先是曾任坎特柏利（Canterbury）主教的安瑟倫[40]。他是哲學史上首先提出本體論論證的哲學家，不過他當時並未以「本體論論證」一詞來命名這個論證，為之定名者是認為其有本體上謬誤的德國哲學家康德。安瑟倫所提出的論證可以被整理如下：

大前提：神的定義是「沒有人可以想像比祂更偉大的自立體」。

小前提：可是這偉大的自立體不能只存在於人的思想中，祂應該是同時存在於思想和外在世界，否則我們就可想像一個比祂更偉大的神，即比只存在於思想中的上帝更偉大的神（同時存在於外在思想和外在世界）。因此這情況將不會發生。

結論：所以，神不僅存在於思想之中，根據前提，神也實際存在。

按美國神學家賈詩勒（N. Geisler）的說法，安瑟倫的本體論論證有另外一種型式，簡單來說可以被整理如下：

大前提：一個必然的存有的概念中必然有的特質，在邏輯上是必須肯定的。

小前提：眞實的存在於一個必然的存有的概念中，在邏輯上是必然的。

結論：這樣，邏輯上必要肯定這必然的存有必定存在。

賈詩勒認為這個論證能相同以負面形式出現：

大前提：邏輯上我們不能否認一個必然的存有的概念中必然的事物。

小前提：在邏輯上，在一個必然的存有的概念，眞實的存在是必然的。

結論：因此在邏輯上，不能否認一個必然的存有的存在。

賈詩勒指出，第一種本體論論證的型式設定一個絕對完美的存有必然包含其存在的預知性，第二種論證則是根據一必然存在的存有不能不存在的性質而建立。依賈詩勒的說法，這兩個論證爲一體之兩面，其根本基礎仍然在於安瑟倫對於神所下之「沒有人可以想像比祂更偉大的自立體」的定義。不過要注意的是，安瑟倫提出本體論論證的目的不在於證明神的存在，而在於爲信仰提出理性的基礎：此即「理解是爲了信仰」（Fides quaerens intellectum）的立場。換言之，安瑟倫本人並未想過以這個論證來說服無神論或不可知論的人相信有一位神的存在，其重點在於基督徒的信仰絕非只能或只需單純的相信，其信仰內容仍蘊涵著理智的成分。

另一位提出本體論論證的，是近代哲學的著名哲學家笛卡爾，他在他的哲學系統中提出了本體論論證來證明神的存在。笛卡爾的本體論論證可以被整理爲三個主要的論證[41]——

> 第一個是我擁有至善觀念的論證：在我的心中有一個至善的觀念，但我作爲一存有者卻不是至善的。如果我不是至善的，則我不可能製造出至善的觀念。但是我已經擁有了至善觀念，所以此一至善的觀念必然來自一個實際存在的至善存有。
>
> 第二個是何以有至善觀念之我的論證：在我的心中有一個至善的觀念，但我作爲一存有者卻不是至善的。如果我不是自有的，則此觀念必然爲一至善者所創造。故我僅擁有至善的觀念，而不是至善的自身。
>
> 第三個至善觀念蘊涵存在的論證：至善的神的存在與祂的本質不能分開，一如山谷的觀念不能與山分開一般。如果設想一位神作爲至善的存有本身不包括存在，將一

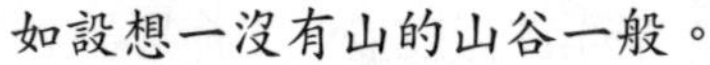
如設想一沒有山的山谷一般。

笛卡爾提出本體論論證的目的，在於爲他著名的哲學主張「我思，故我在」（Cogito, ergo sum）所面對的惡魔論證提出解決方案。笛卡爾的惡魔論證認爲，我們無法知道一切外在世界，並不是一個大能的魔鬼欺騙我。他用懷疑的方法導引出「我思，故我在」的基本前提，因爲，如果眞的是大能魔鬼欺騙我，就必然要有一個被欺騙的我存有，所以「我思，故我在」。如要解決這個難題，就笛卡爾而言，則需引導出全能全善的神存在，以保證我的感官不致受惡魔欺騙。經由本體論論證的證明，證明必然有一全能全善的神存在，祂必不會讓惡魔欺騙主體我。若主體我未受欺騙，則往下的證明才得以繼續。故本體論論證被笛卡爾引用的目的，在於保證其哲學體系得以成立。

三、對論證的反對

雖然本體論論證在哲學使上相當有名，但歷代對於本體論論證的非難頗多，此處我們列舉三位對此論證批評猛烈的哲學家，說明反對本體論論證的學者意見爲何。他們分別是：高尼洛（Gaunilo）、托瑪斯以及康德[42]。

首先提出反駁的是與安瑟倫同勢的法國僧侶高尼洛。他在名爲〈爲愚人的辯護〉的文中指出，「理解一個事物」與「這個事物實際存在」是兩件不同的事，所以他於文中舉例，一個畫家作畫前構思的概念與他實際作出的畫是兩件不同的事；其次，觀念雖爲最完美的觀念，但此觀念仍不能包含此觀念必然於實際世界上存在，高尼洛在此舉出「完美小島」的例子：人的心中可以假設一從未有人去過的最完美海島，而且人的理智可以理解此完美海島的一切內容，但並不能因此認定此完美海島必然存在於現實

中；最後，高尼洛以「我存在」與「神存在」此二命題說明觀念並不能保證現實的存在，高尼洛設問愚人是否可以懷疑「我存在」這一基本命題呢？若可以否定，那麼安瑟倫的「神存在」命題就更可以被懷疑；若要肯定，則愚人可用與安瑟倫相同的方式來證明人的存在，神存在的首要性便將失去。

安瑟倫本人對此提出答辯。他在回答高尼洛的此篇論文時指出，心智所理解的對象的確並不包含現實的存在，而且觀念的完美性並不包含著實際的存在。不過這是一般推論的過程與內容，這些推論的內容或是規則並不適用於本體論論證中「沒有人可以想像比祂更偉大的自立體」。故即便人的心靈中可以設想一個最完美的海島，但因屬性之故使其即便不存在也不致於違反矛盾律，但若爲「沒有人可以想像比祂更偉大的自立體」不存在則必然違背了矛盾律。

第二位提出反駁的是中世紀哲學大家托瑪斯。依據他兩部鉅作《神學大全》（*Summa Theologica*）與《駁異大全》（*Summa Contra Gentiles*）的解釋，可以將托瑪斯對本體論論證的批判歸納爲以下幾點：

首先，托瑪斯批評安瑟倫對於神的定義。安瑟倫認爲神是「沒有人可以想像比祂更偉大的自立體」，但是否每一個人都會將神定義爲如此呢？換言之，若非如此定義，則是否神的存在爲有問題之證明？其次，即便每個人都承認安瑟倫的定義，也無法證明神必然存在，因爲此證明僅證明神在思想中必然存在，若要證明神必然於現實中存在，就必須預設此一證明必然爲眞。最後，即便「神存在」此一命題爲自明的，對人這種有限受造物而言卻非眞正自明。理由在於人作爲有限受造物不可能直接知道神的本質，人只能間接在神創造的痕跡中認識祂。故人只能經由後驗式的透過受造物認識神，無法先驗式的在觀念中知道神的存在。我們需要注意的是，托瑪斯對安瑟倫的批判主要來自他的哲學奠基在亞里斯多德式的經驗哲學上，他的知識論立場單單就經驗作為出發點，這與奠基在柏拉圖式觀念論哲學上的安瑟倫有極大的差別。

第三位提出反駁的是德國哲學家康德。康德在《純粹理性批判》（*The Critical of Pure Reason*）一書中對本體論論證提出相當的批判。康德提出了五個理由來說明此論證失敗所在：首先、康德反對神需要被定義為一種不可能不存在的事物。其次、必然性只能應用在命題探討上，不能被使用在實際中，故於存在中沒有必然命題，且在經驗中所知事物與存在有可能不同。第三、邏輯上可能的事物於現實中不一定存在，於邏輯中不矛盾或必然的事物於現實中不一定存在。第四、同時否定一存在的觀念與實際存在並不矛盾，因為矛盾必須出現在否定一項而不否定另一項時。第五、存在並非一屬性，也不是一完美的境界。

賈詩勒指出，根據上列所述五項理由，康德的批判至少使得安瑟倫的第一個論證變為無效。依照康德的《純粹理性批判》，安瑟倫的論證最多只能被寫成下列式子：

大前提：所有可能的完美必然從屬於一個絕對完美存有。

小前提：存在是一種可能的完美，是可以從屬於一個絕對完美的存有的。

結論：因此，存在必然從屬於一個完美的存有。

總而言之，康德認為安瑟倫的錯誤在於其小前提的假設有誤。存在並不是一種完美，反而是可以屬於不同的事物，換句話說，存在並不能從絕對完美的觀念上增加或減少什麼。康德舉出

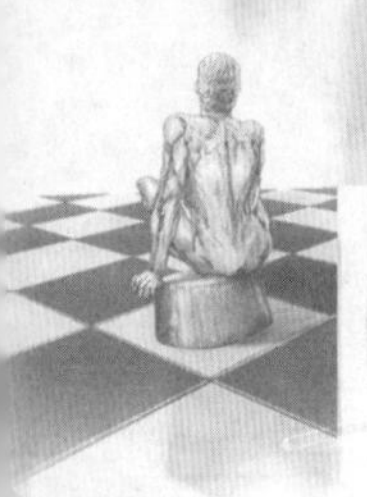

一個例子來說明此處的意思：觀念中的一百元與現實生活中的一百元不可以混淆其差別。康德的批評成爲後世對本體論論證批判的標準型式。

目的論論證[43]

目的論論證通常被認爲是最簡單與直接證明神存在的方式。此論證的另外一個特色是被支持者認爲有《聖經》的經文作爲依據，即保羅在《羅馬書》一章二十節中所言：「上帝那看不見的特性，就是祂永恆的大能和神性，其實從創世以來都看得見，是由祂所造的萬物來辨認出來的。所以人沒有什麼藉口。」（現代中文譯本修訂版）

托瑪斯是此論證的支持者。在他的《神學大全》中即透過如此的方式證明神的存在：

> 第五路取自事物的管理。我們看見有些沒有知識的物體爲一個目的而行動，這可由事實看出，即他們常常或經常是用同一方式活動，爲獲得最好之物。由此可見他們達到目的，不是出於偶然，而是出於有意。但是無知之物不會朝向目的，除非是受有知識和理性之物的引導，如箭被發射者所引導一般，所以必須有一個理性者的存在，一切自然物體都受他的安排，使之朝向目的，這就是我們所稱的神[44]。

托瑪斯的論證中指出，所有的事物都朝向一個目的前進，這同時也是我們生活經驗中的事實。這個論證奠基在生活經驗中，當我們看見一支美麗而複雜的手錶在我們面前時，我們無法不去想像有一個聰明而精於手工的鐘錶師精心製作了這支手錶。同樣

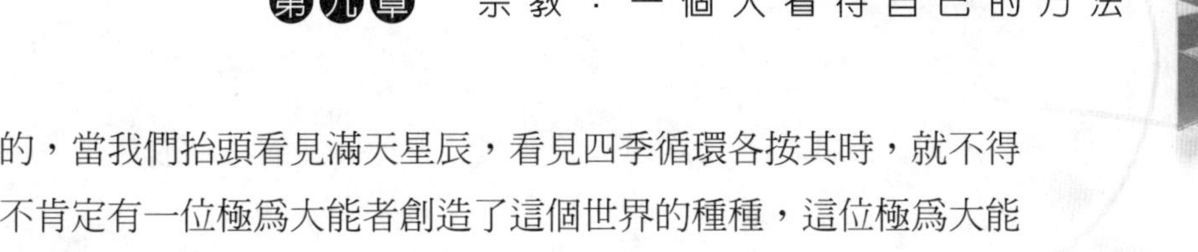

的，當我們抬頭看見滿天星辰，看見四季循環各按其時，就不得不肯定有一位極爲大能者創造了這個世界的種種，這位極爲大能者就是我們俗稱的神。

目的論論證雖然受到許多哲學家的反對，但因爲這個證明最爲接近我們生活的經驗，不少基督宗教信徒也認爲這是《聖經》所支持的，所以到現在仍具有相當的支持者。

透過對超越者存在的證明，我們能夠再一次看見人如何看待自己：有理性的人無法單純滿足於一個單純只是情感上的宗教。他透過運用自己的理性，證明在自己之外還有那位超越的對象——不論用什麼名字去稱呼祂。

第四節　宗教的倫理：人於此生的安身立命

前面已提，人看待自己的態度決定了他看待宗教的態度。當一個人成爲一個信仰宗教的人時，他的宗教信仰反而會回過頭來影響這個人看待自己的態度。例如在醫療行爲中，一位耶和華見證人的信徒會因爲他的信仰中表明「人的生命就在人的血液中」這樣的信念，而在性命垂危時拒絕接受輸血。這個信仰對他而言比自己的生命更爲重要，因爲他相信這是神所定下的規定。

絕大多數宗教信仰對於信仰者的倫理規範，與我們身處社會所給予我們的規範相似，其中的差別僅在於：第一、規範的力量來自何處，例如基督宗教信仰中認爲這種規範力量來自於神。第二、一些特殊的信仰要求，但不會違反社會道德，例如回教徒不吃豬肉而社會尊重回教信徒的權利。相關的研究資料與書籍相當

多，故在此我們不多談這部分。我們要把此節的重點放在一個新興議題，即宗教犯罪上面。

由於社會的快速發展，許多新的事物不斷出現，在宗教內也出現許多新的宗教，與過往的傳統宗教毫無關係。這些新興宗教絕大多數都期望能幫助人安頓身心，但還是有少部分宗教打著宗教的旗幟，進行犯罪的事實。這些宗教犯罪，小則騙人錢財，大則公然對抗社會所接受的普遍道德觀點。這裡我們要從三個部分來探究宗教倫理中關於宗教犯罪的問題：第一要先看一個宗教犯罪的實例；第二要看判斷宗教犯罪或所謂的邪惡宗教有什麼判斷標準；最後要將前兩項所探究的應用在日常生活中。

宗教犯罪的實例

宗教犯罪在歷史上屢見不鮮。在此我們要先來看一個有名的案例：日本的奧姆眞理教事件[45]。一九九五年三月二十日所發生的日本東京沙林毒氣事件是使奧姆眞理教普世皆知的事件，然而在此之前，奧姆眞理教已經開始他們的活動。

本名松本智津夫的教主麻原彰晃於一九五五年出生於日本熊本。小時候因左眼患有白內障而失明，因此在盲人學校就讀。其自小個性害怕失敗，會逃避一些現實上的不愉快。一九八四年麻原彰晃在東京開設瑜伽修練的場所，並開始「看見」一些未來的世界大災難。一九八七年麻原彰晃前往喜瑪拉雅山一帶，回國自稱得到了神祕力量，並深信對世界的解救已到了迫不及待的地步。一九八九年八月，麻原彰晃正式向日本政府登記組織爲奧姆眞理教，使奧姆眞理教成爲一合法且正式的宗教團體。當麻原彰晃在創立奧姆眞理教之時就預言，第三次世界大戰馬上就要爆

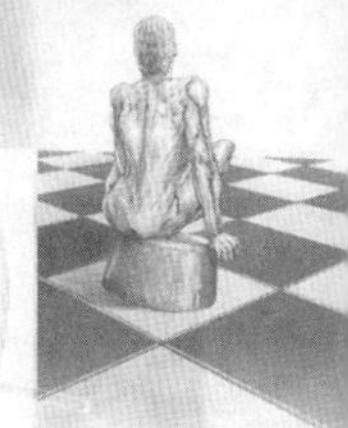

發，「世界末日已經逼近」、「世界最終戰爭要爆發，肯定在一九九七年至二〇〇一年之間」。為了讓廣大的日本人民能瞭解到世界末日的迫切危機，麻原彰晃於一九九〇組成眞理黨，參加眾議員選舉，但在選舉中慘敗。因著個性的緣故，麻原彰晃轉向逃避失敗，宣稱這是日本人民的愚昧，自此將奧姆眞理教帶領走向封閉且毀滅的道路。

其實奧姆眞理教會走上這一步不是無法預測的。早在一九八九年十一月麻原彰晃就已經派出部下暗殺脫離該教的橫濱律師坂本堤一家人。自一九九四年起，日本警方發現十二起暗殺事件與奧姆眞理教有關，特別是一九九四年六月松本市有人施放毒氣致使六人死亡，二百多人被送進醫院。事後警方調查發現，毒氣是從市郊的兩幢公寓裡散發出來的，在其一百米以內的所有生命都死得一乾二淨，這兩幢公寓正是奧姆眞理教信徒的居住區。同年七月九日，在山梨縣奧姆眞理教大樓出現神祕煙霧，警方發現一些可以製沙林毒氣的物質。當時奧姆眞理教除了教外的活動恐怖化外，教會內的活動也開始朝向集權統治，並有許多虐待信徒的行為發生，包括：

1.參加者必須接受長達三十小時的時間收看麻原彰晃講道的影片。
2.每天工作十三小時，並長時間靈修與修行，睡眠時間不得超過五小時。
3.成員受嚴格控制，不得任意離開教團。

在掌握了一定證據的情況下，警方決定一九九五年初對奧姆眞理教進行突擊搜查，但是，由於發生了阪神大地震，將搜查日期改在三月二十二日。同一時間，麻原彰晃深信日本政府沒有能

力應付即將到來的世界大災難，特別是阪神大地震中日本政府的表現讓麻原彰晃相信政府的脆弱與不堪一擊，所以他指示成員要進行一件讓日本人警惕的事。

一九九五年三月二十日，當東京的上班族如往常一般的搭乘地鐵時，不舒服的感覺在上千名乘客身上擴散，這是麻原彰晃下的神聖命令，由教團成員在東京的地鐵站施放毒氣。此舉造成十二人死亡，五千五百人受傷，此舉亦使警方逮捕以麻原彰晃為首的教團成員。到二〇〇五年為止，多名成員已判死刑或已執行死刑，然麻原彰晃的死刑因種種因素尚未執行。

信仰殿堂還是空中樓閣

從奧姆眞理教與麻原彰晃的例子中可以看見，宗教犯罪有一定的模式與特徵，絕大多數的教派或宗教犯罪是漸漸發展的，僅有極少數宗教犯罪是在一開始就表明要以從事不法活動為教團目的。然而，要如何區分所信的宗教究竟是呈顯了一個眞實的彼岸，或者只是以虛構的教義欺騙其信徒？不同的研究者及研究機構提出了不同的判斷標準，以下我們舉出三種不同的標準[46]。

德國薩克森邦政府文化廳對何為邪教提出的十七個特徵：

1.在這個團體中，你彷彿能找到過去一直在尋找的東西，他們非常清楚，什麼是你在找尋的。

2.當你一接觸這個組織，你對世界萬物就有了全新的看法。

3.這個組織的世界觀非常簡單易懂，一目了然，並且可以解釋所有的問題。

4.你很難掌握組織的全貌，事實上，他們也不允許你仔細思

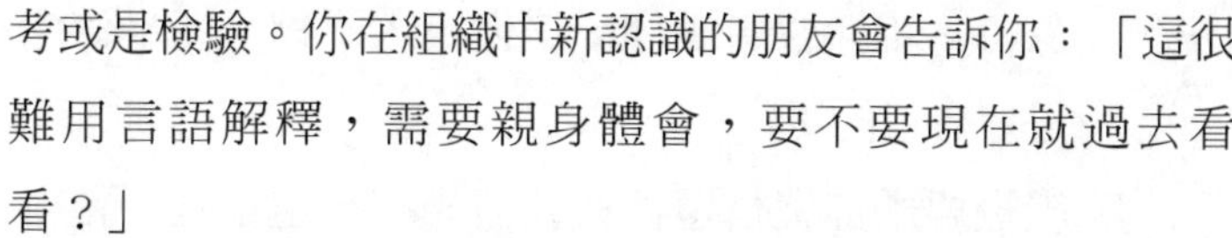

考或是檢驗。你在組織中新認識的朋友會告訴你：「這很難用言語解釋，需要親身體會，要不要現在就過去看看？」

5.這個組織有一個「大師」、「師傅」、「導師」、「老師」「上師」、「×師」，只有他能知道宇宙或生命的眞相。

6.這個組織的教義才是唯一眞實的、永遠的智慧。社會上的科學、理性思考等，都會被當作負面的、惡魔的或是不夠啓發。

7.外界對於組織的質疑，反而被當作是組織正面的證明。

8.這個世界即將遭遇大災害，只有這個組織才知道，要如何拯救地球。

9.參加組織的人才是精英，其他人都是病態與敗類，除非他們願意參加我們，讓自己獲得救贖。

10.組織會要求你立刻參加。

11.組織會要求成員透過服裝、飲食方法、自有的語言、嚴格的人際互動關係，將成員隔絕在社會之外。

12.組織會要求你與過去的生活斷絕關係，因爲這會阻礙你的的發展。

13.對你的性生活有嚴格規範，例如由「上面」替你選擇配偶、集體性行爲或是完全禁欲。

14.組織不斷賦予你許多工作，並占去你所有的時間。你必須賣書、賣刊物、招募新成員、參加課程、靜坐靈修……。

15.幾乎喪失了獨處的時間，組織中的某個人總會整天纏著你。

16.當你開始懷疑，爲什麼組織當初允諾的「成功」並未發

生時，組織會告訴你，是你投入不夠，或是信念不足，是你自己的責任。

17.組織要求你嚴格遵循教義與規定，這是唯一獲得拯救的機會。

同樣由德國出版的一本《反邪教手冊》（*Sekten-Ratgeber*）中，作者埃繆特（Kurt-Helmuth Eimuth）認爲每個邪教都有不同程度的技巧，而且邪教絕非一般所認爲都是意志不堅的人才會被迷惑。埃繆特引用了羅．李夫頓的看法，認爲一般所謂的邪教有八個基本特質[47]：

1.對環境的控制：透過邪教的迷霧看世界。

2.神祕的操縱（有計畫的自發性）。

3.純潔性要求和認罪禮拜。

4.懺悔禮拜：負罪感和羞怯感即是壓力。

5.對科學的迷信。

6.語言的操縱：簡單的語言——簡單的思維。

7.教義優先：不理解也得服從。

8.賦予或剝奪生存權。

除了引用李夫頓的判斷理論外，埃繆特在其書中也間接的指出所謂邪教有五個特點[48]：

1.是一個封閉的系統。

2.其男女教主享有與神相同的權威，神透過他們的口說話，且他們所說的話都代表著神的意旨。

3.都許諾著可以讓人掌握唯一有效的眞理，回答生活中所有的問題。

4.對新來的人寵愛有加。

5.其創造了某種關係上的依賴而非個人的自由與責任。

著名的教派專家羅德里格斯（Pepe Rodríguez）在其著名著作《痴迷邪教——邪教的本質、防範及處置》（*Adiccio 'n A Sectas*）一書中替邪教下了一個定義：

……那些採取可能派壞（攪亂）或嚴重傷損其信徒的固有性這樣一種脅迫手段來招募徒眾和傳佈教義的團體或集體，那些爲了自己的存在而完全（或嚴重）破壞其信徒同原有的社會生存環境、乃至同其自身的感情聯繫及有效溝通的團體或集體，以及那些他們自己的運作機制破壞、踐踏在一個法制國家被視爲不可侵犯的法定權利的團體或集體[49]。

除了這個定義外，羅德里格斯認爲在所有的邪教活動中都可以找到下列十個特徵[50]：

1.通過一種蠱惑人心的方式而散布，於其中有一個被神化的代言人其自栩掌握了絕對眞理。

2.垂直的神權系統，領導者的言談就是信條。

3.信徒被要求完全投入其團體中，且和過去的所有關連漸漸疏遠甚至完全斷絕。

4.過與世隔絕或完全依賴團體的生活。

5.不同程度地剝奪個人自由或隱私權。

6.透過控制方式控管信徒與外界的聯絡，特別是控管與對團體有所批判的前信徒間的聯繫。

7.利用如打坐等活動掌控、脅迫或摧毀信徒的意志或辨別能力。

8.倡導完全脫離社會及其各種機構。

9.通過隱密或非法手段招募信徒，並用各種方式匯集金錢。

10.通過心理壓力使信徒通過受訓、就醫、上課及捐獻等名義將個人資金交給團體。

我們雖然看見了許多不同的標準，但應當注意的是，並非所有宗教都是邪惡的宗教，或在進行宗教犯罪，事實上，絕大多數的宗教都是期望為人生的方向找出一個合理的答案，幫助信仰者安頓身心；絕大多數的宗教都是可以信仰及參與的，這裡所提供的標準表其實是提供讀者一個消極的檢驗方式。當讀者參與一個未曾聽過的宗教活動，並且感到太過怪異與不合常理的行為過多時，可以參考這裡所提供的標準作為一個參考。

在生活中的應用

雖然前面提供了幾個不同的標準，但我們可以從前面的標準表中找出一些共同的特質，包括了：

1.教主：宗教犯罪中有一個強而有力的宗教教主，所有人都要聽這位教主的命令，不得懷疑。這位教主可能自比為神的代言人，或甚至認定自己就是能掌管世界命運及劫數的神自身。

2.教義：複雜而混亂。看上去一切都能自圓其說，但若拿至與其他已得證實的論點相比較時卻又無法站的住腳。

3.教禮：違背社會普遍的道德價值，或許是在性方面越矩的要求，或是在金錢方面的不斷需索。這一切違背的行為都有一個自圓其說的解釋方式，或許和得救有關，或許和靈

命提升有關。

4.教會：神祕而不公開的組織。無法輕易掌握全貌並不是因爲其組織系統清楚而分工完整（如天主教教會），而是因爲其內部無法公開或是不願公開，通常組織複雜且保持其神祕的面紗，不願讓人完全明瞭。

5.教典：許許多多額外增加的教典，通常是由教主直接或間接所寫成的，且奉爲絕對的圭臬。然而這種絕對的標準及經典並不被外界所接受，甚至受到外界的質疑。

台灣社會發展已呈多元化發展——在宗教方面也反映出這種特質。宗教是一個人看待自己的方式，因此當一個人接受了某種信仰或宗教，且完全相信的情形下，其將反映這種宗教生活在自己的生活中。接受一個信仰前，除了個人喜好與否的問題外，這個宗教的來龍去脈也相當重要：其過去是否有過什麼不良紀錄？甚至是鬧上法院的種種犯罪事實？這些都是我們需要注意的事情。

第五節　結論

我們花了很長的篇幅來逐步討論宗教與人生之間的關係。一開始我們先從定義上說明，宗教是人生哲學內一個極爲重要的部分，因爲人如何看待自己，就會影響到他如何看待宗教；反過來說，一個人如何看待他所信仰的宗教，也會相同影響到他如何看待自己。我們舉出三個例子說明這個觀點：第一個例子是宗教起源的問題，不同的學者，他們如何看待人的理論就影響到他們對

宗教起源的討論；第二個例子是對神存在的證明，人會使用自己的理性探索自己的信仰對象，這件事可以在人對自己的探索身上看見；最後是宗教犯罪，證實了一個人會在生活中實踐自己的信仰生活，即便違背社會普遍道德價值也在所不惜。

當人在替自己找尋自己在世界的定位時，人生哲學就此開始；當人開始認眞思考超越於理性之外的事物，包括生從何來或死往何去時，人就開始進入宗教的領域。宗教對人的影響極爲廣大，能幫助人安頓自己的身心，安排自己的未來，但同時宗教也能摧殘一個人，使一個人失去應有的理性。就這點而言，探究人生意義時實在不能輕忽宗教的重要性。

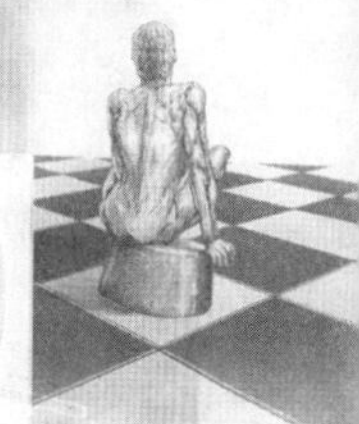

註釋

1 楊紹南，《宗教哲學概論》（台北：商務印書館，1996年），頁3。

2 曾仰如，《宗教哲學》（台北：商務印書館，1995年），頁5。這個觀點爲曾仰如參考 John Hick 的說法而提出的。

3 同前註，〈自序〉，頁5。

4 鄔昆如，《人生哲學》（台北：五南出版公司，1994年），頁7。

5 黎建球著，《人生哲學》（台北：三民書局，1984年），頁15。

6 楊紹南，《人生哲學》（台北：商務印書館，1996年），頁28。

7 羅光，《人生哲學》，序（台北：輔仁大學出版社，1989年），頁4。

8 鄔昆如、黎建球著，《人生哲學》（台北：國立空中大學，1987年），頁3-4。

9 鄔昆如，前揭書，頁335-337。

10 黎建球著，前揭書，頁180。

11 黎建球著，《人生哲學》（台北：五南出版公司，2004年），頁161。

12 關於宗教的起源爲何，相關理論的提出相當踴躍。在楊紹南的《宗教哲學概論》一書中，他指出至少有十種相關的理論，包括：進化實證論、象徵的神格化論、崇拜自然物的無神論、精靈論、鬼神論、圖騰論、心理魔力論、社會性學說、占星神話論與近代人種文化史理論。見楊紹南，前揭書，頁60-65。不過這些對於宗教的起源究竟爲何的這個問題，我們能做的只是進行推測，而且現在也不再流行建構新的理論。本章中關於宗教起源的說法只舉出其中幾個重要的學說而已。

13 參見李震〈淺論孔德的實證主義〉，《哲學論集》，第十三期（台北：輔仁大學出版社，1981 年)，頁 21-29。

14 尼尼安．斯馬特著，許列民等譯，《劍橋世界宗教》(台北：城邦文化，2004 年)，頁 26-29。

15 同前註，頁 29-37。

16 艾利克森著，郭俊豪、李清義譯，《基督教神學》，第一卷（台北：中華福音神學院出版社，2000 年)，頁 237；般保羅著，姚榮炎譯，《慕迪神學手冊》(香港：福音證主協會，2003 年)，頁 147-148。

17 關於一般啓示，可以參閱艾利克森著，郭俊豪、李清義譯，前揭書，第七章。

18 在此需要區分出宗教與神學的不同：神學（theology）一詞是由希臘文神（theos）加上學問（logos）所組成的字，其意指研究神的一門學問。宗教中不一定有神學，例如佛教並沒有佛教神學這麼一個名詞。在本文中，神學一詞所指特別是研究超越位格存在者的學問，故特別指基督宗教與回教這一類的宗教。

19 艾利克森著，郭俊豪、李清義譯，前揭書，頁 271。

20 同前註，頁 279-286。

21 尼尼安．斯馬特著，許列民等譯，前揭書，頁 320-324。

22 筆者在此要說明，佛洛依德的學說中還有許多重要的概念，如意識與潛意識、夢等等相關但不同的觀念，在此爲了說明上的方便，我們都暫時不去討論。有興趣的讀者不妨自行找尋相關資料閱讀。

23 佛洛依德著，王獻華譯，〈圖騰與塔布〉，《論宗教》(北京：國際文化出版公司，2001 年)，頁 16-17。

24 同前註，頁 19-20。

25 同前註，頁 112-124。

26 同前註，頁 146-151。

27 同前註，頁 161。

28 佛洛依德著，張敦福譯，〈摩西與一神教〉，《論宗教》(北京：國際文化出版公司，2001 年)，頁 187-188。

29 同前註，頁 187、193。

30 同前註，頁 203-204，223。

31 同前註，頁 256。

32 同前註，頁 280。

33 伊利亞德著，楊素娥譯，《聖與俗——宗教的本質》(台北：桂冠圖書公司，2001 年)，頁 71-76。

34 同前註，頁 83，86 及以下。

35 伊利亞德著，吳靜宜、陳錦書譯，《世界宗教理念史》，第一卷(台北：商周出版社，2001 年)，頁 62-63。

36 伊利亞德著，楊儒賓譯，《宇宙與歷史——永恆回歸的神話》，英譯本前言（台北：聯經出版社，2000 年)，頁 12。不過伊利亞德強調，他所使用的原型一詞不同於心理學家榮格所使用的意義。

37 同前註，頁 79。

38 同前註，頁 116-121。

39 可參周紹賢。〈南北朝時之神滅神不滅論〉，《輔仁大學哲學論集》，第二期（台北：輔仁大學出版社，1973 年)，頁 149-159；張豈之主編，《新中國思想史》，上册，第三章〈魏晉南北朝的佛學〉與第五章〈南北朝的反佛思想〉(台北：水牛出版社，1992 年)。

40 關於安瑟倫的本體論論證的整理參考劉仲容等編著，《西洋哲學史》(台北：國立空中大學，2004 年)，頁 140-142；賈詩勒著，吳宗文譯，《宗教哲學》(香港：種籽出版社，1983 年)，頁 156-

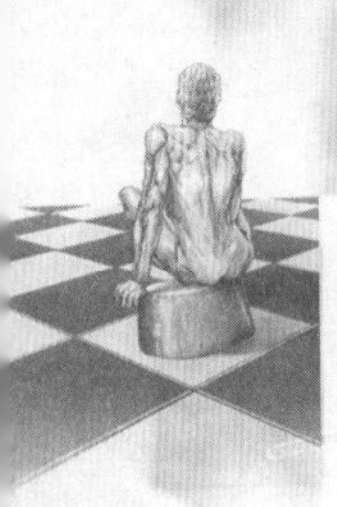

158；卡普爾撕頓著，莊雅棠譯，《西洋哲學史》，第二卷（台北：黎明文化，1988年），頁230-234；曾仰如，前揭書，頁428-437。

41 錢志純編譯，《我思故我在》（台北：志文出版社，1976年），頁1-15。

42 關於本體論證的種種問題可參見曾仰如，前揭書，頁433-443；賈斯勒著，吳宗文譯，前揭書，頁158-161，163-167，170-174等。

43 關於目的論論證可以參閱曾仰如，前揭書，頁459-479；賈斯勒著，吳宗文譯，前揭書，頁119-135。

44 中文翻譯參見曾仰如，前揭書，頁459-460。如讀者欲閱讀托瑪斯的原文，請參見Summa Theologicae, I-I, Q.2, A.3.，其他可參閱卡普爾斯頓著，莊雅棠譯，前揭書，頁481-483。

45 本處關於奧姆眞理教的相關資料來自羅偉虹著，《世界邪教與反邪教研究》（北京：宗教文化出版社，2002年），頁229-231；戴康生主編，《當代新興宗教》（北京：東方出版社，1999年），頁355-364；湯普森著，賈士蘅譯，〈日本劫數已近〉，《時間的終點》，第十一章（台北：揚智出版社，1999年）頁281-315；人民網相關資料，網址 http://www.people.com.cn；佛網相關資料，網址 http://www.buddhanet.com.tw/。

46 李怡志譯，網址：http://www.richyli.com/column/sect/sekt_check-list.htm。

47 轉引自埃繆特著，魯路譯，《反邪教手冊》（北京：中央編譯出版社，2001年），頁23-36。

48 同前註，頁9-22。

49 羅德里格斯著，石靈譯，《痴迷邪教——邪教的本質、防範及處置》(北京：新華出版社，2001年)，頁14-15。

50 同前註，頁15-17。

參考文獻

英文部分

Aristotle(2000). *Nicomachean Ethics*, trans. and edited by Roger Crisp. New York: Cambridge University.

Aristotle(1980). *The Nicomachean Ethics*, trans. by W. D. Ross, revised by J. L. Ackrill and J. O. Urmson. Oxford: Oxford University Press.

Beauchamp, T. L., & Childress, J. F. (1979). *Principles of Biomedical Ethics*. New York: Oxford University Press.

Berry, T., CP., & Thomas, C. SJ. (1991). *Befriending the Earth: A Theology of Reconciliation between Humans and the Earth*. Mystic, Connecticut: Twenty-Third Publications.

Berry, T., CP. (1988). *The Dream of the Earth*. San Francisco: Sierra Club Books.

Bowie, N. E. (1999). *Business Ethics A Kantian Perspective*. Mass: Blackwell Publisher.

Crisp, R., & Slote, M. (eds.). (1998). *Virtue Ethics*. Oxford: Oxford University Press.

Devall, B. & Settion, G. (1985). *Deep Ecology*. Salt Lake city: Gibbs Smith, Publisher.

Donaldson, T., & Thomas, W. (1999). *Dunfee Ties That Bind A Social Contracts Approach to Business Ethics*. Boston, Mass: Harvard Business School Press.

Dworkin, R. (1995). "Foundations of Liberal Equality". in Stephen Darwall (ed.), *Equal Freedom: Selected Tanner Lectures on Human Value*. Ann Arbor: University of Michigan Press.

Evan, W. M., & Freeman, R. E. (1993). "A Stakeholder Theory of the Modern Corporation: Kantian Capitalism". in Tom L. Beauchamp and Norman E. Bowie (eds.), *Ethical Theory and Business*, Englewood Cliffs, N. J.: Prentice-Hall, Inc.

Feldman, F. (1978). *Introductory Ethics*. N. J.: Prentice-Hall Inc.

Frankena, W. K. (1963). *Ethics*. Englewood Cliffs, N. J.: Prentice-Hall, Inc.

Golding, M. P. (1975). *Philosophy of Law*. New York: Englewood Cliffs Prentice-Hall Inc.

Gray, J. (1993). *Post-Liberalism: Studies in Political Thoughts*. New York: Routledge.

Gruen, L. & Jamiseson, D. (eds.) (1987). "Our Common Future" , in *Reflecting on Nature: Readungs in Environmented Philosophy*. New York: Oxford University Press.

Hart, H. L. A. (1983). "Rawls on Liberty and Its Priority". in *Essays in Jurisprudence and Philosophy*. Oxford: Clarendon Press.

Stolnitz J. (1960). *Aesthetics and Philosophy of Art Criticism*. Cambridge: Riverside.

Kant, I. (1785). *Groundwork of the Metaphysic of Morals*, trans. by H. J. Paton. London, UK: Hutchinson University Library Press, 1947.

Kant, I. (1797). *The Metaphysics of Moral*, trans. by Mary Gregor. Cambridge: Cambridge University Press, 1996.

Kant, I. (1970). "On the common saying: this may be true in theory, but it does not apply in practice". in H. Reiss(ed.), *Kant 's Political Writings*. Cambridge: Cambridge University Press.

Kant, I. (1975). *Critique of Practical Reason*, trans. by Lewis White Beck. Taipei: His-Nan Book Co.

Kant, I. (1959). *Foundations of the Metaphysic of Morals*, trans. by Lewis white Beck. Indianapolis: Bobbs-Merrill.

Kant, I. (1964). *Groundwork of the Metaphysic of Morals*, trans. by H. J. Paton. New York: Harper & Row.

Kant, I. (1965). *Metaphysic of Morals Part I: The Metaphysical Elements of Justice*, Trans. by John Ladd. Indianapolis: Bobbs-Merrill.

Laird, J. (1946). "Act-ethics and Agent-ethics". *Mind*, vol. LV, pp. 113-132.

MacIntyre, A. (1981). *After Virtue, Notre Dame*. Indian: University of Notre Dame Press.

Mayo, B. (1998). "Virtue and Moral Life" . in Louis Pojman (ed.), *Moral Philosophy-A Reader*. Indianapolis: Hackett.

Mathews, F. (1991). *The Ecological Self*. London: Routledge.

McMahon, T. F. (1999). "A brief history of American business ethics". in Robert E. Frederick (ed.), *A Companion to Business*

Ethics. Massa: Blackwell Publisher.

Mill, J. S. (1957). *Utilitarianism*. New York: Bobbs-Merrill.

Noddings, N. (1984). *Caring: A feminine approach to ethics and moral education*. Berkeley: University of California Press.

Pojman, L. (1995). *Ethics: Discovering Right and Wrong*. Belmont: Wadsworth.

Rawls, J.(1996). *Political Liberalism*. New York: Columbia University Press.

Rawls, J. (1999). "The Idea of an Overlapping Consensus". in Samuel Freeman(ed.), *John Rawls Collected Papers*. Mass: Harvard University Press.

Rawls, J. (1999). *A Theory of Justice-Revised Edition*. Cambridge, Mass: Harvard University Press.

Rawls, J. (2001). *Justice as Fairness: A Restatement*. in E. Kelly (ed.). Cambridge, Mass: Harvard University Press.

Raz, J. (1986). *The Morality of Freedom*. New York: Oxford University Press.

Raz, J. (1999). *Engaging Reason*. Oxford: Oxford University Press.

Raz, J. (2001). *Value, Respect, and Attachment*. Cambridge, UK: Cambridge University Press.

Rolston, Holmes, III. (1988). *Environmental Ethics: Duties to and Values in the Natural World*. Philadelphia: Temple University Press.

Haack, S. (1978). *Philosophy oflogics*. Cambridge University Press.

Sen, A. (2000). *The freedom of economy development*. New York: Anchor Books.

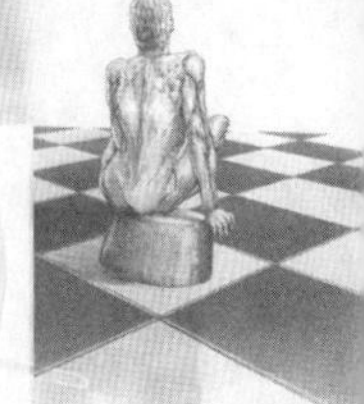

Taylor, P. W. (1986). *Respect For Nature: A Theory of Environmental Ethics*. Princeton, N. J. : Princeton University Press.

Williams, H. (1992). "Kant's Concept of Property". in *Immanuel Kant Critical Assessments*. London and New York: Routledge.

中文部分

一、書籍

《佛說箭喻經》。《大正新脩大藏經》，第一冊，No.0094，CBETA 電子佛典。

Berger, J.著，戴行鉞譯（2003）。《藝術觀賞之道》。台北：商務印書館。

Bochenski, J. M.著，王弘五譯（1992）。《哲學講話》。台北：鵝湖出版社。

Brugger, W.編著，項退結編譯（1992）。《西洋哲學辭典》。台北：華香園出版社。

Copi, I. M.著，張身華譯（1999）。《邏輯概論》。台北：幼獅文化。

Copland, A.著，劉燕當譯（1984）。《怎樣欣賞音樂》。台北：樂友書房。

Copleston, F.著，莊雅棠譯（1988）。《西洋哲學史》，第二卷。台北：黎明文化。

Dampier, W.著，李珩譯（2001）。《科學史》。廣西：廣西師範大學出版社。

Eliade, M.著，吳靜宜、陳錦書譯（2001）。《世界宗教理念史》，第一卷。台北：商周出版社。

Eliade, M.著，楊素娥譯（2001）。《聖與俗——宗教的本質》。台

北：桂冠圖書出版公司。

Eliade, M.著，楊儒賓譯（2000）。《宇宙與歷史——永恆回歸的神話》。台北：聯經出版社。

Erickson, M. J.著，郭俊豪、李清義譯（2000）。《基督教神學》，第一卷。台北：中華福音神學院出版社。

Frankena, W. K.著，黃慶明譯（1982）。《倫理學》。台北：有志圖書出版公司。

Freud, S.著，王獻華譯（2001）。〈圖騰與塔布〉。《論宗教》。北京：國際文化出版公司。

Freud, S.著，張敦福譯（2001）。〈摩西與一神教〉。《論宗教》，北京：國際文化出版公司。

Fromm, E.著（1994）。《生命的展現》。台北：遠流出版社。

Geisler, N.著，吳宗文譯（1983）。《宗教哲學》。香港：種籽出版社。

Gray, J.著，傅鏗、姚欣榮譯（1991）。《自由主義》。台北：桂冠圖書出版公司。

Gray, J.著，蔡英文譯（2002）。《自由主義的兩種面貌》。台北：巨流出版社。

Hans, Küng 著，張慶態主譯（2001）。《世界倫理新探》。香港：道風書社。

Harry, J. G.著，周伯恆譯（1999）。《倫理學入門》。台北：韋伯文化。

Hayek, F. A.著，鄧正來、張守東、李靜冰譯（2000）。《法律、立法與自由》。北京：中國大百科全書出版社。

Heidegger, M.著，陳嘉映等譯（1987）。《存在與時間》。北京：三聯書店。

Hobbes, T.撰，朱敏章譯（1972）。《利維坦》。台北：商務印書館。

Holmes Rolston, III 著，王瑞香譯（1998）。《環境倫理學》。台北：國立編譯館。

Jefferson, T.著，康諾譯（2001）。《獨立宣言》。台北：城邦文化。

Needham, J.著，陳立夫譯（1973）。《中國之科學與文明》。台北：商務印書館。

Kant, I.著，牟宗三譯註（1982）。《康德的道德哲學》。台北：學生書局。

Kant, I.著，沈叔平譯（1991）。《法的形而上學原理——權利的科學》。北京：商務印書館。

Kolata, G.著，洪蘭譯（1998）。《基因複製》。台北：遠流出版社。

Kurt-Helmuth Eimuth 著，魯路譯（2001）。《反邪教手冊》。北京：中央編譯出版社。

Lena Maria 著，王家瑜譯（2001）。《一無所缺的人生》。台北：傳神出版社。

Levine, A.著，張明貴譯（2004）。《打開政治哲學的門窗》。台北：五南出版公司。

Mill, J. S.著，程崇華譯（1986）。《論自由》。台北：唐山西潮文庫。

Smart, N.著，許列民等譯（2004）。《劍橋世界宗教》。台北：城邦文化。

Nozick, R.著，王建凱譯（1996）。《無政府、國家與烏托邦》。台北：時報文化。

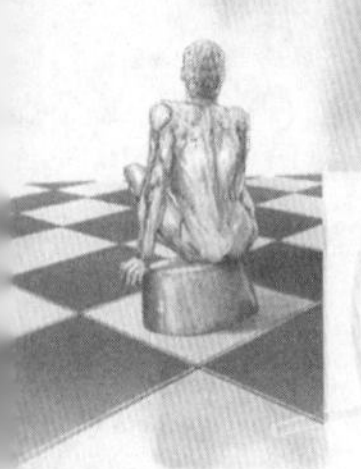

Orr, R. D.等著，章福卿譯（1997）。《認識生命倫理學》。台北：校園書房。

Enns, P. P.著，姚榮炎譯（2003）。《慕迪神學手冊》。香港：福音證主協會。

Pojman, L. P.著，江麗美譯。《生與死——現代道德困境的挑戰》。台北：桂冠圖書出版公司。

Pojman, L. P.著，魏德驥等譯（1997）。《解構死亡》。台北：桂冠圖書出版公司。

Pojman, L. P.編著，陳瑞麟等譯（1997）。《為動物說話——動物權利的爭議》。台北：桂冠圖書出版公司。

Rawls, J.著，何懷宏、何包鋼、廖申白譯（1988）。《正義論》。北京：中國社會科學出版社。

Resnik, D. B.著，何畫瑰譯（1999）。《科技倫理》。台北：韋伯文化。

Rodriguez, P. 著，石靈譯（2001）。《痴迷邪教——邪教的本質、防範及處置》。北京：新華出版社。

Rousseau, J. J.著，徐百齊譯（1999）。《社約論》。台北：商務印書館。

Rousseau, J. J.著，何兆武譯（2003）。《社會契約論》。北京：商務印書館。

Scholze, H.著，張家龍譯（1997）。《簡明邏輯史》。北京：商務印書館。

Singer, P.著，孟祥森、錢永祥譯（1996）。《動物解放》。台北：關懷生命協會。

Thompson, D.著，賈士蘅譯（1999）。《時間的終點》。台北：揚智文化。

Wallerstein, I 著，彭淮棟譯（2002）。《自由主義之後》。台北：聯經出版社。

Walzer, M.著，褚松燕譯（2002）。《正義諸領域——爲多元主義與平等一辯》。南京：譯林出版社。

Weber, M.著，康樂、簡惠美譯。《韋伯作品集IV——經濟行動與社會團體》，第一篇，第六章。廣西：廣西師範大學出版社。

王炳書（2002）。《實踐理性論》。武漢：武漢大學出版社。

王森譯釋（1995）。《荀子白話今譯》。北京：中國書店。

王路著（2000）。《邏輯的觀念》。北京：商務印書館。

王陽明著，黃省曾錄（1972）。《王陽明全集》，第三版。台北：考正書局。

生態關懷者協會主編（2003）。《生態靈修》。台北：生態關懷者協會。

石元康（1995）。《當代自由主義理論》。台北：聯經出版社。

朱光潛（1997）。《談美》。台北：業強出版社。

朱光潛編譯（1984）。《西方美學家論美與美感》。台北：漢光文化事業公司。

朱建民（2004）。《知識論》。台北：國立空中大學。

朱熹集註，蔣伯潛廣解（1956）。《廣解語譯四書讀本》。台北：啓明書局。

江宜樺（2001）。《自由民主的理路》。台北：聯經出版社。

余麗嫦著（1995）。《托馬斯·霍布斯》。台北：東大圖書公司。

吳自甦著（1986）。《倫理與社會》。台北：水牛出版社。

李梅（2000）。《權利與正義：康德政治哲學研究》。北京：社會科學文獻出版社。

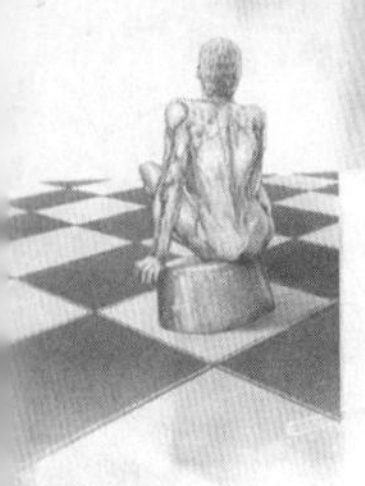

李瑞全（1999）。《儒家生命倫理學》。台北：鵝湖出版社。

李澤厚、劉綱紀（1987）。《中國美學史》。北京：中國社會科學出版社。

李澤厚、劉綱紀主編（1986）。《中國美學史》，第一卷。台北：谷風出版社。

李澤厚著（1999）。《中國思想史論》，上、中、下冊。合肥：安徽文藝出版社。

肖巍（2000）。《女性主義倫理學》。成都：四川出版社。

谷風出版社編輯部（1986）。《美學基本原理》。台北：谷風出版社。

谷寒松、廖湧祥（1994）。《基督信仰中的生態神學》。台北：光啓出版社。

林鴻信（2001）。《邁向覺醒》。台北：禮記出版社。

邱仁宗（1988）。《生死之間：道德難題與生命倫理》。台北：中華書局。

金嶽霖（1983）。《知識論》。北京：商務印書館。

施衛星等著（1999）。《生物醫學倫理學》，頁 8-9 。杭州：浙江教育出版社。

苗力田主編（1994）。《亞里士多德全集》，第九卷。北京：中國人民大學出版社。

唐君毅（1991）。《哲學概論》。台北：學生書局。

倪慧芳主編（2000）。《二十一世界生命倫理學難題》。北京：高等教育出版社。

徐子宏譯注（1996）。《周易》。台北：台灣古籍出版有限公司。

徐恒醇（2002）。《生態美學》。陝西：陝西人民教育出版社。

徐復觀（1983）。《中國藝術精神》。台北：學生書局。

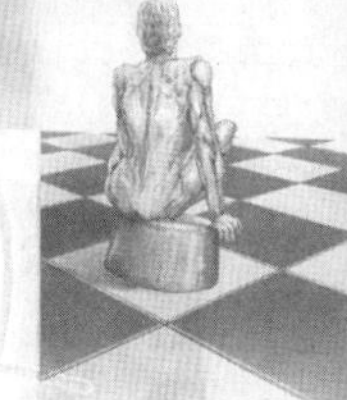

徐復觀著（1994）。《中國人性論史先秦篇》。台北：商務印書館。

徐復觀著（2002）。《兩漢思想史》，第一至三卷。上海：華東師範大學出版社。

桂起權（1991）。《當代數學哲學與邏輯哲學入門》。上海：華東師範大學出版社。

荀況著，蔣南華等譯注（1996）。《荀子》。台北：台灣古籍出版有限公司。

袁廷棟（1985）。《哲學心理學》。台北：輔仁大學出版社。

區紀復（1995）。《鹽寮境土》。台中：晨星出版社。

張世珊（1995）。《科學法學、科學倫理學》。台北：淑馨出版社。

張東蓀（1934）。《認識論》。上海：上海世界書局。

張東蓀（1946）。《知識與文化》。上海：商務印書館。

張家龍（1993）。《數理邏輯發展史》。北京：社會科學文獻出版社。

張豈之主編（1992）。《新中國思想史》上冊。台北：水牛出版社。

莊慶信（1995）。《中國哲學家的大地觀》。國立編譯館主編。台北：師大書苑。

莊慶信（2002）。《中西環境哲學》。台北：五南出版公司。

陳文珊（2004）。〈墮胎倫理的爭議〉。《第四屆生命倫理學國際會議論文集》，第二冊，頁 F1-15 。中壢：中央大學。

陳波（2000）。《邏輯哲學導論》。北京：中國人民大學出版社。

傅佩榮（2000）。《新世紀的心靈安頓》。台北：幼獅文化。

曾仰如（1995）。《宗教哲學》。台北：商務印書館。

辜琮瑜（2002）。《根本沒煩惱》。台北：橡樹林出版社。

馮友蘭（1997）。《人生的哲理》。台北：生智文化。

馮友蘭著（1991）。《中國哲學史新編》，第二冊。台北：藍燈文化。

馮棉等（1991）。《哲學邏輯與邏輯哲學》。上海：華東師範大學出版社。

馮滬祥（1991）。《環境倫理學——中西環保哲學比較研究》。台北：學生書局。

楊百順（1984）。《西方邏輯史》。成都：四川人民出版社。

楊春時（2002）。《現代性與中國文化》。北京：國際文化出版公司。

楊紹南（1996）。《人生哲學》。台北：商務印書館。

楊紹南（1996）。《宗教哲學概論》。台北：商務印書館。

萬俊人（2000）。《道德之維——現代經濟倫理導論》。廣州：廣東人民出版社。

萬俊人（2002）。《現代性的倫理話語》。哈爾濱：黑龍江人民出版社。

葉保強（2002）。《建構企業的社會契約》。台北：鵝湖出版社。

鄔昆如（1994）。《人生哲學》。台北：五南出版公司。

鄔昆如、黎建球著（1987）。《人生哲學》。台北：國立空中大學。

漢寶德（2005）。《漢寶德談美》。台北：聯經出版社。

裴雪濤主編（2003）。《幹細胞技術》。台北：五南出版公司。

輕部征夫著，宋昭儀譯（2000）。《惡魔的科學》。台北：新雨出版社。

劉仲容等編著（2004）。《西洋哲學史》。台北：國立空中大學。

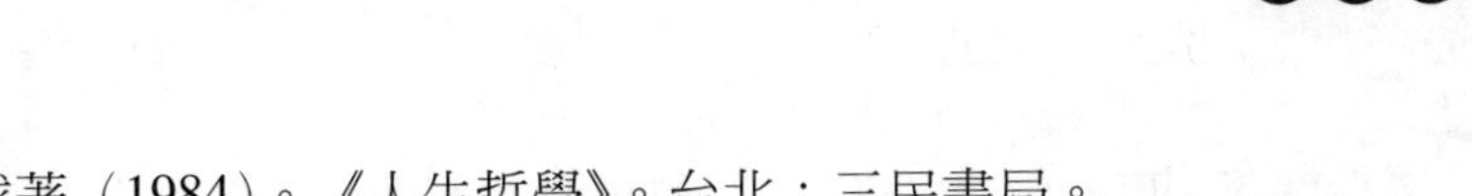

黎建球著（1984）。《人生哲學》。台北：三民書局。

黎建球著（2004）。《人生哲學》。台北：五南出版公司。

錢志純編譯（1976）。《我思故我在》。台北：志文出版社。

錢穆（1985）。《莊子纂箋》。台北：東大圖書公司。

彌勒菩薩說，三藏法師玄奘譯。《瑜伽師地論》。《大正新脩大藏經》，第三十冊，No.1579，CBETA 電子佛典。

戴康生主編（1999）。《當代新興宗教》。北京：東方出版社。

謝冰瑩等編譯（1990）。《新譯四書讀本》。台北：三民書局。

羅光（1989）。《人生哲學》。台北：輔仁大學出版社。

羅偉虹著（2002）。《世界邪教與反邪教研究》。北京：宗教文化出版社。

羅國杰編（1999）。《倫理學》。北京：人民出版社。

釋昭慧（1995）。《佛教倫理學》。台北：法界出版有限公司。

鐘丁茂（1999）。《環境倫理思想評析》。台北：皇家圖書。

龔群（2002）。《當代西方道義論與功利主義研究》。北京：中國人民大學出版社。

二、期刊

李素楨（2004）。〈台灣女性的生育自主權之問題與權利分析〉。《應用倫理研究通訊》，第三十一期，頁 15-22。

肖魏（2004）。〈母親與胎兒關係的倫理爭議〉。《應用倫理研究通訊》，第三十一期，頁 2-6。

李震（1981）。〈淺論孔德的實證主義〉。《哲學論集》，第十三期。台北：輔仁大學出版社。

周紹賢（1973）。〈南北朝時之神滅神不滅論〉。《輔仁大學哲學論集》，第二期，頁 149-159。

高慧蓮、蘇明洲（2000）。〈科學的本質與科學哲學觀的演進〉。《屏東科學教育》，第九期。

陳昭姿（1997）。〈翹首期盼代理孕母合法化——等待生命的轉捩點〉。《應用倫理研究通訊》，第四期。

陳美華（1999）。〈物化或解放——女性主義者關於代理孕母的爭論〉。《月旦法學》，第五十二期。

曾春海（2000）。〈從「理一分殊》」觀朱熹易學與環保哲學〉。《哲學與文化》，第二十七卷，第九期，頁 820-821 。

游惠瑜（1991）。《刑罰理論的倫理學基礎》。中央大學哲學研究所碩士論文。

游惠瑜（2001）。《從友愛到幸福——對亞里斯多德倫理學的一個詮釋》。東海大學哲學博士論文。

游惠瑜（2004）。〈生命倫理學在通識教育的教學〉。《應用倫理研究通訊》，第二十九期，頁 50-57。

游惠瑜（2005）。〈德行爲主的專業倫理教學〉。《哲學與文化》，第三十二卷，第八期，頁 127-145 。

游惠瑜（2005a）。〈諾丁的關懷倫理學及其問題〉。《哲學與文化》，第三十二卷，第三期，頁 93-106 。

楊桂美（2003）。〈基因革命——邁向完美或自我宰制〉。《哲學與文化》，第三十卷，第一期，頁 53-64 。

蔣正興、魏台英、陳文杰（1994）。〈有形的便利無形的壓力——以人文角度思考科技的發展〉。《修平人文社會學報》，第三期，頁 251-252 。

蔡甫昌、李明濱（2002）。〈當代生命倫理學〉。《醫學教育》，第六卷，第四期。

黎建球（2003）。〈全球化下的生命倫理議題〉。《哲學與文

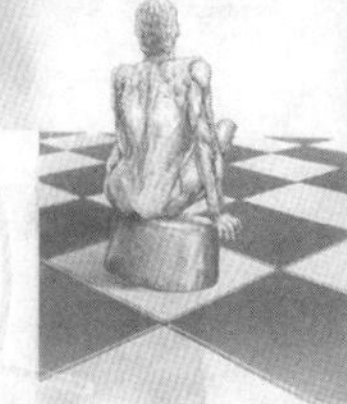

化》，第三十卷，第一期，頁 3-17 。

釋昭慧（2004）。〈揮之不去的父權夢魘——評述「優生保健保」修正案之爭議〉。《應用倫理研究通訊》，第三十一期，頁 23-35 。

相關網站

人民網相關資料，取自 http://www.people.com.cn 。

佛網相關資料，取自 http://www.buddhanet.com.tw/。

李怡志個人網站，取自 http://www.richyli.com/column/sect/sekt_checklist.htm 。

優生保健法第三章第九條，取自 http://www.twch.gov.tw/genetic/服務資訊/優生保健法.htm 。

許英昌，〈爲病患複製健康〉，自由時報，2005/5/25 ，取自 http://www.libertytimes.com.tw/2005/new/may/25/today-o1.htm 。

孫效智，〈代理孕母的倫理與法律問題〉，取自 http://210.60.194.100/life2000/professer/johannes/articles/5.surrogate-motherhood.htm 。

安寧緩和醫療條例，取自 http://www.hospice.org.tw/relax/list_main.htm 。

〈台灣試管嬰兒技術傲視全球〉，自由時報，2005/04/17 ，取自 http://www.libertytimes.com.tw/2005/new/apr/17/today-life2.htm 。

林火旺，建立新的生活文化系列座談會，取自文建會網站：http://www.cca.gov.tw/imfor/speaker-5.htm 。

禁保麗龍材質托盤相關資料，取自雅虎新聞網站 http://tw.news.yahoo.com/050113/44/1dph3.html 。

全球環保評比相關新聞，取自雅虎新聞網站 http://tw.news.yahoo.com/050305/19/1k1eh.html 。

〈首對試管嬰兒二十歲喜相逢〉，自由時報，2005/04/17，取自 http://www.libertytimes.com.tw/2005/new/apr/17/today-life1.htm 。

艾立勤，〈人工授精與試管嬰兒〉，取自 http://210.60.194.100/life2000/professer/ilichin/i8.htm 。

李水龍，〈治療複製 vs.生殖複製〉，自由時報，2005/5/25，取自 http://www.libertytimes.com.tw/2005/new/may/25/today-o2.htm 。

〈人工生殖法草案〉，中國時報，2005/05/19，取自 http://news.chinatimes.com/Chinatimes/newslist/newslist-content/0,3546,110503+112005051900060,00.html 。

哲學與人生　　Culture Map 24

主　　編：蕭宏恩
著　　者：楊劍豐等
出 版 者：揚智文化事業股份有限公司
發 行 人：葉忠賢
總 編 輯：林新倫
執行編輯：姚奉綺
地　　址：台北市新生南路三段 88 號 7 樓之 5
電　　話：(02)23660309
傳　　眞：(02)23660310
劃撥帳號： 19735365 戶名：葉忠賢
法律顧問：北辰著作權事務所 蕭雄淋律師
印　　刷：大象彩色印刷製版股份有限公司
初版一刷： 2005 年 10 月
I S B N ： 957-818-758-0
定　　價：新台幣 450 元
E-mail ： service@ycrc.com.tw

國家圖書館出版品預行編目資料

哲學與人生 / 蕭宏恩主編. --初版. -- 臺北
市：揚智文化, 2005 [民 94]
面；　公分.
參考書目; 面
ISBN 957-818-758-0（平裝）

1. 哲學 2. 人生哲學

100　　94018012